舵手汇

www.duoshou108.com

聪明投资者沟通的桥梁

投资炼金术

The Magnet Method of Investing

(美)乔丹·基米尔 著

康民 译

山西出版传媒集团
山西人民出版社

图书在版编目(CIP)数据

投资炼金术 /(美)乔丹·基米尔著;康民译. —太原:山西人民出版社,2019.5
ISBN 978-7-203-10544-2

Ⅰ.①投… Ⅱ.①乔… ②康… Ⅲ.①股票投资-基本知识 Ⅳ.①F830.91

中国版本图书馆 CIP 数据核字(2018)第 216019 号
著作权合同登记号　图字:04-2014-023

投资炼金术

著　　者:(美)乔丹·基米尔
译　　者:康　民
责任编辑:赵晓丽
复　　审:武　静
终　　审:秦继华

出　版　者:山西出版传媒集团·山西人民出版社
地　　址:太原市建设南路 21 号
邮　　编:030012
发行营销:0351-4922220　4955996　4956039　4922127(传真)
天猫官网:http://sxrmcbs.tmall.com　电话:0351-4922159
E-mail : sxskcb@163.com　发行部
　　　　　sxskcb@126.com　总编室
网　　址:www.sxskcb.com
经　销　者:山西出版传媒集团·山西人民出版社
承　印　者:三河市京兰印务有限公司
开　　本:710mm×1000mm　1/16
印　　张:18.5
字　　数:280 千字
印　　数:1—5100 册
版　　次:2019 年 5 月　第 1 版
印　　次:2019 年 5 月　第 1 次印刷
书　　号:978-7-203-10544-2
定　　价:78.00 元

如有印装质量问题请与本社联系调换

"舵手证券图书" 开篇序

20世纪末，随着中国证券投资市场的兴起，我们怀揣梦想与激情，开创了"舵手证券图书"品牌，为中国投资者分享最有价值的投资思想与技术。

世界经济风云变幻，资本市场牛熊交替，我们始终秉承"一流作者创一流作品"的方针，与约翰威立、培生教育、麦格劳-希尔、哈里曼、哈珀·柯林斯等世界著名出版机构合作，引进了一批畅销全球的金融投资著作，涵盖了股票、期货、外汇、基金等主要投资领域。

时光荏苒，初心不改，我们将一如既往地与您分享专业而丰富的投资类作品。我们以书会友，与天南海北的读者成为朋友，收获了信任、支持。许许多多投资者成为我们的老师、知己，给予我们真诚的赞许、批评、建议。更有一些资深人士由此成为我们的编辑、翻译、评审，这一切我们感念于心。

我们希望与每位投资者走得更近，希望在"知识领航财富人生"理念指引下，打造综合型投资交易学习社交平台——"舵手汇"（www.duoshou108.com），通过即时动态、视频直播、有声读书、电子图书、在线聊天、知识问答、活动报名、读书会、打赏提现等多项功能，服务会员的读书分享、实战交流以及知识变现。"舵手汇"不定期邀请作者、嘉宾与会员对话，为读者答疑解惑，分享最新交易技术与理念。在这里，您可以与华尔街投资大师亲密接触；在这里，您可以与全国最聪明的投资者交流切磋；在这里，您可以体验全球最新最全的投资技术课程。这里，必将因为有您而精彩！

谨以此书献给

所有渴望得到高于平均的回报并情愿为之付出额外努力的投资者

我的妻子和孩子,他们在我花费时间撰写本书时表现出特别的忍耐和宽容

序　言

自1990年代早期以来，经济学家尤金·F.法玛（Eugene F. Fama）和肯尼思·R.弗兰奇（Kenneth R. French）在《金融杂志》的几篇报道中已经断言，假以时日，低的价格对收益率、低的价格对账面率和低的市场价值股票可以生成最佳的回报。令人肃然起敬的《价值线投资调查》数据显示，自1965年以来，那些排名第一的股票以"超过20比1的成绩"击败了道琼斯指数。华尔街专业人士和学界精英深知，产生最大收益的是为数不多的股票，那么，为什么你还要将自己的投资组合多样化？为什么你还要组合多样化而不挑选市场表现最好的股票？

过分强调多样化、资产配置以及应用现代组合理论，这些做法严重限制了我们投资组合中财富的创造。多年来，资产配置和系统多样化的策略产生了平庸的回报，让人无法接受，只有经历过这些失败的策略，广大的机构和公众现在才面向一个更加符合逻辑和更加强势的方法，以此挑选、识别并把资本集中配置于真正顶级的公司。

未来表现最佳的股票就像草堆里的针。把你的投资组合变成一个磁体，以此吸附这些隐匿的珍宝，把它们找出来。这场游戏的名称是你要把这些未来的脱缰野马甄别出来，集中精力真正认识和了解它们，然后在恰当的时间把资本集中配置于隐匿的珍宝上。

1997 年以来，货币经理乔丹·基米尔的磁体股票选择程序（MSSP，Magnet© Stock Selection Process）一直在挖掘业绩最佳的股票。基米尔先生和他的客户在成为华尔街的宠儿之前，已经通过拥有这些股票获得了巨大的收益。过去 10 年里，乔丹在各家金融网络露面，被追问过数百次，一个原因是：在大型的上升股票边缘，他继续发掘那些价值被低估、被忽视的股票。

教条性的资产配置和过度多样化已经榨干了储蓄率、财富创造、社会发展和资本主义。相反，接受顶级公司股票选择的概念，这种做法可以增加个体储蓄、创造财富、促进社会发展。在一些公司的最快成长阶段，这些未来的股票黑马在嘶鸣飞奔之前，基米尔先生行之有效的磁体系统就已经瞄向了它们，对准了它们的甜蜜点。

《投资炼金术》揭开了现代组合理论、有效市场理论、资产配置和投资多样化的神秘面纱，它详细描述了在为投资者带来超额回报之前，最佳的股票所拥有的各种共同特征。在下面的章节中，乔丹·基米尔从概念到财富创造和资本增值的诞生，详细分析了他的资产选择程序。

乔丹·基米尔的独特见解和经历综合了自由市场经济学、所有事物本质上具有的有机属性，以及不受时间、语言障碍、空间束缚的网络信息渠道的力量，创造了一个崭新的视角，借此进行股票选择，以及对引起投资收益发生根本变化的资本进行有效配置。

自由市场使得资金流向那些最佳理念、解决方案和创新举措。冷酷无情、颐指气使的资产配置和过度多样化的做法恰恰相反。有人把自己的资本配置得非常广泛而均匀，以实现巨大的投资损失可以通过足够长的时间得以弥补，但是，这种投资方法获得的收益永远中等甚至通常处于下等水平。在本书的章节中，乔丹·基米尔瞄准的是投资者诚惶诚恐、不敢使用的一些资产配置和多样化模型，证明了这样一种情形：优质、集中化的股票投资方法可以令所有投资者收益，有助于缓解世界上的很多难题。

杰弗里·A. 赫什
《股票交易者年鉴》主编
纽约市奈艾科，2009 年 6 月

前　言

现代投资组合理论行不通。在我们的国家，它妨碍了资本向最好的公司流动，并且严重限制了财富的创造。这是因为人们错误地强调多样化的重要性。

1952 年，哈里·M. 马柯维茨（Harry M. Markowitz）引进了现代投资组合理论的概念。当时，金融市场由两种可供选择的投资品组成：股票和债券。自那时以来，几种重要的趋势改变了投资的道路。现在，机构和个人都有机会投资各种各样的产品，这些产品在 1952 年根本不存在。这些产品包括对冲基金、商品、房地产和保险产品。各种各样的投资工具也已经涌现，包括期权、对冲策略，以及可以用有限的资本撬动市场大资金的无数杠杆性工具。

虽然马柯维茨博士的理论阐明的是多样化问题，但是现代投资组合理论内的整体策略仍然是有缺陷的。该策略主要由卖出表现上佳的股票和再投资于表现欠佳的股票构成。其结果是，表现平庸的公司获得资金支持，而表现最佳的公司却缺乏资金支持。很显然，在表现平庸的股票上再投资，这种做法不是投资组合资金的最有效应用。从这个制高点来观察，现代投资组合理论的做法弊大于利。

  此外，实施现代投资组合理论的资本配置，以及所谓的均值逆转，这两种做法干扰了自由市场的成长。多样化和资产配置策略已经阻碍了亚当·斯密的无形之手和资本流向最有效应用的途径。它们已经对投资者的财富创造能力和美国在基于互联网的新兴全球经济中的作用产生了直接和消极的影响。平庸的公司无法——通常也不可能——提供稳定的就业或为工人提供可靠的收益，更不用说优秀业绩创造的其他好处了。

  当我1999年撰写第一本书《吸金投资》时，股票市场投资开始席卷缅因街（*Main Street*，译注：*Main Street* 一词首先出自美国小说家、美国第一位诺贝尔文学奖获得者辛克莱·刘易斯发表于1920年的同名小说。*Wall Street* 和 *Main Street* 的含义为：*Wall Street* 指包括金融、投资在内的美国的巨型企业和富人的阶层，即表征富有阶层的利益或是少数富人的利益；*Main Street* 是指小企业、小作坊和平民阶层，即表征平民阶层的利益或社会主要群体的利益），而互联网还处在婴儿期。共同基金业正在成长，养老金和401K（译注：401K计划也称401K条款，401K计划始于20世纪80年代初，是一种由雇员、雇主共同缴费建立起来的完全基金式的养老保险制度，是指美国1978年《国内税收法》新增的第401条K项条款的规定，1979年得到法律认可，1981年又追加了实施规则，20世纪90年代迅速发展，逐渐取代了传统的社会保障体系，成为美国诸多雇主首选的社会保障计划。适用于私人营利性公司）账户使得更大比例的公众投入股票市场。这种情形与20年前大相径庭，那时候大多数个人不肯投资于股票。我看到一个未来正在展现，在这个未来中，人们能够接触到关于上市公司的各种信息，这种情形将会帮助投资者做出更好的决策。这些信息任何需要的人都可以获得，而不仅仅局限于华尔街的内幕交易者。实质上，互联网通过提供关于上市公司详细信息的途径和向哪家公司投资的机制，将会把个体投资者和华尔街的专业人士置于一个平等竞争的场所。

我撰写第一本书的目标是揭开市场的神秘面纱，并且启发投资者如何对卓越的股票进行分离、交易并从中赢利，然后他们才可能成为华尔街的宠儿。但是，互联网泡沫破灭后的巨大损失和技术部门的市场崩溃这两者给个体投资者留下了深深的投资创伤。2000年至2002年的熊市造成了一个巨大难题，个体投资者和机构投资者现在仍需面对这个难题。那些过度暴露于技术泡沫的投资者在股票日益多样化（现代投资组合理论）中得到了救赎。但是，通过拥有多重的股票和资产类别，以此产生限定风险的虚假安全感，投资者的投资收益变得非常有限，通常不能跟上市场、通胀、税收和费用的步伐。

联邦政府的思想甚至更加狭隘。美国政府在政治分肥和无止境的官僚政治上浪费了数十亿美元，而国家管理人员大伤脑筋，费力解决如何为社会保障、医疗保险和我们的大规模国际干预提供资金。联邦政府资金仅仅投资于国库券和其他美国政府债务证券。这笔金钱没有投入到美国国内或国外正在成长的新兴行业，然而，其他国家正在调动国有主权财富基金向全球各地的各家公司和项目进行大规模股权投资。国外这些基金的意图是，在获得长期收益的同时，利用时间吸收与股票所有权有关的短期挥发性，他们正在单独使用股权头寸来这样做，而没有借助杠杆作用。假如他们投资得好，这些资金将使他们国家积累财富，最终在国际政治中发挥更大的作用。惭愧的是，美国恰恰在错误的时间丧失了承担风险的欲望。只有阿拉斯加州建立了这样一种资金，重新配置跨阿拉斯加州石油管道获得的一部分石油收入。这并不是建议美国财政部应该介入购买和出售初创的技术股票的份额。但是，如果亚洲国家和中东国家对购买花旗集团、美林公司（Merrill Lynch）或维萨国际的股票没有顾虑，为什么美国疑心重重呢？或者，T. 布恩·皮肯斯（T. Boone Pickens）持有太阳能和风能发电项目股权，我们效仿他的做法又怎么样呢？

  过去20年里，有过好几次，人们建议把国家资本的一部分投入股票市场。每次都有人强烈反对，认为我们不能拿国家的储蓄去冒险。有趣的是，正是2008年的金融崩溃，才令政府改变了行动的进程。虽然结果有可能证明，政府采取行动的时候，市场价值因为流动性危机而被人为地压低，所以有可能获得相当不错的收益，但是，政府的政策是为了"挽救处于困境的机构"，而不是投资和支持最健康的公司。

  我们现在生活在一个拥有巨大财富的国家，但却听说我们自己的社会保障系统不名一文。这怎么可能呢？的确如此，因为我们继续试图使用短期金融投资（如美国国库券）为长期的金融前景提供资金。假如我们哪怕只拿出国家资产的一部分配置在股票市场（使用高明的选择和组合管理方法），那么，我相信我们肯定会在短期内获得收益，而我们国家的未来就会得到保障。同样，我们国家的基金、机构和国民也是如此。

  现在，美国面临一个十字路口，这个路口决定美国在未来全球关系领域所能扮演的角色。美国可以利用自己的专长——推行自由市场——巩固其作为世界上最强劲的经济引擎地位，或者，继续推进其对资产配置策略的应用，干扰资本流向顶级公司的流动，严重损害自由市场。

在这本书里，我描述了资本的有效流动和美国作为世界强国的前景两者之间的直接关系。我们需要认识到，资本向绩优公司进行有效配置可以拓宽商业管理的合作方法，在这些绩优公司的生产力中，这种做法几乎是一种普遍和核心的成分。商业管理的合作形式最终导致政府、更稳定的社会以及终极而言更高生活标准的合作形式，在全球自由市场内进行资本的有效配置。

《吸金投资》首次出版后，仅仅过了 10 年，今天的市场远比那时更大、更具全球性。在撰写这第二本书的时候，我想起了我最喜欢的金融书籍作者之一杰拉德·勒布（Gerald Loeb），他在职业生涯相对较早的时期撰写了一本书，而在职业生涯的后期撰写了另外一本书。虽然这两本书涉及一些相同的主题，但是在经历了几个市场周期，而且获得了那么多市场交易的经验，作者在第二本书中变得更加明智了。在过去的 25 年中，我花费时间学习和投资，这段时间非同寻常。这段经历使我变成了一个更好的投资者、交易者和货币经理，而这本新书就是这种知识的巅峰。本书旨在为读者创造利润，但是，本书也旨在帮助读者改变我们当今看到的一些毁灭性的投资行为。

在过去 30 年里，几乎各个领域都见证了巨大的发展。我们已经看到发展的利益改变并改善了世界的其余部分，投资界想要收获这些利益，现在正当其时。尽管大众媒体上新闻的态度消极，但是，对大多数人而言，世界在许多方面都变得更加美好了。人们的寿命更长、膳食更好。我们已经利用科学技术为自己提供了更多的闲暇时光。那么，你为什么还要满足于使用令人厌倦、陈腐老旧的多样化策略来生成相同的回报，而那些策略从50多年前就开始造就平庸，并且使我们一开始就陷入如此的窘境。

过度多样化和资产配置的负面影响具有宏观经济和微观经济、政治甚至社会意义。与那些失败的策略相比，我的投资磁体系统在某些绩优公司最为强劲的成长阶段的较早时期，就能够把它们的股票分离和识别出来。通过揭穿与多样化和资产配置有关的神话，我希望指导今天的投资者和他们的资金沿着那些绩优公司的路径运作。

在2008年和2009年，我撰写本书的时候，全球市场经历了一个可怕的熊市，这反倒有助于凸显和证明我在本书中提出的许多观点。正是多样化和资产配置理论的最核心内容受到了动摇和反驳。我们看到了原以为并不相关的资产确实变得非常相关。在国内和国际，股票、债券和商品等都受到了沉重打击，毫无藏身之处。当尘埃最终落定时，我们将会看到，已经耗尽自身头寸的全球最大金融机构吞下了自己酿造的毒药。他们经历了追缴保证金，其结果演变成一场流动性危机。他们依赖自己的模型，企图产生更高的收益导致过度使用杠杆作用。正是因为他们如此过度多样化，才使得他们感觉非常安全而忽视了其他风险。正是由于他们过分依赖自己的模型，而这些模型过度使用杠杆作用，才使得他们不可能利用止损策略。

如果我可以教育投资者如何重新定义风险，并向他们展示如何使用更少的精心挑选的公司股票来获得更高的收益，我将会更加心安理得，因为我知道，我们的政府将无须支持一个无法照料自己的公民组成的民族。我们将会建立更多类似于罗伯特·伍德·约翰逊基金（Robert Wood Johnson Foundation）的基金，这些基金继续完成人类的伟大事业。罗伯特·伍德·约翰逊基金正处于这种地位，因为它们的全部财富只能留在约翰逊公司股票中。假如比尔·盖茨当初把他的微软股票多样化，那么他注定无法成就伟大的慈善事业。

我的目标是，通过替换持续表现不佳的模型和策略，使用磁体股票选择程序以及其他有效的投资策略替换那些无效的模型，以此帮助保障我们国家的未来。

在接下来的章节中，我与读者分享的是过去25年我自己的研究成果，以及通过个人访谈所展示的各个时期一些最伟大投资者的哲学理念。因此，在本书中，我向你提出的挑战是，你应当放弃现代投资组合理论的概念，探索利用更少的股票实现更高收益的可能性。

乔丹·基米尔
磁体投资集团
新泽西州兰道夫，2009年6月

致　谢

特别感谢磁体团队所做的种种努力——他们不仅努力促成此书，而且多年来，他们在诸多方面继续维护我们愉快的工作环境。杰夫·安德森和杰森·诺兰——没有你们的奉献和卓识，这本书不可能完成。

当然，感谢威利团队和杰弗·赫什，由于他们出色的工作，把一个散乱的手稿编辑成为严谨的图书，我对这本书极为满意。

詹恩·麦克唐纳和林恩·卢斯伯格，你们的指导和专业水准在本项目的实施过程中弥足珍贵。

多年来，我接触过当代许多顶级投资者和证券组合经理。他们中有几个人对我的成功一直负有部分责任。他们当中有些人用自己的投资风格和见解管理着几十亿美元资产。在极端困难的市场环境下，他们当中有那么多人愿意花时间与我共同讨论，我深感荣幸。对他们所做出的贡献我不胜感激。

乔丹·基米尔

目　录

绪　论 …………………………………………………………… 1
第1章　从百老汇到华尔街之路 ………………………………… 5
第2章　悖论：多样化和顶级公司 ……………………………… 15
第3章　钟形曲线：股票市场顶级公司 ………………………… 29
第4章　无效的市场：重新配置至顶级公司 …………………… 53
第5章　自然的S曲线：购买股票的甜蜜点 …………………… 65
第6章　重新评估风险：波动性不是风险 ……………………… 77
第7章　寻找顶级公司 …………………………………………… 85
第8章　网络潮时代 ……………………………………………… 99
第9章　市场干预的意义 ………………………………………… 111
第10章　自由收益：一个新度规 ………………………………… 119
第11章　磁体系统：统揽一切 …………………………………… 125
第12章　文章和访谈精选 ………………………………………… 205
附录　测试磁体方法：顶级公司的投资业绩 …………………… 245
参考文献 ………………………………………………………… 269
作者的话 ………………………………………………………… 273
译者后记 ………………………………………………………… 275

绪 论

　　历史上，投资者一直在寻找获得投资成功的新方法。通过追随普通大众或者最新的投资潮流而获得持久的成功，这种情形非常罕见。事实上，这样做通常会产生灾难性的后果：1637 年的郁金香狂热、1720 年的南海泡沫、2000 年的互联网泡沫，以及 2008 年的房地产市场下跌与信贷市场崩溃。我们有理由断定，只是简单地追随最新的潮流，这种做法可能会导致失败，并且可能造成巨大的损失。

　　只有通过谨慎应用基础坚实的基本原则，且该原则建立在一个基本面准则的基础之上，并且理解市场的行为，我们才能够取得投资的成功。磁体股票选择系统（MSSS，Magnet Stock Selection System）就是这样一种原则。

　　乔丹·基米尔是磁体©股票选择程序的发明人，他已经从一个对投资原理如饥似渴的学生转变成为投资科学和艺术的主要倡导者。他对投资过程具有广博的知识和敏锐的洞察力，这种能力是他在投资生存和成功的战争中从战壕里和战线上获得的。

　　磁体股票选择程序就是从这些经验演变而来的。它在完善的理论框架和明确的实用规则之内应用传统的技术和基本因素，以此挑选有限的几只股票，期望这些股票能够优胜于宽泛的市场平均指数，例如标准普尔 500 指数和罗素 2000 指数。

　　磁体系统的理论基础是，有些股票具有很大、快速增长的销售量，根据某些指标（诸如价格对收益倍数和收益增长）定价合理，具有高出平均的相对力量，并且价值被低估，那么，这些股票就有可能优胜于一般的市场。

磁体模型的策略基础是，投资者一贯低估那些具有强大基本面、技术模式以及风险和增长特征的股票可以产生的预期回报。因此，购买一篮子这样的股票，假以时日，将会使你以较低的风险获得更高的回报。

我们通过实施广泛的回测对该系统进行评估，结果发现，在将近20年的时间里，与标准普尔500指数和罗素2000指数相比，该系统产生了更为优越的回报，数额巨大。我们的研究使用各种规模的证券组合——20、25和30只股票——对磁体策略进行回测，结果发现，与标准普尔500指数和罗素2000指数相比，磁体组合的每一种都产生了更为优越的回报，数额巨大。

回测的结果从长期和短期两方面都真实有效，在传统的长期单方面也同样有效。此外，虽然这些磁体组合比两种指数的任何一种都具有更大的波动性，但是它们的波动性比典型的30股组合更低，而它们的风险调整回报优胜于标准普尔和罗素2000。再者，磁体投资组合具有更低的从市场顶峰至槽谷的极大跌幅以及更短的跌幅复原期。

多年来我们一直进行各种策略的回测工作。基于经验证据，我们发现，磁体策略看起来在理论上是正确的，它的选择标准和规则可以提供光明的前景，优胜于罗素2000和标准普尔500。在我们迄今测试的所有策略中，磁体回测产生了一些最高的非杠杆性回报。这些结果与其他研究者获得的结果相一致，反映出美国大型机构中一些"最优品种"的货币经理使用的方法论。

磁体系统的回测结果向人们广泛持有的一个观点提出了挑战，这种观点认为，被动持有名目繁多证券的多样化投资组合是最佳的策略。回测结果表明，持有一个基于磁体系统的组合，使用少量精心挑选的证券可以产生较高的风险调整业绩。

磁体投资策略使用一个严格的两步程序，以此对大约8 000只股票进行排名，这些股票的收益估计可以查到。根据这些股票月度资本升值的较高潜在预期收益，我们使用股票选择标准和启发式规则对它们进行降序排名。

磁体程序的第一步是，基于基本面、估值和技术标准（研究已经表明，这些方面被历史上表现良好的股票所共享），根据收益估计，把纽约证券交易所、欧洲证券交易所和纳斯达克交易的股票进行排名。在我们考虑的基本面标准中涉及销售和收益，侧重那些具有卓越增长的公司，而非其他具有平均或低于平均增长的公司。估值标准考虑的是一家公司相对于其销售和收益的市场价值，侧重那些看起来其目前价格被低估的公司。技术标准考虑的是一家公司相对于其他方面该公司的股票价格动量，侧重那些具有最大动量的公司。对于具体的测量和排名算法，我们拥有专利。

第二步是，根据一套规则对所选股票进一步筛选。在这些规则之中，有一条规则把行业暴露限制为投资组合的25%，目的是确保足够的多样性，从而避免在任何一个行业中出现灾难性亏损的潜在可能。另一条规则使用持股的止损限价把下侧亏损限定在20%，而且部分地减持那些已经升值40%的股票的头寸，以此锁定一部分收益。还有，每只股票必须具有足够的流动性，其最低日交易量为35 000股。

一旦某个证券组合被选定，则需要每天对其进行监测以确保每个股票头寸仍然适用。如果某只股票违反了上述规则之一，则该股票将被从证券组合中剔除，然后选择满足所有标准的接下来一只排名最高的股票。

磁体策略处于投资组合选择程序的前沿，这些程序选择股票根据的是价值而非市场资本化程度。在以前被动或者指数投资策略的倡导者之中，积极的投资组合选择程序得到了认可。在过去10年里，许多被当作构建市场资本化策略基础的指数已经被修正了。他们已经放弃市场资本化权重方案，转而支持浮动权重方案，正式承认并非某家公司发行的可交易的所有股票都可以拿来交易。

现在，一些较为复杂的指数创建者在研究绩效的过程中，使用基本面指标来打破市场资本化与内在价值之间含糊的关系。例如，研究联属

（Research Affiliates）是一家基地位于帕萨迪纳的公司，该公司创建了名为"基本面指数"的一系列指数，这些指数使用的因素有销售额、红利、现金流和雇员数量等，而非市场资本化。与此相似，智慧树（WisdomTree）是一家基地位于纽约市的公司，该公司使用收益、红利而非市场资本化创立了一系列指数。还有，第一信托阿尔法DEX（First Trust AlphaDEX）基金以强化指数为基础，这些指数使用各种专利化的规则，而这些规则以一个基本面股票选择程序为基础。

对投资者而言，磁体投资策略之所以很重要，并不是因为它具有先进的理论性，而是因为它产生的投资绩效。尽管只持有20、25和30只股票，但凭借其规则限制每个部门暴露的程度，磁体投资组合可以保持足够的多样化。任何一种超过部门限制头寸获得巨大利润的操作都被要求将头寸减持回到协调状态。

与标准普尔500指数和罗素2000指数相比，磁体投资组合具有一贯更高的回报。更高的收益在某种程度上是由更大的波动性造成的，但磁体证券组合的收益对风险权衡明显优于那两种指数。磁体投资组合的优势还在于对投资者而言可能是最恰当的风险测量指标：极大跌幅。与两种指数相比，磁体策略从市场顶峰至槽谷的极大跌幅更低，在某种程度上是由于利用了止损限价。再者，磁体策略更高的收益导致下跌复原期更短。

我们从磁体策略可以学习到很多重要的经验，现在正适逢其时。投资生存和未来投资成功将依赖于投资者拥有一个含有强大基本面、估值和技术基础的正确原则。在日益迫近的世界经济放缓和全球股票市场低迷中，这种一贯适用的原则肯定能够助投资者一臂之力。

C. 迈克尔·卡提
新千年顾问有限责任公司
爱德华·马特勒克博士
对冲度规公司

第1章　从百老汇到华尔街之路

> 如果你准备放弃其他的所有事情——专门研究市场的整个历史和背景以及所有那些股票出现在公告板上的主要公司，就像医学院学生研究解剖学那样专心致志——如果你能做到这一切，此外，你还拥有伟大博彩者冷静的头脑、超能力者的第六感，以及狮子的勇气，那么，你才有一线机会。
>
> ——伯纳德·巴鲁克

> 无论你使用什么方法挑选股票，决定你最终成功或失败的因素是，你能否做到长时间无视这个世界的纷扰，直至让你的投资获得成功。决定选股者命运的不是你的头脑，而是你的耐性。
>
> ——彼得·林奇

从记事起，我就对自由市场的引擎具有了深刻的理解。确实，这与我的成长经历有关系，那时我生活在纽约市，卧室的窗户俯瞰着百老汇。我还敢肯定，我对商业经营的兴趣来自我的父母，他们就在我们公寓楼下经营着一家零售商店。在餐桌旁，他们常常围绕小店如何经营展开讨论，讨论对手之间如何进行公平竞争。作为四个孩子中最小的一个，我没有参与多少这种讨论，但是我有意识地在一旁倾听。我目睹了各家商店在整个社区中开业、停业，常常思考究竟是什么因素使得他们成功或失败。

我的祖父母和外祖父母都住在纽约市。我们花了很多时间看望外祖父母,他们和我们住在同一个社区。我的外祖父母非常富有,因此,外祖父在相当年轻的时候就退休了。我能够记起来,他经常在起居室观看他最喜欢的金融节目。他会一整天草草记录他关注的股票价格,还会记录他感兴趣的那些公司的任何信息。

然而,我祖父母就没有那么富裕。我的祖辈之间的对比非常鲜明。虽然我对任何一方的爱没有多寡之分,但是,跟踪股票动态的外祖父来看望我们时,经常带着一大箱玩具,这一事实令我难以忘怀。在很小的年龄,我就认识到股票市场是一个导致财富增值的载体。我决心要弄明白股票市场是如何运作的。

汉堡包帮手

孩提时代,在我家里,讨论股票市场是司空见惯的。当我年轻时,尽管父母的股票投资并不是很成功,但是,他们最后终于取得了一次重大的投资成功,使得他们的晚年能够过得更舒适一些。一天晚上,当我正在享用家庭晚宴时——准确地说是一个汉堡包——我问父母亨氏(Heinz)公司是不是我可以投资的公司。父母对我早早醉心于投资感到兴奋,他们回答说是,并且鼓励我进一步深挖研究。使用积攒的储蓄,我在8岁时第一次成了投资者——亨氏公司股票35股的自豪拥有者。作为一名亨氏公司股东,我认为自己更加喜欢汉堡包,并在报纸上跟踪该股票。几年以后,我的亨氏公司股票价格大幅上升,我那机会主义的哥哥以当时市场价格的折扣价买走了我的股份。从那以后,我就迷上了股票,并且投资于股票,上中学时,我继续投资股票和股票期权。

8年级时,我参加考试并被接收进入布朗克斯科学高中学习。该学校被认为是全国最好的学校之一。尽管不是最勤奋的学生,但是我天生喜欢数学和科学，这种天性有助于我提高学习成绩并毕业。每天到布朗克斯科学高中需要一个半小时的路程，放学后继续学习，这些经历可能帮助培养了我的职业道德，今天我还拥有这些职业道德。在布朗克斯科学高中，我接触到了进行批判性思维的科学方法以及其他方法，这些方法显然使我终生受益匪浅。

在布朗克斯科学高中的学习快要结束的时候，我知道自己上大学的选择非常有限。首先，我将要自己负担大学学费，而且上私立大学的想法主宰着我。其次，我知道不可能通过一门大学水平外语课程，从而排除了另一系列机会。结果，纽约州立大学系统为本州居民提供了完全负担得起的出色教育机会。纽约州立大学石溪分校提供一种快捷的5年制学位，包含文学学士和理学硕士，我完成了这两个学位。该项目主要利用统计和量化分析去寻找各种问题和应用的答案。

钟声响起

我在纽约州立大学上学期间，有一个概念特别令我中意，这个概念是钟形曲线（bell curve），或称"高斯分布"。卡尔·弗里德里希·高斯是德国数学家和天文学家，他因对代数、微分几何、概率论和数论的贡献而闻名。此外，他是高斯分布又称"钟形曲线"的创立者，我们在后面将把它称为钟形曲线。根据定义，钟形曲线（也被称为正态分布）将它所有的值都以对称的方式排列，其中大部分结果都位于概率均值附近，只有少部分离群值（outlier）处于曲线的两端。用外行人的术语来说，这意味着任何数据集合中的大多数点将处于或接近平均值，而少数几个选点将会高于平均值或低于平均值。这种思想几乎适用于任何事情：运动员、汽车、空气质量，当然也适用于股票。

钟形曲线在其简化中的显著性及其广泛的应用，对我产生了深远的影响。本质而言，非常清楚的是，胜者一侧和输者一侧都会有一些离群值，而其他所有点基本上会落在中间区域。通过钟形曲线的使用和一种适用于识别最佳绩效公司（或者用其他术语说，最高质量的公司）的统计方法，我开始研发今天我们所称的磁体股票选择程序（MSSP）。有趣的是，多年以后，纽约州立大学石溪分校城市政策科学系的共同创立者之一，将会成为磁体投资集团的研究部主任。

大学和研究生毕业后（同时获得了两个学位），我开始为市长爱德华·柯克（Edward Koch）在纽约市管理和预算办公室工作。在两年时间里，我负责预测各种市级机构超过5亿美元的财政收入。我有望成为纽约市历史上最年轻的预算专员。虽然我留恋在市政府的那段时光，但我知道我的真实渴望是金融市场。市政大厦在华尔街北面，只相隔几个街区，我觉得自己被吸引到了华尔街上。我继续投资股票而且愿做市场的学生，尽我所能地多学一些。

直到25岁时，我才进入华尔街，我的金融生涯开始了。一开始我担任市政债券销售员，但是，我仍然利用自己的储蓄继续投资股票，并且进一步发展磁体理论。我利用机会尽可能多地拜见投资组合经理、通讯作家以及作者，并邀请他们所有人共进午餐或晚餐。我提问："你想要推荐排名第一的书是哪本？""什么使得你与众不同？"当时——甚至今天——令我吃惊的事情是，货币经理和共同基金如何把他们自己像鸽笼一样定位于各种特定的格子：增长、价值或者动量投资者。正是经过多年聆听这些种类繁多的投资方法之后，我才认识到，我可以开发一种定量方法，把几个不同的顶尖货币经理的最佳方面融会贯通，构建自己的证券选择程序，把各种不同风格的最佳要素纳入其中。又经过了好几年，通过与来自5所不同大学的70多名大学实习生通力合作，磁体股票选择程序才得以开发完成。

投资生涯开始以来，我一直热衷于开发一种可以试图分析上市公司的模型，这种模型能够给我在股票市场投资提供优势。人们已经建立了几种截然不同的模型，它们可以分为三大类别：价值型、增长型和动量型。此外，一种更被动的方法正在华尔街推广，这就是有效市场理论。与其他各种方法论相反，有效市场理论假定，关于一家公司的所有相关信息都已经进入公众领域，因此，所有买方和卖方加在一起的总和能够创造正确的（或称"有效的"）价格。然而，在分析价格移动的时候，我清楚地发现市场远非有效。在各家公司内部，存在的价格移动实在太多，因此市场无法做到真正有效。

对市场非有效的观察，得到了一种被称为"混沌理论"（chaos theory）概念的支持，该理论的倡导者相信，价格是股票、债券或其他证券发生变化的最终体现。虽然在本文中，该理论被稍做改动用于分析股票市场，但混沌理论的思想最初是由麻省理工学院名叫爱德华·劳伦斯的气象学家所首创，他试图利用计算机预测天气变化模式。他在计算机上连续运行模拟，每运行一分钟可以产生 24 小时的天气状况模拟值，输出成为卷纸上的一条文本线。他意欲描绘天气状况中那些看起来无足轻重的变化之间存在关联，以此预测未来可能出现的天气状况。詹姆斯·格雷克在他的书中把这件事描述得很精彩，书名为《混沌：创立一门新科学》。

一行又一行，在劳伦斯的打印输出结果中，风和气温看起来似乎以清晰可辨的世俗方式行事。它们符合他内心有关天气的直觉，他感觉到天气状况反复重现，在一定时间内呈现熟悉的模式：气压上升和下降、气流南北流动（格雷克，15 页）。

把混沌理论应用于股票选择的基本面，对我来说非常合理。我开始搜集手头所有能够得到的有关上市公司的数据，并着手探索开发一种模型，能够识别处于大幅度爆发性增长边缘的股票。通过借鉴应用混沌理论和因子分析（与原始数据挖掘相反），我的有关什么造就良好公司的理论转化成了磁体股票选择程序。这时，我应邀成为纽约市应用金融教育和智慧定量研究联盟的成员。这个团体的组成人员是来自全国各地的一些顶级定量分析思想家。他们举行会议辩论各种前沿的理论，并且坦率地相互合作。在向这个团队呈现我的理论之后不久，更多的人气聚集到磁体股票选择系统。世界上两个最大资产管理公司的经理表示愿意做出研究，看看他们是否可以聘请我们为他们挑选股票。这两家公司都与我们签订了合同。我们的方法受到了其他几家金融机构的严格审查，尽管这种方法很独特并具有争议，我们还是收到了一些赚钱的合同，将我们带入下一个层次。

我寻找和遇到大量的职业投资家，继续阅读他们向我推荐的每本投资书籍。我对那些在股票市场已经大获成功的人士撰写的图书尤其感兴趣。我开始接触不同投资流派的几种观点。虽然增长型风格、价值型风格和动量型风格的各自倡导者排斥彼此不同的方法，但是我看到了各种方法中的优点，自然而然地就想方设法把它们综合起来。我开始创建一种模型，这种模型把我之前的最佳投资者的最佳属性融会贯通。几年时间里，磁体股票选择系统就得到了华尔街两家最大金融机构的合同，我们帮助其选择股票，它们是约翰努文公司（John Nuveen & Co.）和范坎盘基金（Van Kampen Funds Inc.）。

在履行约翰努文公司的合同时，我见到了《预言家》这本书。该书由托马斯·巴斯所作，探讨的是应用混沌理论来分析股票市场。这本书探索股票市场内部的模式，旨在预测股票市场的移动，并利用这些预测进行活跃交易。当时，许多人认为股票价格行为和股票市场完全不可预测。在宣称所谓股票价格随机漫步时嗓门最大的是有效市场理论的支持者。

结合这些假设，其他人甚至将这种观念延伸得更远。他们的方法只不过是在许多公司中进行广泛的多样化。这种方法认为，如果你每种股票都拥有一点，那么你就能够从股票市场获益：某些赢利股票与亏损股票相互抵消，从而创造体面的收益。我对市场和各家公司的理解很快令我抛弃了这种概念，而是寻找一种更集中、更多产的方法。我不满足于体面的或平庸的收益。

当时，有关投资的理论并不是世界变得更复杂的唯一领域。这是一个各种科技进步极大加速的时代。个人电脑刚刚被引入世界，导致了几个新行业的发展,这些行业在几年前还不存在。制造业、商业以及似乎各行各业都以令人目眩的速度向前发展。

许多涉及这些新行业发展的公司具有相似的特征。这些公司不仅收入增长比以前的公司更快,而且他们还抓住了公众的心理和注意力。有趣的是,他们的股票价格常常被竞拍至不可持续的高价,一旦竞争出现时这些股票便迅速下跌。由于这个原因,许多传统、老练的投资者无法分析这种迅速变化的环境。

宽客(quant)是指某些投资者,他们利用定量方法分析公司收益,以此找出那些值得投资的公司。有几个宽客当时正在应用混沌理论进行市场交易。而我做的事情完全不同。利用模式识别,我着手找出只有那些最佳公司才共同拥有的基本特征。我发现真正的顶级公司常常具备某些共同的基本特征。我明白了市场上只可能存在少数几个"最佳的"公司,然后便寻找一种模型,以此识别市场中真正的顶级公司。

组合英雄

我确信,一个股票选择模型如果能够把正确的价值和增长因素结合起来,它同样能够把发生在世界各地的金融变化的新动量融入其中。我把这个理论加以拓展,开发出一个数学程序,称之为"磁体股票选择程序"。我采用一种科学方法,该方法有助于我把其他顶级货币经理行之有效的最佳方面和因素纳入其中。这个系统根据各家公司卓越的财务绩效将它们识别出来,这些公司能够吸引和吸收其他的投资者。

花一点时间来区分成功的数据挖掘与我们在磁体投资集团的做法,这样做非常重要。数据挖掘者寻找发生的事件或细节,然后基于这些观察试图对未来进行预测。一个常见的例子是,人们注意到,当超级碗(Super Bowl)的获胜者来自国家橄榄球联合会时,在这些年份里,股票市场表现良好;然而,当超级碗的获胜者来自美国橄榄球联合会时,在这些年份里,股票市场表现欠佳。显然,具有任何投资知识或经验的任何投资者都不会基于谁获得超级碗进行投资。然而，我所做的是，基于什么因素造就良好投资这种假设创建一种模型。当你尝试把胜利者与失败者区分开来时，一家公司财务指标的特征就会呈现非常清晰的模式。通过理解资产负债表和损益表之间的细微差异，我们创建了一种统计方法，对各种行业内的各家公司进行排名。

我们的磁体系统之所以如此有趣，是因为它的作用已经得到证明，可以成功地识别那些顶级的公司——与整个股票总体相比以及与具体行业内相比，结果都是如此。华尔街渴望拥有不同的分析师，希望他们能够从事不同的部门，并且成为非常狭小领域的专家。遗憾的是，在许多情况下，这种专业化导致了分析师们只见树木不见森林。正如我们多年来已经看到的，许多分析师过度沉迷于管理，导致他们进入一个又一个死胡同。

加速度的收入和利润的模式反复出现，强调新产品的问世，几种其他重要因素加在一起，正是这些因素导致我们能够识别出各种潜在的磁体，并最终导致卓越的投资结果。无论对于哪个部门或市场资本化，这个结论都成立。卓越的概念并非仅仅局限于股票市场。非常清楚的是，当你分析自然界的任何东西的时候，只可能存在少数几个优秀者，无论你所指的是建筑师、画家、音乐家——凡是你能说得出来的。寻找优秀者的不带偏见的方法是成功的关键。

我们在磁体集团的研究和发现一直令我兴奋不已。更令人欢欣鼓舞的一个事实是，我们在投资中采用的常识性方法已经被其他人证明在统计学上成效显著。通过应用我们的电子表格和排名系统，我们能够投资于那些顶尖排名的磁体公司，这些公司一次又一次优胜于那些较低排名的公司。

但是，通过找出正确的特征用以判断某家公司是否成功，除此之外，我的困境始终是这个问题：如何最清晰、最成功地组织我们的信息。我读研究生时的一位教授斯坦·奥特曼（Stan Altman）博士识别的也正是这个问题。追溯到1980年代，奥特曼博士撰写了一篇题为"数据丰富、信息贫乏服务组织的困境"的文章。在文章中，他讨论了分析数据的任务难度日益增加，然而，随着计算机技术不断发展，结果导致需要分析的信息数量还在稳步增加。想象一下，这篇文章是1980年代早期写成的！

我开始分析向各个行业内50家得分最高的磁体公司进行投资能够创造的优秀业绩。我发现，这些信息和公司都还是太多，无法真正地了解它们。然后，我建议将我们的注意力缩小至每个行业40家排名最佳的公司，以便在磁体选择系统上更好地处理。有趣的是，顶尖的40家公司的投资绩效显著优于顶尖的50家公司。这个结果引出了一个问题："当我们把范围缩小至30家公司，情况又如何呢？"再一次，无论是投资于某一个行业还是投资于整个股票频谱，我们都看到了更高的收益。经过这种思考过程，我第一次认识到过度多样化的巨大负面影响。具有讽刺意味的是，与此同时，华尔街正在兜售一些理论——这些理论充其量勉强能够保证获得平庸的结果——多样化、有效边界以及现代组合理论。

我们的系统能够透过整个股票总体进行筛选，从中选出绩效最佳、前景最好的公司，这只不过是整个故事的一部分。但是，仍然存在一个问题，如果我们不断地重新平衡调整排名顶尖的磁体股票，那么，模型就会显示相当巨大的替补量。有些投资者具有强烈反对投资组合中替补量的倾向。显而易见，另外一个问题是，有些被选择的股票不会退出组合但是价格会下降。多年以来，我学会了对价格下降的股票使用止损，而对那些价格上升的股票使用跟踪止损。通过使用止损策略，我们能够降低风险，而且能够把优质的股票选择与优质的投资组合管理结合起来。

目前，投资界正在受到多样化诉求的轮番轰炸。正像我们将要看到的一样，最初的多样化研究存在几个错误的假设，除了获得平庸的收益以外什么也不能得到。我的所有注意力都集中在创造高出平均水平的收益。

在本书后面的内容中，我将与读者分享磁体股票选择程序，但是，现在首先让我们回顾一下导致今天人们痴迷于多样化的一些错误假设。在准备写作本书的过程中，我花费大量时间与这一代的许多领军投资者进行讨论，征求他们的意见。在下一章，我们也一同听听他们的建议。

第 2 章　悖论：多样化和顶级公司

如果你能够购买最佳理念的更多份额，为什么还要把（资金）投入到排名第十或第二十的理念呢？……你拥有的头寸越多，你获得的收益越稀松平常。

——布鲁斯·伯克维茨

早期的股票市场只是各家私立公司上市和筹集资金的场所。股票所有权集中在寥寥几个富有的个人手中。虽然股票市场可以获得巨大的收益，但各家公司的真实信息是稀缺的。金融数据由少数几个人控制，而股票交易是投资者用他们自己的账户直接实施的。随着时间的推移，有人创建了集合资金，而富有的家庭能够委托其他可以更直接接触信息的人员处理他们的投资业务。随着市场继续成长，共同基金以指数式增长，而成功的公司开始将他们的薪金投资于其他公司的股票。1950年代开始，股票市场的个人参与程度开始增加。但是，如果回顾20年前，那时公众能够获得的信息少之又少，今天的投资者肯定会感到非常惊讶。在1990年代中期互联网爆发之前，所有的信息都掌控在经纪公司的手中。

随着各种市场继续成长，代替他人进行投资的服务业迅速发展。投资集合资金和资金管理业开始取代个人，成为股票市场交易背后的主要力量。随着计算机的引入，整个投资业的面貌完全改变了。虽然信息仍然被少数人控制，大多数个人无法获得，但是，现在金融数据已经摆在那里了。人们现在可以通过建立模型，迅速分析和比较各家公司，并且使用科学、系统化的方式创建投资组合。与试图根据竞争优势挑选出顶尖公司的做法相比，其他更加复杂的投资组合构建和管理方法已经出现，这些方法的目标在于：使短期波动性最小化，以求维持客户的满意度而非吓跑客户的资产；使管理费用最大化，而使用平庸的落后于市场的收益糊弄客户，那些收益无法跟上通胀、税收和交易费用的步伐。

现代投资组合理论（MPT）

当学术界把更多的注意力放在投资问题上时，人们做了各种研究，想要确定是否存在构建投资组合的最优方法，以便在限制风险的同时使收益最大化。遗憾的是，现代投资组合理论（MPT，modern portfolio theory）引发的两种理论自此出现，它们对我们国家的财富创造产生了深远的消极影响，这两种理论是：多样化和资产配置。遗憾的是，这两种理论都是失败的概念，几乎排除了实现长期目标必需的超额收益的可能性。相反，这两种观念都包括了系统地再平衡投资组合以调整最新收益的过程。换句话说（虽然没有人愿意大声说出来），就是不断地卖出你的赢利投资，添加到亏损投资上。这种荒谬的行为不仅受到鼓励，而且引入这些实践的研究具有内在的缺陷。在某些情况下，过去做出的假设在当时有效，而现在这些假设不再有效。由于当时缺乏计算机技术力量，以至他们的研究所依赖的计算工作根本无法实现。

大多数投资者都熟悉多样化的概念，也即在一个广泛群体的证券或行业中进行投资，以此用作对冲，抵消你的投资组合中某一种类或某一行业的不良绩效。我将在整本书特别是第三章中探讨过度多样化的缺点和局限。我将首先考查现代投资组合理论（MPT），以此了解我们怎么会被灌输这么多的多样化和资产配置思想。现代投资组合理论最初是1952年引入的，当时哈里·马柯维茨撰写了一篇《投资组合选择》，发表于《金融杂志》。在他引入这个概念的时候，金融市场基本上由两种可供选择的证券构成：股票和债券。现代投资组合理论背后的思想是，基于给定的风险剖面，你在自己的投资组合中采取一种严格的策略，把各种合适的证券拼合起来。理论上，这种拼合可以提供风险与回报的最优化组合。

然而，自从最初引入现代投资组合理论以来，各种重大的趋势已经改变了整个投资领域的面貌。现在，机构和个人都有机会投资各种各样的产品，这些产品在1952年根本不存在。这些产品包括对冲基金、商品、房地产和保险产品。现在，投资者还能够接触其他工具，例如使用期权策略和对冲策略。简而言之，自从马柯维茨的早期研究以来，许多情况已经发生了变化。今天，再去引用当初用于发展现代投资组合理论的研究成果，就像只使用纸和笔，而无视计算机的存在。

马柯维茨提出的最初的现代投资组合理论还有几个其他相关的概念，这些概念被用于投资组合构建和资产管理。这些拼合在一起的概念和假设有：有效边界、资本资产定价模型（CAPM, capital asset pricing model）、阿尔法系数和贝塔系数、资本市场线以及证券市场线等。

倘若要使现代投资组合理论有效，不仅所有这些极为复杂的概念都应包括在内，而且所有这些概念实际上必须同时共同发挥作用。麻烦在于，甚至这些子概念也存在直接的内部冲突。资本资产定价模型假设，投资者具有基于相关和不相关风险构建投资组合的能力。然而，有效市场理论相信，所有投资者都拥有消除所有非市场风险所需要的所有信息。

尽管现代投资组合理论存在各种局限和几个蹩脚的假设，但是，最初的一个基本假设还是合乎情理、可以接受的：假定有两种资产提供相同的预期收益，投资者将会偏好风险较低的那种资产。因此，只有以更高的收益作为补偿时，投资者才愿意承担增加的风险。然而，这个假设的问题在于，证券资产的波动性代表风险而不是实际的收益预期。另一个有缺陷的假设是，投资者对潜在收益的分布状况的规模实际上无动于衷。数学家测量偏度（skew）也即分布中的非对称水平，以及测量峰度（kurtosis）也即非平均数据或所谓肥尾（fat tail）水平。用外行的话说，这表明投资者并不真正在乎该理论何时不起作用，或者说得再蠢一些，他们并不在乎该理论错得多么离谱。

试图利用现代投资组合理论控制证券组合的波动性，这种做法是以确定组合中各种成分的协方差（covariance）为基础的。我们马上将会看到一些更复杂的公式和例子，但是，现在我们只考虑尝试建立一篮子股票，其中一些股票呈锯齿形，而另一些股票呈对应的锯齿形。这个概念是，投资于横跨几个不相关行业的公司股票，希望在经济状况发生变化时，这些股票可以起到对冲的作用，相互抵消，也就是提供一种拼合的回报。你可能想要包括某些部门的公司股票，在经济发展强劲时这些股票绩效最佳；而你还想要包括其他公司的股票，在经济收缩时这些股票表现最佳。理论上，利用这种策略，你永远不需要弄明白存在什么趋势或者趋势如何发展。相反，通过采用诺亚方舟方法，你每样东西都来一点，永远无须担心会有哪一个洞使你的船沉没。当然，这种方法论可能永远无法提供那些上涨利益，那样的利益只有一个真正具有洞察力的投资者才可以获得。相反，这种方法旨在使你摆脱麻烦，但是，这种方法显见的负面作用是只能产生平庸的收益。

通过观察你利用现代投资组合理论创造的预期收益和预期波动性，你试图沿着所谓的"有效边界"建立一个投资组合，基于投资者独特的风险承受能力，使收益最大化而风险最小化。再结合相当多的复杂公式和计算后，预期结果相当明确。我对所有研究现代投资组合理论的人和推荐这种理论的绝顶聪明的人都怀有敬意，尽管如此，历史已经证明这种策略具有很大的缺陷。几乎所有涉及现代投资组合理论的事情都直接瞄准降低方差、标准偏差、波动性或者某些人认为相关的任何风险度规。显然，这些短期的方差测量很重要，但是远不及生成卓越的长期回报那样重要。

另一种更加重要的风险测量被称为"长寿风险"（longevity risk），

第 2 章　悖论：多样化和顶级公司

这种风险几乎没有人给予足够的重视。长寿风险是指在某人的资本耗尽以后还存在的风险，也被称为"终端财富"。现代投资组合理论不是提出长期目标并实现这些目标，而是采取了一种不同的方法。事实上，现代投资组合理论限制了进步。例如，假设一个投资者，无论这个投资者是个人还是机构，他根据风险剖面创建一个原初的投资计划；一旦初始剖面得以完成，他便通过拼合不同的资产类别创造出一个投资组合，试图在没有波动性的情况下实现预期的收益。让我们假设你开始的时候是以 50% 的资金配置于股票，另外 50% 配置于债券。随着时间的推移，当股票组合价值继续增长时，你会不断地卖出股票，以此把更多的资金配置到收益较低的债券上。现代投资组合理论不是聚焦于投资组合的终端市场价值，它强调的是减少短期的波动性。

马柯维茨提出了一种资产选择和投资组合管理的数学方法。通过实施这种看似谨慎的方法，金融机构还是不能获得他们渴望获得的收益，因为他们选择了由这种安全策略提供的非常高的舒适度。我们看到的是许多资产管理经理推崇的一种商业模式：聚集资产，提供平庸的收益，注意降低短期波动性以免失去客户。

由于现代投资组合理论对投资界所具有的巨大影响，多年以来人们已经做了更多的研究工作，用来评价这个理论过程自身。这些研究探讨了当初构建现代投资组合理论时所做出的假设中一些固有的缺陷。追根溯源，甚至现代投资组合理论的核心均值方差分析（MVA，mean-variance analysis）也是不可靠的。资本资产定价模型的开发者之一威廉·F. 夏普（William F. Sharpe）博士，他曾与马柯维茨密切合作：

在某些条件下，我们可以证明，均值方差分析可能会导致令人不满意的（投资者）行为预测。马柯维茨建议，基于半方差的模型可能更为可取。然而，鉴于令人生畏的计算问题，他的均值方差分析是以均值和标准偏差为基础。（夏普，428 页）

后现代投资组合理论（PMPT）

具有讽刺意味的是，恰恰是揭露现代投资组合理论缺陷的分析，却又继续引出一种具有同样内在缺陷的新概念：后现代投资组合理论（PMPT，postmodern portfolio theory）。后现代投资组合理论声称，使用传统的现代投资组合理论进行投资组合构建和评估，常常会扭曲投资的现实状况。1987年，旧金山州立大学的补助金研究所开发了一种后现代投资组合理论的实用数学算法，这种算法今天仍在使用。虽然增加了几个数学公式，但是最初现代投资组合理论的那些有瑕疵的假设依然存在，维持了相同的条件和策略，这些条件和策略适用于聚集资产和提供平庸的投资回报。

现在，我将要展示现代投资组合理论背后荒唐的数学问题——我并不是要完整地加以解释，而是揭露为了要使这种策略行之有效，我们需要多少活动的要素必须如预期的那样进行工作。下面的摘录直接来自马柯维茨的论文，它揭示的是，如何把资金配置到两种证券这个异常简单的问题却被现代投资组合理论依赖的计算复杂化了：

我们可以从公式分析角度理解这一点：假定有 N 个证券，令 r_{it} 表示时间 t 投资于证券 i 的每美元的预期收益（无论怎样决定）；令 d_{it} 表示时间 t 时第 i 个证券贴现到现在的收益率；令 X_i 表示投资于证券 i 的相应数量。我们排除证券卖空，则对所有 i 有 $X_i \geq 0$。因此，投资组合贴现后的预期收益为：

$$R = \sum_{i=1}^{N} \sum_{t=1}^{\infty} d_{it} r_{it} X_i = \sum_{i=1}^{N} X_i \left(\sum_{t=1}^{\infty} d_{it} r_{it} \right)$$

$R_i = \sum_{t=1}^{\infty} d_{it} r_{it}$ 是第 i 个证券贴现后的收益。

因此，

$R = \sum X_i R_i$，其中 R_i 与 X_i 无关。因为对所有 i 有 $X_i \geq 0$ 并且 $\sum X_i =$

1。R 是 R_i 用非负权数 X_i 得到的加权平均值。为了使收益 R 最大化，我们令有最大收益 R_i 的第 i 个证券的 $X_i = 1$。如果有几个 R_a，$a = 1$，2，……，K 是最大收益，则满足 $\sum_{a=1}^{K} X_a = 1$ 的任何资产配置方式都能使 R 达到最大。在任何一种情况下，多样化投资组合都不优于非多样化投资组合。（马柯维茨，1952，78 页）

令人惊奇的是，在上述分析的最后一句里。甚至马柯维茨自己也明确承认多样化投资组合并非优于非多样化投资组合。再者，请考虑有三种投资资产选择而不是两种资产时的计算量会发生什么变化。看看下面的公式如何处理只有三种投资资产选择的投资决策，可想而知，现在市场上存在数量庞大的投资选择，那么今天的投资公式得是个什么样子。

在上面描述的方式被广泛、高效地应用以前，两个条件——至少两个条件——必须得到满足。首先，投资者必须渴望根据 $E - V$ 最大值行事。其次，我们必须能够得到合理的 μ_i 和 σ_{ij}。我们后面将回来讨论这些问题。

让我们考虑三个证券的情况。在只有三个证券的情况下，我们的模型变成：

1. $E = \sum_{i=1}^{3} X_i \mu_i$
2. $V = \sum_{i=1}^{3} \sum_{j=1}^{3} X_i X_j \sigma_{ij}$
3. $\sum_{i=1}^{3} X_i = 1$
4. 对 $i = 1, 2, 3$，$X_i \geq 0$

从（3）我们得到：

3′. $X_3 = 1 - X_1 - X_2$

如果将（3′）代入（1）和（2），我们发现 E 和 V 是 X_1 和 X_2 的函数。例如，我们得到：

1′. $E = \mu_3 + X_1(\mu_1 - \mu_3) + X_2(\mu_2 - \mu_3)$

这里精确公式并不是太重要（V 的公式下面给出）。我们可以简单地写成：

a. $E = E(X_1, X_2)$

b. $V = V(X_1, X_2)$

c. $X_1 \geq 0, X_2 \geq 0, 1 - X_1 - X_2 \geq 0$

利用关系式（a）、（b）、（c），我们可以在二维平面上推算。（马柯维茨，1952，83 页）

虽然这些公式对学术界可能很重要，但是在现实世界，最好的投资者却对这些公式不屑一顾。沃伦·巴菲特说：

商学院花费大量时间——现在花的时间也许少了一些——用于讲授期权定价之类的东西，但是这些东西纯粹是废话。从投资的角度而言，你在商学院只需要学习两门课程：一门是如何估价某项业务，第二门是如何考虑股票市场波动。把这些时间都花在研究公式上恰恰适得其反。当然，问题是老师知道这些公式，但学生刚进校时不知道——因此，所以老师可以向学生解释这些公式，借此消磨时间。（芒格，2008，20 页）

威廉·夏普和简·莫辛（Jan Mossin）也进一步发展了现代投资组合理论。到 1960 年代早期，资本资产定价模型（CAPM）和现代投资组合理论一起用于解释投资组合中引入新证券必要的收益率。这种尝试是为了描述系统风险与市场风险。

在 1998 年 5/6 月号的《道琼斯资产经理》中，乔纳森·博顿（Jonathan Burton）向我们介绍了资本资产定价模型的简要历史：

1960 年，26 岁的威廉·夏普是位于洛杉矶的智库兰德公司的研究员，当他把自己介绍给同时代的经济学家哈里·马柯维茨的时候，现代投资组合理论还没有进入青春期。他们两个人当时都不知道资本资产定价理论，但是，马柯维茨办公室门上偶然的敲门声将会永远改变投资者如何给证券评价的方式。

夏普当时是加州大学洛杉矶分校的哲学博士候选人，他需要一个博士论文题目。他此前已经读过《投资组合选择》，这篇论文是马柯维茨关于风险和收益的重大成果——1952年首次出版，1959年修订再版——该论文提出了所谓的最优投资的有效边界。虽然马柯维茨主张投资组合多样化以降低风险，但是他没有继续发展出一种实用的方法来评估各种证券头寸如何相互作用或者相互关联，尽管他曾经想到过这个问题。

夏普接受了马柯维茨的建议，把研究投资组合理论作为一个博士论文课题。他通过把投资组合联系到单个风险因子，极大地简化了马柯维茨的研究。自此以后，夏普把他的一生都奉献给金融事业，致力于让专业人士和普通个人都更容易接近金融问题。

根据这个研究，夏普独立地发展了一个关于投资风险和回报的另类概念，也即一个复杂的推论，现在被称为资本资产定价模型（简称CAPM）。1960年代，资本资产定价模型震惊了投资专业人士，其权威性的影响今天仍在回荡。1990年，夏普开发资本资产定价模型的价值得到了诺贝尔奖委员会的承认。夏普与马柯维茨和芝加哥大学经济学家莫顿·米勒（Merton Miller）共享了当年的诺贝尔经济学奖。（20页）

资本资产定价模型把事情变得更加复杂，几乎接近荒谬的程度，一只股票的预期收益等于无风险利率加上投资组合的贝塔系数乘以市场投资组合的预期超额收益。具体地说，令 Z_s 和 Z_m 表示某个特定时期股票和市场的单利收益的随机变量。令 z_f 表示已知的无风险利率，还表示为单利收益，并令 β 表示股票的贝塔系数。那么，

$$E(Z_s) = z_f + \beta [E(Z_m) - z_f]$$

其中 E 表示期望。

换一种方式表述，就是股票超过无风险利率的超额预期收益等于它的贝塔系数乘以市场组合超过无风险利率的超额预期收益。

遗憾的是，在设计资本资产定价模型时，夏普也使用了正态分布随机变量的同样假设。然而，我们知道，在现实世界里，股票和其他市场的收益往往远非呈正态分布。事实上，我们常常看到偏离平均值3至6个标准偏差的情况出现。就是说，在今天的市场中，我们每隔几年就能看到百年一遇的"洪水"。

简单地说，我们可以证明，工程师对某些事情比其他人更懂行。根据经验，农民学会了轮种庄稼以提高农田的产量。运筹学帮助人们创立了有效的分拣和配送业务。由于人性难测，股票市场属于另一种类型。在金融困境时期，所有的贝塔和波动性统计指标都跳出了正常值窗口。当模型在某一个方面出现问题时，我们常常看到模型的另一方面出现了甚至更大的偏差。由于过于依赖某个给定的模型，在大量利用通常使用的保证金和杠杆中不断挣扎，你确实会看到这些模型会变得多么令人讨厌。在2007—2009年的金融危机期间，我们已经体验了这样一次将会载入史册的经历。

马柯维茨先生的理论确实对市场产生了巨大的影响。多年以来，投资者一直遵循资产配置、系统多样化的失败策略，为了得到平庸，甚至坦率而言无法接受的回报，而舍弃了某种波动性。现在，各家机构和普罗大众公开接受一种更具逻辑和活力的方法，用来挑选、识别以及集中资金投资于真正的顶级公司。假如有些人如此盲从的资产配置和多样化方法起作用的话，那么对冲基金业务就永远不会发生。

在引入现代投资组合理论和资本资产定价模型50多年后的今天，华尔街和学术界成功地兜售了一个概念，运用这个概念，你不会在某一项投资中失去所有的金钱，你也不会因为时常波动性太大而感到寝食难安。过分在投资组合中强调多样化和应用现代投资组合理论，这些做法已经严重限制美国的长期财富创造进程。结果，我们的居民在经济上蒙受了损失，每年从投资上获得的赢利越来越少。在我看来，这些早期投资理论的核心问题是人们对风险的定义不恰当。多年来，通过研究最佳投资者的方法和收益，我的目标是，帮助包括个人和机构的投资大众重新评估他们当前的投资策略并最终改善他们的收益。

风险对回报

人们创建现代投资组合理论和多样化的概念，旨在在风险和回报之间提供适当的均衡。然而，为了正确地做到这一点，你必须从"风险和回报究竟是什么"这个正确的假设开始。就风险/回报而言，投资的目标经常被人们不恰当地定义。在我曾经最喜欢的投资学著作之一《投资生存之战》中，杰拉德·勒布将投资目标恰当地定义为（较为简化的说法）：投资者在一段时间扣除税收、通胀和费用之后能够保持的购买力。

风险问题本身需要另加讨论。按照勒布的方法，价格和日常会计账户价值的波动不是主要风险。真正的风险是没有实现你的投资目标。多样化策略无视这种教诲，试图使短期波动性最小化，这种做法导致产生了更多的问题。今天，我们看到美国的现状是，养老金资金不足，非营利组织资金匮乏，众多个人不能够充分储蓄以备将来。事实上，整个美国正在遭受历史性的个人储蓄低水平，不是因为美国人储蓄不够，而是因为他们没有将足够多的储蓄投放在恰当的投资中。出现这种状况的原因是他们没有正确地评估风险。

真正的顶级公司

在《统计101》的封底，一位教授绘制了一幅名为"钟形曲线"的图形。虽然它很简单，但是我发现这个概念非比寻常。根据大数定律，当我们测量自然中的任何一个群体时，90%的成员都会落入平均水平。

另有5%的成员低于平均水平，5%的成员高于平均水平。这个定律适用于树的高度、汽车的重量、人的智商、棒球运动员的平均击球次数、高尔夫运动员的差点（handicap）以及更多的可以度量的事物。虽然钟形曲线及其统计指标存在很多方面，但是，这里是基本的理论（参见图2.1）。我过去常常乘地铁从曼哈顿到布朗克斯科学高中，沿线有一站是扬基体育馆。在我们快要经过体育馆时，我就会想起贝比·鲁斯、洛·盖里格和米奇·曼托。你可以想一想，有多少小家伙长大后想到各大联盟参加比赛？有多少人取得了成功？有多少人曾经在一年里完成过40个本垒打？你会说我正在谈论的是那些精英人士。尽管付出了巨大的努力，但是只有少数几个人能够在10秒以内跑完100米。有多少人曾经在一场NBA比赛里得到40分呢？对于上市公司，你也应当采取这种思考方式。

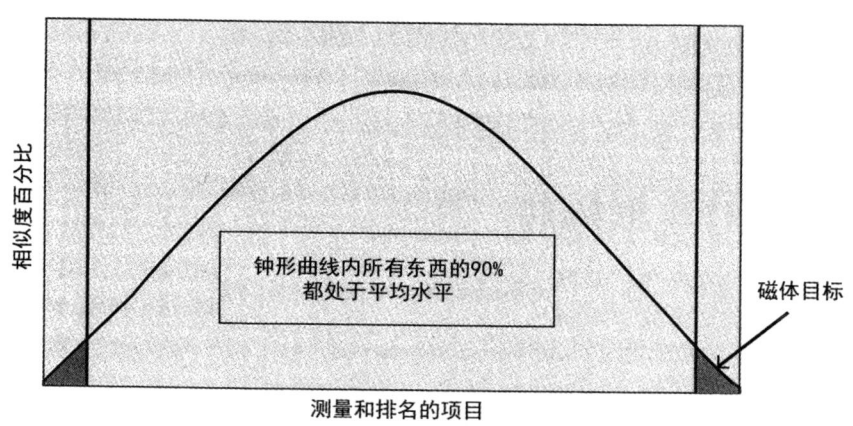

来源：磁体投资集团，2008。

图2.1　钟形曲线在股票市场中的应用

本质上，任何事物都只有少数几个顶级的个体存在，上市公司也不例外。这是事物的天然规律。根据这个观点，股票市场像世界的其余事物一样。由于一直对投资感兴趣，我坐在大学课堂里，看着钟形曲线图并问了我自己两个改变人生的问题：既然懂得只有5%的公司才有可能成为真正的顶级公司，为什么还有人推荐你购买清单上所有的上市公司？除非人们情愿获得"平均的"收益，为什么还有人愿意接受投资于标准普尔的所有500家公司或罗素小市值指数的所有2000家公司这个前提？

利用识别和投资顶级公司的机会，我的下一个想法是，在定量方法中肯定会有一种方法可以用来测量各家公司。这成为我接下来20年里一直探索的问题，而且现在仍然是磁体股票选择程序的支柱。随着计算机和技术领域取得的进步，现在许多投资程序可以让各种变量得到测试，并且可以让投资组合得到回测。利用这种方法，我能够检验自己的理论，最终得到了我们认为是强劲股票选择的最佳公式。

其他货币经理采用了各种各样的方法。有些人研究并试图应用各种门类股票之间的协方差，另外一些人利用优化策略，但是，他们的所有方法都是基于一个基本概念：持有很多头寸，而同时又可以减少波动性。我们利用严格的甄别过程，采取了一个不同的路径：持有数量更少但显然是顶级的公司股票。我们的方法是把公司的资产负债表以及其他基本面指标和技术指标的方方面面加以排名，然后把它们结合起来，给每家公司一个最终得分。这样就可以挑选出离群者，也即处于钟形曲线绝对顶点的公司。虽然90%的公司股票机会都处于平均水平，但是总会有表现极差和极好的投资机会。

在一个不同于购买所有上市公司股票的策略中，投资者可以感到舒心的唯一方法在于对两种事情具有信心。第一，他们可能需要相信自己能够分离出那些最佳的公司。第二，如果该投资或策略不起作用，他们需要能够从中退出。在早期而现在仍被经常引用的多样化研究中，那些研究假定你始终涉足每一种投资，有时候对一种失败的投资坚守到底，结果可能一无所有。显然，在现实世界中，你可以选择使用止损策略或者根据行情削减亏损。

在罗伯特·哈根斯托姆的《沃伦·巴菲特之路》一书中，富有传奇色彩的投资者沃伦·巴菲特直截了当地探讨了现代投资组合理论，他说：

现代投资组合理论告诉你如何做到中等水平。但是，我认为几乎所有人在小学 5 年级就能弄明白如何做到中等水平。（166 页）

我的观点是，做一个中等水平的投资者也很好。毕竟，不是每个人都可能超过中等水平。然而，当你聘请专业的投资组合服务人员时，你的期待应当更高一些，而不只是满足于中等水平。

巴菲特接着说：

按照我们的观点，投资者必须评估的真正风险是，一项投资在未来持有期所获得的总税后收益（包括他卖出证券的收益）是否能够给他提供与他开始投资时至少相同的购买力，再加上初始投资的适度收益率。

这与几十年前勒布给出的定义相近。

对于资产配置和过度多样化的整个前提条件——出于害怕亏损而提出的前提条件——我们可以拿优级股票选择程序取而代之，该程序可以使我们采取一种更为集中的方法来进行投资组合构建，另外，我们在投资组合中可以使用止损控制风险。

第3章　钟形曲线：股票市场顶级公司

> 生活中有一件趣事：如果你宁肯只要最好的结果，往往就会得到最好的结果。
>
> ——威廉·萨默塞特·毛姆

在当今的华尔街世界和货币管理业务中，有一种战斗厮杀的呐喊。对多样化的呼声比其他任何建议更响亮。在竭尽全力成为最佳投资者的努力中，我几乎阅读了能够找到的每一本关于投资的书。我遇见、访问了最近几十年中众多顶尖的投资组合管理者、作家、新闻通讯作者和顶尖投资者。有趣的是，我发现了一个广泛存在的矛盾之处。那些着眼于投资新手的指南类读物都坚持认为，多样化是进行投资最为重要、不言而喻的真理。华尔街公司和货币管理公司也关注多样化的需要。然而，当你沿着经验的阶梯向上攀登，与各种最成功的投资者交谈时，就会发现一个完全不同的情况。无一例外的是，投资领域的顶尖高手全都回避多样化。通过仔细考察多样化及其相关亲戚资产配置的理论，我们可以找到它们赖为基础的那些假设存在固有的缺陷。我们可以应用这种研究成果改善我们今天看到的投资结果，希望最终能够改变明天的投资行为。

现在整个华尔街和投资组合管理界最普遍的主调仍然是多样化和资产配置。遗憾的是，这两种理论都是失败的概念，几乎排除了实现长期目标必需的超额收益的可能性。这两个概念还违背自由市场思想。

多样化和资产配置

支持多样化和资产配置理论的基本概念是，你应当防止在单项糟糕的投资中损失所有的资金。通过在数量广泛的股票（或资产种类）上采取多样化，即使你有些资金或投资损失了100%的价值，但至少你不会损失全部资金。

利用这种方法时，你开始在几处地方进行投资，然后，因为每种投资的收益各不相同，你不断将资产重新平衡回到均衡状态，或是回到初始配置出发点。实际结果是，你不断低价卖出你的最佳投资，然后把从这些投资获取的超额收益投放至绩效欠佳的领域。这违背了赚取实际货币收益的最重要策略：保留赢利的资产而卖出亏损的资产！事实上，多样化是无法跟上市场发展变化的失败概念。

华尔街和学术界成功地兜售了一个概念，运用这个概念，你不会在某一项投资中失去所有的金钱，但是，这样做的结果是许多投资者承担的波动性太小。他们认为自己规避了风险，但是他们恰恰没有正确地评估不同类型的风险。通胀风险始终是所有投资者（个人、机构、基金会和非营利组织等）的最大风险之一。在规避波动性的过程中，投资收益低迷甚至跟不上通胀的步伐。

原初多样化研究中的缺陷

许多人迅速追随这种理论并支持多样化的需求，并且常常引用各种研究来支持这个概念。原初研究中存在几个重大的缺陷，这些缺陷并不为现在的多样化鼓吹者所知晓。这些研究最初是为了确定几件事情。

- 首先，要回答的问题是："为了达到适度多样化，你需要持有股票头寸的最优数字是多少？"

- 其次,"当你增量式添加投资组合的更多持股时,可以移除多少短期的波动性?"
- 最后一个问题涉及最终结果:"基于一个投资组合的多样化水平,该投资组合的'终端价值'受到的影响是什么?"

虽然这些问题提得很恰当,但问题在于这些研究中的两个关键性的基本假设。

原初多样化研究存在的第一个问题是,他们没有考虑到采取止损策略或者卖出策略。他们只是假设,如果一个证券头寸变得糟糕,你持有该头寸直至其下降为零,而不试图控制回撤风险。在现实生活中,我们都知道投资者随时都有机会卖出持有的证券。不仅投资者在沿途中有机会卖出证券,而且资金管理通常与成功投资的任何其他方面同样重要。我们预先知道即使最被看好、最周全的前景也常常达不到我们的期望。首要的一点是,能够减少损失并抓住另一个机会,这种能力可以使优秀的投资者在未来持有更大、更集中的头寸。

原初的资产配置研究存在的另一个主要问题是,在这些研究诞生的那个年代,市场上唯一可见的投资选择只有股票或债券。现在我们在创建和管理投资组合时可以任意处置各种产品和机会,而这些在当时都不存在。在今天的市场上,我们拥有其他可以使用的工具,这些工具能够帮助我们控制风险甚至提高收益,例如期权、衍生品、商品和期货。原初的研究是在一个黑白分明的世界中做出的,当时只有股票和债券可以利用,这些研究现在不应当再继续主宰投资者的决策。

多样化存在的另一个问题是,从本质上而言,并非所有的股票都可能是平等的或者说都是赢家。只有少数几只股票才能够真正处于优势地位,任何事情都是如此。彼得·林奇是忠诚(Fidelity)公司很有名望的投资组合管理者,他创造了"去恶化"(de-worse-ification)这个术语,用来描述一种投资方法,指人们把投资面铺得太广而不是集中在可用的最佳投资机会上。

沿着同样的思路，任何人都不大可能认为他们的第 160 个最佳理念与前 10 名的最佳理念甚或第 40 个最佳理念一样好。无论你采用什么样的方法评估公司，肯定会有给公司排名或量化的方法。通过不断地把多样化过程渐次应用到排名靠后的公司，实际上你是把一个投资组合投入排名前列、排名中间以及最终甚至排名糟糕的公司，那么，你将会极大地减少自己的收益。

关于多样化和现代投资组合理论的另一个危险信条出现了，我们看到这个信条已经大肆扩散。我们被灌输的故事是，你应当持有非相关的证券，并且对这些证券进行某种组合和匹配，这样做可以在降低风险的同时增加收益。事实上，他们的观点是，这种策略的效果非常好，你甚至可以对自己的投资组合应用杠杆，提高收益。然而，正像过去几年我们已经多次看到的那样，持有非相关的资产并使用它们构建多样化，这种理念只在某些时候起作用。在极端波动性的时期，该理论所假设的相关性变得毫无意义，预先确定的模型也陷于瘫痪。突然之间，实验室中运行非常良好的模型在涉及真实人类情感的真实市场中失灵了。结果，在股票市场和固定收入市场都造成了惨重的损失。这种惨剧可以从两件事情中反映出来：一是备受瞩目的 1998 年长期资本管理公司收购案（Long-Term Capital[①]）；另一件事情发生在现在，规模更大，2008 年信贷产品陷于瘫痪、流动性短缺。

另一个主要问题是，大多数共同基金目前对持有的所谓适度多样化投资组合的处理方法存在问题。目前，平均一家股票型共同基金持有 160 个股票头寸。哪怕最勤勉的投资组合团队也无法跟踪 160 家公司，更不用说单个组合管理经理。如果你正在尽你所能谨慎地从事投资——进行审慎、彻底、连续的研究——这样做是必须的，你根本不可能跟踪 160 家公司的来龙去脉。所谓彻底的研究，我指的是跟踪他们的竞争、他们的供应商、他们的产业前景、市场周期和圈套，而不是仅仅分析公

---

① 全称 Long-Term Capital Management，1998 年被美林、摩根出资收购。

司的季度收益报告。事实上，如果你像这样仔细研究自己目前的投资组合持股，很可能会发现其中大多数股票都不应该再予以保留。正像我们前面看到的那样，现实世界里只可能存在精选的寥寥几个真正优秀的实践者，这些实践者显然包括顶级上市公司。

正像我先前已经提出的那样，我并不是发现多样化和资产配置方法存在缺陷的唯一投资者。多年以来，好几个著名投资者已经开始提出这个双头怪兽的难题和缺陷。现在，让我们看看当代的杰出投资者及其关于资产配置和多样化的见解。

最佳投资者的见解

较早对多样化理论做出评论的投资者之一不是别人，正是约翰·梅纳德·凯恩斯：

随着时间的推移，我越来越相信，正确的投资方法是将相当大量的资金投入到投资者较为了解的企业……认为人们在各种知之甚少而又没有特定信心的企业中间把投资面铺得很广，借此限制风险，这种观点是错误的……（哈斯托姆，1977，67页）。

尽管存在这种早期的警告，多样化理论还是流行开来，并成为投资策划者和投资组合经理的一块基石。

威廉·欧奈尔

对这个问题畅所欲言的还有威廉·欧奈尔（William O'Neil）。欧奈尔是《投资者商业日报》（IBD）的创办人和出版商，也是过去几十年中最杰出的投资者之一。他对股票市场的穷尽性研究显然是他的标志之一。在我看来，任何对投资严肃认真的人都应该阅读和研究他的成果和书籍。从他对每个市场周期最优绩效股票的研究中，我学到了很多东西。其中一个经验教训也许可以成为某些人的常识，该观点认为，如果你能够分离出绩效最好的股票——那些价格上涨最多的股票，那么，在更广泛的公司清单中实行多样化，这种策略只能冲淡你的收益（虽然你可能不需要对投资组合中的每只股票都很熟知）。

欧奈尔的研究还强调，停留在绩效最好但已经越过顶峰的股票，这种购买并持有的策略存在风险。事实上，根据他的研究，"真正的市场领导者——投资绩效超过所有其他股票两倍、三倍或更多的股票——一旦抵达顶峰之后，它们将会平均下跌72%"。你可能会问，耐心等待市场改正（correction）又如何呢？那么，如果你在股票市场上持有投资，72%的市场下跌幅度不像是改正，我感觉更像是灾难。在本书后面我们讨论S曲线及其在股票市场的应用时，我将进一步阐述这个重要观点。

欧奈尔的研究进一步阐明了固守越过高峰期股票的投资方法引起的各种风险，他的研究还澄清了另一个重要的观点，"牢记这个关键的历史事实：牛市里每八个绩效领先者中只有一个领先者能够在下一个或未来的牛市阶段再次捍卫自己的地位"。他的建议是在每个牛市的赢家中间轮换投资。威廉还非常清楚地探讨了多样化问题，他认为，"没有人能够完全了解并停留于几十个绩效领先的股票。多年以来，我发现你最好的做法是把所有的鸡蛋放到少数几个篮子里，然后密切关注这些篮子，知道来回晃动的篮子里装的是什么"。（欧奈尔，2003，98页）

在欧奈尔的《投资成功的24条基本经验》和《成功的投资者》两本书里，他指出了广泛多样化的缺点。下面是另外一些睿智的观点：

今天几乎每个美国人都已经被洗脑，他们相信广泛多样化——把你的资金配置在多种股票而不是几只股票上——这是安全、谨慎投资的秘诀。但是，这个观点只是部分正确。诚然，多样化程度越高，你在任何单只股票上的风险就越小。但是，你仍然不能得到保护免于巨大的损失，当然你也没有把自己置于一旦时机合适就能够赚大钱的位置。（欧

奈尔，2003，97页）

假如你有5 000美元或更少，你应该拥有不超过2只股票；假如你有10 000美元，持有2只或3只股票比较合适；假如你有25 000美元，也许可以持有3只或4只股票；假如有50 000美元，可以持有4只或5只股票；如果有100 000美元或更多，你应持有5只或6只股票。

你没有任何理由持有20只或更多的股票。假如你持有那么多，你根本不可能了解你所需要了解的全部东西。这种做法还会冲淡你的总体收益。

对个体投资者而言，要想获得实际财富，首先你应当购买自己领域中最佳公司的股票，其次你应当把投资组合集中于有限几只股票上并密切关注这些股票。我不相信广泛多样化的原则，也即试图通过把资金配置在很多股票或多种投资以此减少风险。（欧奈尔，1999，10页）

沃伦·巴菲特

沃伦·巴菲特是我们这个时代最成功、最杰出的投资者，他也对资产配置和多样化策略的无效性发表了广泛的评论。他在伯克希尔哈撒韦公司（Berkshire Hathaway）的投资业绩充满传奇色彩。他之所以取得了这样骄人的业绩，是因为他使用了一种高度集中化的投资组合，在他的年度报告中对此有广泛的论述。如果你没有读过他的报告，受害的只能是你自己。现在这些报告在互联网上随处都可以找到（在伯克希尔网站很容易找到），值得你花费时间阅读。

巴菲特谈论的事情之一是，我们需要允许股票市场存在波动，学术圈把这个概念与波动性或风险搞混了。巴菲特对下面这件事情说得很清楚：想要构建一个投资组合而又不允许波动，这种做法留给你的基本上就只有债券和很低的回报。对于多样化，他说得更清楚，"多样化是对无知者的保护。对那些知道他们正在干什么的人而言，多样化没有多少意义"。他还补充道，"只有当投资者不知道自己在干什么的时候，他们才需要广泛多样化"。下面一段引自他1966年的报告：

今年，在11月份发布的材料里，我专门提醒你们关注一个新的基本规则，这条规则是"7. 与大多数的投资操作相比，我们多样化的程度要低很多。我们的事实和推算的正确性概率极高，任何因素能够大幅度改变标的投资价值的概率极低，结合这两种情况，我们可能会把我们净值的40%都投资于某一个证券。"（巴菲特，1966，10页）

巴菲特在报告中继续说：

关于多样化，我们显然正在遵循一种策略，这种策略显著有别于几乎所有公开投资运作的策略。坦率地说，我最喜欢的没有什么比拥有50个不同投资机会更好的事情了。所有这些机会都具有一个数学预期（这个术语反映了所有可能的相对业绩范围，包括根据每个机会的概率而调整过的负业绩——请不要打哈欠），有望在业绩上每年超过道琼斯指数比如说15个百分点。假如这50个数学预期互不相关（相关是指一个投资机会上发生的事情与另一个投资机会上发生的事情存在关系），那么，我可能会把我们资本的2%投资于每个机会，然后舒舒服服地坐下来，把握十足地相信我们的总收益将会非常接近这15个百分点的优势。这样做是行不通的。（巴菲特，1966，10页）

巴菲特在报告的后面继续说：

有一件事情我可以向你保证。如果基金的良好表现哪怕只是一个次要目标，那么任何一个包含100只股票的投资组合（无论其经理管理的是1 000美元还是10亿美元）都不可能被管理得井井有条。添加第100只股票的做法根本不能有效减少组合业绩中的潜在方差，无法补偿这种

做法对总体组合预期所造成的负面效应。（巴菲特，1966，11页）

巴菲特得出结论：

为了取得更好的总体长期绩效，在年复一年的水平方面我情愿放弃很多（记住我在谈论"绩效"时，是指相对于道琼斯指数收益的绩效）。简单地说，这意味着我愿意把大量的资金集中投放于我相信是最好的投资机会，尽管我也清醒地意识到这些机会偶尔可能导致令我非常酸楚的一年——或许，与我更加多样化地投资相比，可能更为酸楚得多。虽然这种做法意味着我们的收益更加跌宕起伏，但是我认为，这种做法还意味着我们的长期边际优势应该更大。

多年以后，在《1993年给股东的信》中，巴菲特又用另一种方式谈到这个问题，我认为值得一读：

我们采取的策略杜绝我们遵循标准的多样化教条。因此，许多专家因而可能会说，这种策略肯定会比较为传统的投资者采用的策略风险更高。我们不同意这种说法。我们相信，一种投资组合集中化的策略如果能够（也应当）提升投资者思考某项业务的强度，并且提升投资者在买入组合之前对其经济特征应该体验到的舒适程度，那么，这种策略完全可以减少风险。

巴菲特和他的伙伴查理·芒格在2008年8月版的《杰出投资者文摘》中还共同发表了一些重要的见解。当有人问及巴菲特对采取这种集中化投资策略的信心时，他回答道：

嗯，曾经有好几次我把净值的75%投资于单个证券。经过很长一段时期，你才可以看出一些假如你使用少量资金投资可能出现的问题，后

悔当初不把自己一半的净资产投入进去。有时候，你可以看到在证券投资中有一些手到擒来的事情。（巴菲特，2008，12页）

然而，你并不能经常看到这些事情——他们并不想在电视上谈论这些事情。但是，人的一生中总应该做出一番轰轰烈烈的事情，在某种情况下，你可以把净值的75%或类似的数量投资于某种证券。（巴菲特，2008，13页）

当有人专门追问他对多样化的看法时，巴菲特回答道：

对一无所知的投资者而言，采取多样化投资是没有什么问题——多样化恰恰是他们应该做的。但多样化恰恰是一个优秀的专业投资者不应该做的。

我这样说并不矛盾。只要投资者知道自己是一无所知的投资者，他们就可以得到满意的结果——对他们购买股票的时间多样化，对他们购买的股票类型多样化。对那些知道自己正在干什么的人而言，这样做简直是疯了。你肯定可以找到一些极佳的投资机会，但却只把净值的20%投入其中，由于确实没有满仓投资，你浪费了一生中宝贵的投资机会。（巴菲特，2008，13页）

面对同样的询问，巴菲特的业务伙伴查理·芒格也发表了一些真知灼见：

嗯，美国的学生都去那些一流的商学院和法学院，按现在传授的方式学习公司金融和投资管理理论。其中有些学生还在报纸及其他地方发表文章说，"好啦，投资的全部秘密就在于多样化"。这是对多样化的颂歌。

他们恰恰把这个问题弄拧了。投资的全部秘密就在于找到那些可以既安全又明智地进行非多样化投资的地方。问题就是这么简单。多样化

是为那些一无所知的投资者准备的,而不是为专业投资者准备的。(巴菲特,2008,13页)

查理·芒格

虽然几乎每个人都听说过沃伦·巴菲特,但是并非很多人都同样熟悉他的投资伙伴查理·芒格,他为伯克希尔哈撒韦公司创造高额收益提供了巨大的帮助。正如沃伦一样,查理在投资界也是杰出的智慧源泉,并对多样化问题提出了很多高见。虽然查理以"没有什么需要补充"的说辞而著称,但是,他出版了一本名为《穷查理宝典》的书,该书汇编了他的精彩思想和见解。在这本书中,他只用寥寥数语就道出了多样化问题的实质。

在《穷查理宝典》中,芒格先生多次谈到,一个包含三家公司的投资组合就已经是充分多样化了。相应地,他情愿把投资资本异常高的比例拿出来配置于单个"瞄准的机会"。"你去找出一个华尔街机构、金融顾问或是共同基金经理,哪个敢做出那样的声明!!"他挑战性地说道。根据《穷查理宝典》,他的所谓焦点投资法的投资风格意味着只持有10只股票——而不是100或400只股票。在芒格对多样化的广泛讨论中,他大胆地宣称"过度多样化的思想是疯子的思想。我们不相信覆盖面广的多样化能够取得良好的结果。我们相信几乎所有良好的投资都涉及程度相对较低的多样化。"他继续说:

有些人非常聪明,把高度多样化当作是一种必需,而认为指数化对股票投资不是符合逻辑的模式,对于这种正统的观点,我十分怀疑。我认为这种正统观点被严重误解了。在美国,一个人或者一家机构将几乎所有财富用于长期投资,只投资于三家优秀的国内公司,他就能够安全可靠地致富……我走得甚至更远,我认为,在某些情况下,一个家庭或

者一个基金把90%的资金都集中投资于一种股票，这可能是理性的选择。(芒格，2006，331页)

芒格把他的思想总结为：

我们相信，几乎所有真正优秀的投资记录都涉及程度较低的多样化。我们很难找到优秀的投资，而我们都想要处于优秀的投资，因此，我们只好找出少数几个较为熟知的此类公司，并集中投资于它们的股票，这种基本观点在我看来似乎是一个显而易见的好主意。确实，这种观点已经被证明是个显见的好主意。然而，投资界里98%的人们并没有遵循这个见解。这样反而对我们有好处。(芒格，2006，102页)

虽然人们已经做出更多的研究，清楚地阐明了过度多样化存在的问题，但是，大多数共同基金的投资组合管理者和私人资产管理者等人还是继续采用100至200只股票来构建投资组合，当前的平均持股数量为160。为什么？芒格先生为解决这个问题做了大量工作，"据说，现在每个机构投资者显然最害怕的是，他们的投资实践与其他投资群体的做法截然不同"。

他继续说：

在实现伯克希尔公司的全部记录过程中，我们从没有对有效市场理论本身付出一丝的注意力。我们也没有对这个理论派生的各种理论付出一丝的注意力，这些后续的理论先是诞生于学院经济学，尔后进入公司金融领域，最后被塑造成诸如资本资产定价模型之类的粗俗东西，对此我们也没有理会。(芒格，2006，377页)

观察一下伯克希尔哈撒韦公司创造的收益图（图3.1），这些收益不可能是通过照搬各种指数而得来，如此一来，情况就非常明显。请注意，虽然在有些时段出现过巨大的波动性，因为我们正在观察的是一个长达 15 年以上的时期，那些具有波动性的时段看起来可以忽略不计，而我们的超额收益证明了巴菲特无视多样化诉求的意愿是正确的。

来源：赫什组织。

图 3.1　1992—2009 年 4 月 9 日，伯克希尔哈撒韦对标准普尔 500

吉姆·罗杰斯

最近，我对吉姆·罗杰斯（Jim Rogers）进行了长达一小时的访谈，罗杰斯是过去 30 年中最成功的投资者之一。罗杰斯与乔治·索罗斯是量子基金的共同创办人，他在市场上积聚了大量的个人财富。我们的讨论不乏闪光之处。虽然他的投资成就超凡脱俗，但是他的投资方法听起来就像老生常谈的普通常识。

我请吉姆披露投资成功的秘诀，同时也谈谈从失败中得到的教训。他的两个答案几乎如出一辙。他承认自己非常害怕犯错误，在投资之前都要进行大量的研究。当他最终决定投资时，还要继续同样勤勉地进行细致的研究、审查。当我向他询问对多样化的看法时，他起初表示有点惭愧。考虑到这个访谈是为投资新手量身定做的，他说他很抱歉，但是并不相信多样化。他的评论很具体,"如果你做了足够的研究并且高居自己股票的顶部,就没有必要多样化"。他认同这个观点:多样化是华尔街经理们的托词,其用意在于,有些时期他们的业绩非常糟糕,但可以借此留住客户。他的忠告至关紧要:如果你没有多样化而且出错,那么你会亏损得更多。当然,解决这个问题的对策是使用止损。

杰拉德·勒布

杰拉德·勒布是罗杰斯那个时代另一位伟大的投资者,他对多样化同样持有一些有趣的见解。1935年,他撰写了一本《投资生存之战》。这是一本奇书,书中的每一部分内容现在还都一如当初出版时那样切合实际。在这本书中,勒布谈到了投资者的演变。

临近职业生涯结束时,勒布又接着撰写了另一本书,标题为"投资赢利之战"。这本书是勒布根据自己在市场积极交易30多年获得的经验积累而写成的。他的两本书都很难获得,但值得你去找寻一番。在多年的职业生涯中,有数十个实习生来公司工作,为了对他们进行教育,我把自己存有此类书籍的图书馆向他们开放。遗憾的是,有个人再也没有归还勒布的第二本书,而这本书深入探讨了他对多样化的看法。他的看法是,投资新手应当使用多样化,在获得经验的同时可以保护自己,但是,一旦他们获得充分的信心和经验,他们就应该随着时间的推移更少依赖多样化。他还提醒投资者多样化可以保护他们免遭可怕的灾难,但多样化也极大限制了他们本来可以获得的任何成功。勒布继续讨论成为一个"孤独的狼"的优势——他用这个术语来描述那种不受信托责任重担约束的投资者。查理·芒格认为投资者最好持有三个或者更少的证券,与此类似,勒布相信投资者集中投资寥寥几个证券就能够创造超常的收益,这种策略在专业货币管理行业中根本行不通。

第 3 章　钟形曲线：股票市场顶级公司

查尔斯·艾利斯

在《投资者经典选集》（*Classics: An Investor's Anthology*）一书中，查尔斯·艾利斯（Charles Ellis）收录了戴维·巴布森和托马斯·巴布森的策略。按照两位巴布森的说法，当投资者采取正确的多样化方法时：

他已经将证券在各种不同行业之间多样化，不是因为他盲从于任何机械的公式，而是因为他通过分析选择了在美国经济长期扩张中最有可能领先的公司和行业。也就是说，他已经将多样化看成不仅只是分散风险的工具，而且还是拓宽投资进程机会的手段。他已经避免了在太多公司中间分散持股的做法，否则，他勤勉努力也顾不过来。（178 页）

这些观点总结了我所相信的多样化的正确应用。

在艾利斯的另一本杰出著作《投资政策：如何赢取输者的游戏》中，他讨论了经理人的多样化，并且回到了我有关万物本质的核心观点。

关于种类繁多的经理，其存在的问题是，随着经理人员的增加，正面的理由变得越来越短命。虽然在某个特定行业挑选一个或两个优秀的经理是可行的，但是要选择三个、五个或七个优秀经理就越来越难。世界上根本没有那么多真正优秀的经理人员。（78 页）

卡博特遗产公司

我长期喜爱阅读的投资通讯之一出自卡博特遗产公司（Cabot

Heritage Corp）。他们的重点始终是，通过研究市场和识别可以投资的最佳公司，使其读者的投资收益最大化。我一直是他们投资通讯服务的长期订阅者。我把本书的内容呈献给这家公司，他们非常友好地委托《卡博特市场通讯》的现任编辑迈克尔·辛托罗专门为这本书撰写了下面的论述：

集中化对多样化

你想表现平常还是表现超常？

我们都听说过华尔街的专家（和销售人员）喋喋不休地兜售一些金融行话。现在看起来，只要你阅读金融杂志或打开电视，不可能不见到下面这样一些咒语。"坚持长期投资"，"在下跌途中购买更多的证券以降低成本"，还有"瞄准市场时机是不可能的"。

我们不是任何此类策略的狂热支持者。例如，我们已经多年成功地瞄准进入市场的时机，我们已经多次证明减少亏损的价值（尤其是惨痛的熊市阶段）。

但是，金融说辞其中有一条非常令人讨厌，这就是人们经常重复的一句话："确保把你持有的证券进行多样化，投资过于集中会导致太多的风险。"我们极力反对这句话。

多样化对集中化这个话题归结起来其实很简单：你想获得平均收益吗？你想从股票、债券或共同基金中赚取平均收益吗？你想被动投资并希望市场继续给你送来7%或者8%的年度收益吗？在我们的脑海里，多样化能够保证的唯一结果就是平均收益。

但是，大多数投资者并不想业绩平平。我们肯定不想！我们想要高出平均。如果你也想跟我们一样，就必须将你的资产集中投资在最好的目标上，然后密切注意这些股票，看看它们是否表现正常（也即各家机构正在积累）还是异常（也即各家机构正在配置）。考虑这个问题：你愿意把金钱投资在最好的五个目标上还是投资在其次的五个目标上？

借助于合理的买进卖出规则，如果你把大部分资金集中投资于寥寥几个最好的目标，那么在有利时期，这种做法能够产生巨大的收益；当不利时期到来时，你能够迅速筹集资金。既然手头的股票较少，你需要做的事情是只需卖出两三只股票，就可以从从容容地保护自己的投资组合。

我们还可以换个角度考虑这个问题。让我们假设，如果你仅拥有10只股票，满仓投资的话，每只股票占投资组合的10%。如果这些股票中的一只价值翻倍，那么你整个投资组合价值将上升10%。这一点意义重大！这个10%的价值变化仅出自一只股票。在强劲的牛市，如果你拥有几只真正的领头股票，那么你就能够迅速获得巨大的收益。

然而，让我们假设你拥有25只股票，每只股票只占投资组合的4%。如果你能够抓住一只价值翻番的真正领头股票，你整个投资组合的价值仅会上升4%——还不坏，但是实在无法令人兴奋起来。还有，正如我前面提到的，如果你需要卖出股票筹集现金（比如熊市时期），即使卖出几只股票也于事无补——在这种情况下，即使你卖出5只股票，你才只能拥有20%的现金，却还剩有80%的股票！

但是，你会问，倘若采用集中化投资，而一只或两只股票价值大幅下降，又会怎么样呢？这个问题问得好，它正好可以说明你为什么应该始终减少亏损。如果持有成长型股票，你不应该承受超过购买价值20%的亏损（我们通常减少至20%以下）。这样的话，虽然在任何一只股票中你的风险从不超过15%~20%，但是你的上侧潜能可能会有许多倍。知道这些数字对你有利，通过运作一个集中化的投资组合，你的回报只会增长。

在我们自己的《卡博特市场通讯》中，我们也在运行一个示范投资组合，已经数十年了。当我们满仓投资时，包含多达12只股票。这个组合提供了足够的多样化（拥有不同行业的不同公司股票），同时却又能够提供成长投资者企盼的上侧冲力。

来源：迈克尔·辛托罗，《卡博特市场通讯》

其他的多样化观点

为了试图衡量多样化的影响,关键的是你要找对评价的东西。虽然大多数人仅仅考察投资组合规模的标准偏差,但最重要的衡量指标是所称的"终端财富离差"(TWD, terminal wealth dispersion),也即投资组合的未来价值的变化范围。对投资者而言,处于终点(或每个10年期)的会计账户的价值比月复一月的波动重要得多。在 H. 克里斯汀·徐和 H. 杰弗里·魏发表的"美国股票市场的股票多样化"研究中,他们对这个问题做了出色的研究。他们表示,在所研究的每个持有期之内,当投资组合的规模从 10 只股票增加到 20 只股票时,终端财富离差会减少 25% 以上,而当投资组合规模从 10 只股票增加到 50 只股票时,最终财富离差会减少 50% 以上。当投资组合中的股票数目超过 50 只时,风险多样化所实现的收益非常有限。

在揭示多样化缺陷的名人录中,还有马克·赫伯特。2004 年 4 月,赫伯特在《纽约时报》上发表了一篇题为"多样化!还是别这么匆忙"的文章。在这篇文章中,他广泛地讨论了沃伦·巴菲特不使用多样化而取得成功的范例。更重要的是,他引用了密歇根大学金融学教授克莱门斯·塞尔姆和郑璐①的研究成果。他们分析了为期 15 年时间里的 1800 多个共同基金及其绩效,两位教授的研究得到了戏剧性的结果。在研究截取的 15 年期间,示读器上离差程度最高的基金——那些多样化程度最低的基金——创造了最高的平均收益。与此相比,多样化程度最高的基金其收益落后于市场。当他们对多样化程度最低的基金的绩效进行调整,以适用于它们可能招致的任何更大风险,即便如此,这个结果仍然成立。甚至在更小的基金中,多样化程度最低的基金投资绩效也好于多样化程度最高的基金。赫伯特写道,"这个研究对投资者具有几个含

---

① 此处译名根据 http://www.saif.sjtu.edu.cn/index.php/ProfessorSearcher/ProfessorShow/st_id/32。

义。一般而言，研究者认为股票选择能力确实存在——也即投资者选择受到积极管理的基金而非指数基金，这种做法未必就是不理智"。

另一个非常有趣的研究可以在美国证券交易委员会的网站上找到，标题为"资产配置、多样化和再平衡的入门指南"。我惊讶地看到一句陈述"你需要至少一打精心挑选的股票才能够做到真正多样化"。我本来以为他们可能会提出一个更大的数字。即使美国证券交易委员会说你仅需要一打股票就可以实现多样化，然而我们仍然看到货币经理试图按照信托责任方式在他们的投资组合中持有超过100只股票。

彼得·克拉斯编写了一本精彩的图书，详细描述了我们当代最成功投资者的伟大思想。《投资智慧全书》一书汇集了当代最具影响力的思想，包括最伟大的股票挑选者和最著名的投资传奇等。在该书的第一部分，小保罗·F. 米勒对现代投资组合理论进行了出色的评论。他谈到了两个特别感兴趣的话题：

我们可以预期那些波动更为剧烈的应当比更为稳定的投资组合提供更高的收益。

我们能够把非市场风险通过多样化而分散开去，或许我们应当如此。（52页）

我惊奇地发现，在本书收录的所有投资者之中，没有一个人建议在投资组合内实行多样化。这个名单包括沃伦·巴菲特、菲利普·费舍尔、吉姆·罗杰斯、彼得·林奇、约翰·坦普顿爵士、马里奥·嘉贝利、杰拉德·勒布、伯纳德·巴鲁克、迈克尔·斯坦哈特、乔治·索罗斯、唐纳德·特朗普等等。他们没有一个人提到任何关于多样化的问题。因此，虽然多样化是华尔街建议的核心主题，但我们却看到了长期以来最杰出投资者都采用了相反的方法。

德里克·尼德曼在他《投资的隐秘游戏》一书中也谈到了多样化问题。

利用一切方法把你的投资组合多样化,但要有目的地这样做,而不是仅仅因为你听说多样化的做法正确就这样做。尤其是,你不能仅仅因为有股票现货市场就去持有石油股票、航空股票或林产品股票。如果你没有充分了解某个行业,那么最好完全远离这个行业,而不是仅仅为了使你的投资组合多样化就投资于这些股票。(185页)

他继续说道:

作为必然结果,你可能会发现在投资组合中每次履约一只股票时,某些行业的股票会变得与其所代表的地位不相称。不要惊慌,至少现在不要惊慌。可能的情况是某些股票权重过大完全是恰当的,因为市场权重过大的领域(无论是技术型股票还是利率敏感型股票)很可能代表异常好的价值。如果是这种情况的话,你的投资组合肯定会优胜于那些对任何一个市场部门股票进行人为限制持股的投资组合。(185页)

过去15年中,最受人尊敬的共同基金经理之一是比尔·米勒,他是数十亿美元价值的莱格梅森价值信托(Legg Mason Value Trust)基金的投资组合经理。他最为人熟知的是,在庞大的共同基金中,他曾经拥有战胜标准普尔500指数业绩的最长时间记录。虽然许多经理无法战胜标准普尔,但是米勒的记录保持了15年连胜,于2005年结束。当然,他不可能使用一个广泛多样化的投资组合取得这样的佳绩,但是我们要知道他管理着具有35只股票的基金。

事实上,他已经有两三年败给标准普尔了,但看看人们对他投资方法的反应,这是饶有趣味的。他的思想刊载在2008年5月11日的《纽约时报》上,文章题为"在一段传奇之后,更加谦虚",作者是杰拉丁·法布里坎特。尽管他取得了长时期的优秀业绩,但是令我惊奇的是一个人的信心为何那么快就迅速衰退。在访谈的某一部分,米勒明确表示更广泛的多样化对他仍然没有吸引力：

我从没有发现多样化是一种有效的策略，因为从这个策略本身而言，多样化所能保证的是你可能会处于市场中收益最差的股票。这就是为何有那么多经理受到批评，被称为"密室指数投资者"（closet indexer），他们被批评得对，因为他们害怕出错，所以不敢离开某个指数太远。我的观点是，犯错误是做生意的一部分。你应当集中注意力去做你能够做到的最好投资，而不是试图抹除错误。（2页）

但是经过一段短暂的绩效欠佳时期之后，米勒已经开始自我追问：

我们追问自己的问题是，我们现在是否应当思维更加开阔地考虑概率和有重要影响的事件，通过更广泛地介入市场，以此保护自己免受它们的影响？

就我个人而言，我希望他坚持原来的投资哲学，并且记住人总会有犯错误的时候。这是管理资金最困难的部分，而不仅仅是当一个密室指数投资者。

通过研究最成功投资者的策略，我们现在可以看出，资产配置和过度多样化只不过是人们出于害怕损失（或者害怕失去客户）才这样做的，因此资产配置和多样化可以而且应当被抛弃和取代。利用更加精选和集中的投资组合构建方法，同时再正确应用投资组合管理方法，并坚持使用止损策略控制风险（或某种卖出策略），你就能够获得更高的收益。（然而，一条重要的注意事项是，只是根据某人投资少数几个公司股票这个事实来选择货币经理，这样做是绝对不够的。）

根据许多穷尽性的研究，人们已经大量著文探讨了这个问题："投资者能够因较少多样化而获益吗？"特拉维斯·萨普（爱荷华州立大学）和阎学民[①]（密苏里哥伦比亚大学）做出了一项研究，阐明了对这个问题的行业观点。这项 2008 年的研究——"证券集中化和积极的基金管理：集中化投资的基金表现更优秀吗？"——寻找这个人们反复问到的问题的答案。他们引用了一个跨度为 1984 至 2002 年的数据库，其中包括 2 278 个基金、总计 16 399 个基金年值的数据。这个研究排除了证券持有数量少于 12 个的基金以及资产价值低于 100 万美元的基金。

我对这个研究结果的解读比对结果本身更感兴趣。就我而言，这个研究的作者是不公正的。他们根据持有的证券数量考察总收益，并断定没有证据表明集中投资的基金胜过多样化投资的基金。他们进一步声称，在扣除费用后，集中基金的投资绩效实际上明显不佳。这个研究没有讨论我在前面关于钟形曲线提出结果的实际分布，他们也不了解市场只可能存在几个顶级公司，更没有认识到这个事实显然只适用于货币经理。一个投资组合如果能够利用一套优秀的选择系统，并且在处理该组合方面做出更好的金钱管理决策，那么它就会比同类投资组合创造更高的收益。假如结果表明没有任何人战胜市场，那么你可以宣称被动管理的多样化投资组合比集中投资方法更好。假如所有其他因素保持恒定不变——同样的股票选择程序和同样的投资组合管理技术——那么你就可以做出更好的决策。在这个研究中，有几位经理确实显著战胜了指数，但是，正像我们预料的那样，只有几个。令我感兴趣的是，为什么该研究的作者竟然没有讨论研究中确实出现的较高收益并识别这些收益。

多赛莱特货币管理公司

有一个机构继续利用集中投资的方法取得了相当大的成功——多赛莱特货币管理公司（Dorsey, Wright Money Management），由哈罗德·帕克和迈克尔·穆迪共同掌管。利用相对力量和点数图，他们保持清醒

[①] 此处译名根据 http://qun.myspace.cn/bbs_ thread/groupID_ 106666889/ThreadID _ 1500615464/。

的头脑，并把投资组合集中投资于大约 25 只股票。他们经验丰富，思路清晰，收益超常，这些方面向你呈现了看待多样化的另一个视角。用穆迪的话说，"多样化本身并非一剂灵丹妙药。如果你没有一套精选的程序，集中投资可能成为招致灾难的处方。你的程序必须锐利有效。一个持有 160 只股票的投资组合经理不会令人相信他真正能有什么利器在手。只要你拥有一套锐利先进的回测策略——你的焦点就需要集中于坚守自己的优势"。他还重申了一个事实：有些投资组合经理利用多样化纯粹是为了降低他所谓的"职业风险"，或者减少因败给某种指数而被解雇的恐惧心理。

虽然我知道许多投资者不具有管理集中投资组合所需要的专门技能和知识，但是专业人士则完全是另一码事。聘请一个专业货币管理经理，他像密室指数投资者一样行事、持有 100 多只股票，充其量只能获得与市场旗鼓相当的平均收益，这样做毫无必要。你如果投资于某种低成本的基金可能会更好。在第 11 章，如果你愿意付出努力，我将赋予你力量，使你超过平均水平寻求更高的收益。这一点对每个人可能并不容易或者总是可以达到，但是更好的收益始终存在于市场那里。在这一点上，有一件事情必须澄清——任何人如果想要获得高于指数的收益，他就必须避免让投资者深陷平庸的泥潭：过度多样化。

第4章 无效的市场：
重新配置至顶级公司

> 人们普遍接受的观点是市场总是正确的——这就是说，市场价格往往能够准确地贴现未来的发展，哪怕它不清楚这些发展是什么的时候。我从相反的观点出发。市场价格对未来表现出一种带有偏见的视角，在这个意义上，我认为市场价格总是错误的。
>
> ——乔治·索罗斯

> 假如市场始终有效率的话，我情愿当一个带着锡杯的街头流浪汉。
>
> ——沃伦·巴菲特

所有的资产管理公司都需要做出一个根本性的决定。他们是注重于聚集尽可能多的资产以及照搬指数收益挣得一般化收益，以此发展自己的公司吗？还是，他们注重于极大地战胜市场，用他们的超额收益来吸引更多的资产？从业20多年以来，我接触了大量的公司，而且见识了各种各样的商业模型。在今天极为庞大的资产管理市场，有很多运营的方法。按照我的观点，只要一家公司不惦记着去占客户们的便宜——客户实际上给公司奉献相当多的收益——无论他们采用什么方法，我都没有意见。然而，值得警惕的是，在大多数资产管理公司里，他们的目标只是为了获得尽可能多的由他们管理的资产。非常基本的一点是，一家公司管理的资产越多，他们在管理费用方面就可以赚得更多。

指数基金

主要是根据有效市场理论，人们已经建立了好多家金融公司。庞大的指数基金行业支配着金融业。他们相信，多年以来没有哪个经理人或系统能够打败市场。在这个假设下进行运作，要走试图打败市场的道路，这种做法不是最有利可图的。相反，那些公司着手提供市场（或指数）收益，并且通过提供最低成本而展开商业竞争。事实上，世界上最大的共同基金是指数基金。尽管这听起来好像是一个容易的方法，其实不然。即使这种相对简单的方法也需要付出相当大的努力。好消息是，你想赚钱也不是那么困难，因为有这些公司存在，并且他们为其雇员、股东和投资者赚取了数百万美元。目前，在世界各地，人们把数万亿美元被动地投资于指数基金的各种股票市场，多年来的收益远远超过其他市场，迄今为止，这种收益或许是比现金或债券风险更低的投资选项。

对投资而言，最容易的选择就是投资于指数，坦率地说，对许多投资者而言，这种投资方法已经足够了。在过去数十年里，相当多的资产管理者只是通过向客户交付指数收益，就把大量的资产吸引到他们公司，借此发展壮大。他们对此并不掩饰：他们提供市场回报，不多也不少。他们喜欢指着各种研究向你表明，实际上，大多数投资组合管理者在常态下其业绩往往败给各种指数。再者，当你把短期收益的税收因素也考虑进去时，这样就把活跃经理人的纯收益减得更少。

对许多投资者而言，进行指数投资是个好主意，除了税收优惠和波动性较低之外，甚至还有另一个理由。产业研究已经表明，很多投资者发现投资于绩效最好的共同基金也会损失金钱。这怎么可能呢？投资者时常被吸引到那些在一段时间里只涨不跌并交付强劲收益的基金。他们常常没有考虑到这样一个事实：股票和指数也需要"喘息"的空间，而且在长期上行跑动之后通常有可能拉回。很多所谓的收益追逐者喜欢投资于火爆的经理人，结果却在一个常见且可接受的下跌时期亏损卖出基金，而这种下跌是所有基金和经理人都会遭遇到的。对于这些投资者而言，指数投资法（indexing）可能是一个更谨慎的选择。一旦你接受了只投资于指数这个事实，你就能够不再因追逐火爆经理人和寻找下一个热点而亏损金钱。在过去80年里，虽然简单地照搬各种指数能够肯定优胜于债券和现金投资，但是，很多投资者完全有理由寻求更高的回报。

大多数资产管理公司都明白金融市场正在扩张，他们不想失去自己的机会和遭遇职业风险。如果经理人在最大、最知名的公司运营投资，当他损失金钱的时候没有人说那是他的错。只是如果他在不太知名的公司中亏损金钱，那么他就会受到投资者的斥责，而投资者马上就会去寻找另一位资金经理。这就是为什么大多数资金经理宁愿听到"IBM错在哪"，而不想听到"你错在哪"。即便如此，有一点是显而易见的：如果你试图创造高于市场的收益，那么你肯定不能投资于整个市场。

指数投资的替代方法

意识到这一点，一些资产管理者开始采取的下一个步骤是进行优化，以期取得稍微好一些的收益。我知道有很多绝顶聪明的数学家参与这种做法。他们已经计算出来如何持有标准普尔500指数里500家公司中的350家，同时又能获得与指数本身近似的回报。持有的股票数量越少其成本就渐次越低，这种做法可以帮助榨取比指数收益稍高的收益，而没有显著增加那个较小投资组合的波动性。虽然增加的价值看起来微不足道，但是令人惊讶的是，这种方法却吸引了众多的资产。

接下来介绍一种在波动性和收益方面都优胜于指数投资的方法——强化指数法（enhanced indexing）。这里的方法是坚守某种指数内的行业重点股票。然而，你不用购买清单中的所有股票，只要你感到舒心，想剔除多少就剔除多少。多年以来，这种策略的许多变体已经出现。每个变体都依据同样的概念。虽然这种投资风格不能提供比指数本身大很多的回报，但它是在寻求更高回报的方向上迈出的另一步。在大多数情况下，人们不想使自己与基准指数看起来差别太大，这种心理支配着人们的行为。我发现的有趣事情是，即使那些具有创造性的基金也以各种大型指数作为自己的参照基准。他们不仅决定以某种指数作为基准，而且选择一种只包含最大型公司的指数，而在很多情况下，那些公司已经太大以至于无法表现出持续的上侧佳绩。我将在第 5 章更广泛地探讨这个问题，第 5 章专门探讨 S 曲线及其在股票市场中的地位。

人们正在使用另一种有趣的方法来减少多样化从而增强回报，这种方法是剔除最糟糕的公司，投资于其余的公司。例如，快速评级国际公司（Rapid Ratings International, Inc.）使用他们自己的"垃圾探测器"。他们简单地以罗素 3000 为基准，根据他们的程序识别 400 个最差的公司，然后投资于其余的 2 600 家公司！尽管这看起来似乎是相对很小的一步，但是他们打败了罗素指数，收益超出指数几个百分点，而与此同时，比罗素指数满额时具有更低的波动性。我惊奇地想，该有多少种不同的方法可以击败各种指数！

相对收益对绝对收益

投资时间线上接下来需要讨论的话题是相对收益指数，而不是绝对收益。在强劲的牛市中，如果你的业绩稍微差一些也没问题。如果你错过了热门行业或股票，只要投资者看见他们的总体价值在增加，他们可以原谅你，至少在短时间内可以原谅你。但是，在软弱、下降的市场，随着时间推移，即使你的亏损少于某种指数，投资者也不能容忍。"相对于市场"你的业绩更优秀但却依然亏钱，这种表现根本不能挽留某些客户和资产。为了创造绝对收益，你不能再一味模仿、照搬甚或强化某个指数，你需要采取不同的措施。在这种方法中，行业超重（sector overweighting）或行业欠重（sector underweighting）可以发挥作用，各种股票选择策略也同样有用。经理们也能够使用可以替代的资产类别比如硬资产和商品，甚至卖空市场来确保自己的收益。

在相对绩效方法里，一名投资经理可以试图轻松地与某个指定的指数或基准加以比较。投资过程试图照搬这个指数，而经理人可以想出办法来在业绩方面比指数更好。经理人可以通过尽量调整指数里各个行业或各家公司的权重大小，以此实现自己的目标。遗憾的是，这种方法往往导致平庸的回报，而且通常甚至比基准指数的业绩还差。

在绝对收益策略里，投资经理采取一种完全独立于指数的方法。在一个绝对收益方法里，投资经理不需要受到那么多束缚和华尔街妨碍优等收益思维的影响。相反，该方法的重点是识别那些优等的机会，而不论你做到这一点是通过股票选择、部门重点，还是根据市场条件调整适当的现金水平。这是一个更具操作性、可定制的方法，与之相比，有些垃圾方法在传统上受到推崇并常常受到人们盲从，它们得到了充分投资、充分多样化。

通常，很多资产管理公司都会制造一些人为障碍，这些障碍阻止了他们自己的投资组合管理者投资于适时的好机会。公司通常都会设立一些武断的规定，这些规定都旨在保护他们的客户——或者不失去客户。例如，一家资产管理公司可能设立这样的规定，只允许经理人投资于那些至少已经经营了10年的公司，或者投资于那些在某个特定交易所进行交易的公司。这些障碍中的任何一个都只会干扰资本的自由流动，最终妨碍投资回报。有一种替代方法看起来似乎被使用得最少但却最为有效，这种方法就是对自由市场的利用，这就是说，你只需要识别最好的公司，允许资金流向那些顶级公司——没有任何约束。这就是我们在磁体投资集团的做法。

坚持多样化只能确保你收益平平。记住，每当多样化话题泛起的时候，它通常被用于指涉保护你的资产，并不指涉赚钱或生成更高的收益。有些投资者（个人和机构等）已经成功地识别出最佳的策略，与那些众多资金匮乏的养老金计划和非营利组织相比，他们站在了不同的位置上。今天，我们正在目睹一些最为成功的机构实现了卓越的回报，他们的方法是把资本有效地配置至各种阿尔法策略（alpha strategy），这些策略不实行过度多样化，而是把他们的投资组合集中于少数几个精选的控股中。哈佛、耶鲁和世界银行的捐赠基金一直是由具有前瞻思想的管理员进行管理的，人们经常引用说这些管理员使用各种方法来替代纯粹的指数投资法。超额收益策略并不只是那些超大投资者专用的。任何人只要他愿意走同样的道路，都可以使用把资本配置至顶级公司的方法。

当我们准备把本书拿去付印的时候，一些新的数据已经出现，这些数据进一步揭示了多样化的危害，而遗憾的是，它们也使金融业前景暗淡。在路易斯·洛温斯坦（Louis Lowenstein）的《投资者的困境》一书中，他将共同基金的结果与基金管理公司的结果进行比较。近年来，随着管理资产的数额大量增加，投资公司已经赚取了巨额费用。关于这一点我没有异议。然而，该书显示，太多公司只是采取一种方法，目标是把投资者委托其管理的资产最大化，而不是为他们的持股人提高投资回报。公司鼓励基金经理们照搬各种指数的收益，而不是提供增值研究、股票选择或风险承担，而这些却是真正优胜于被动指数平均收益所必需的。

而且，公司给经理们的补偿是根据他们名下管理的资产是多少，而不是根据他们生成的回报是多少。洛温斯坦引用了一个行业报告，报告中一位分析师把指数投资法的类型描述为"你可能会对你奶奶投资的方式感觉良好"。他反驳说，"也许是你的奶奶，可不是我的奶奶"。换句话说，虽然指数法可能有助于限制下侧风险，但是它的风险在于没有闯劲。你所冒的风险是，不能获得足够高的收益为将来提供资金。请允许我也来阐明一下。我所谓的闯劲意思是指，积极地做一些必要的额外研究，并且分离出那些最有可能优胜于它们同类的投资，而不是简单地向各种指数看齐。风险承担（risk taking）是投资的一部分，因为你害怕穿过马路去获得食物而干等着饿死，这种想法是行不通的。

你可以比较一下，普通的基金经理生成的收益微不足道，而在《福布斯》杂志2008年第6期推出的关于2007年挣钱最多的基金经理名单中，他们不仅自己挣得最多，而且也为他们的投资者挣得最多。虽然那些经理人的名字经常变化，但是他们采取的方法没变。今年的名单又主要是由这样一些经理人组成，他们分离出正确的行业，并把大量资本集中投资于这些行业。名单上出现的新人名之一是约翰·伯班克，他一直密切研究和追随伟大投资者沃伦·巴菲特和约翰·邓普顿爵士的方法论（基钦斯，2008）。他总结自己的策略时只是说，"多样化是为那些不知道他们正在做什么的人准备的"。虽然这种阐述可能有点草率，但是它呼应了我们时代最伟大投资者的箴言。

虽然存在最新的学术研究和各时代顶尖投资者的建议，但是大多数货币经理仍然偏爱广泛多样化的方法。几家高质量的公司有效地做到以低成本把市场收益交付给投资者。对很多投资者而言，或者对至少他们持股的一部分而言，广泛多样化的投资组合是一个好主意。对另外一些投资者而言，或者对某人投资组合的一部分而言，使用一种精选的策略寻求更高的回报才是他们要走的路。

真正顶级的公司不会每天来来往往。他们不必根据移动平均线、交易量以及市场是在日交易幅度的高端或低端收盘而进行日内交易。这些策略的鼓吹者是各种日内交易公司、数据销售商以及媒体，他们成功地给投资者进行了洗脑，让投资者认为他们需要关注每一个价格价位（tick）和经济数据布告。大多数交易策略都会导致困惑、过度交易以及被短期资本收益税吞没的短期些微收益。

你值得拥有的优质股票是那些在某种程度上综合了各种卓越特征的公司的股票。在职业生涯的早期，我认识到了这一点，并着手进行一个穷尽性研究，以期识别用于投资的最好股票。我的第一本书包括一个磁盘，该磁盘的提供者是一家公司，他们提供了名为"远程扫描"

(Telescan）的计算机程序的介绍。这个程序在当时非常超前。这家公司的领导是戴维·布朗，他与卡桑德拉·本特利共同撰写了《网络投资》一书。在这本书的第二版中，他们谈到了多样化。他们引述了专家的观点，一些专家建议只投资 5 种股票，以此保持一种非常平衡的投资组合，而有些专家推荐 20 种股票或者更多。请注意，他们从没谈到持有 160 种股票，这个数字是当今流行的共同基金持有股票的平均数目。布朗赞成选择持有更多一些的股票数也即 20 种，这是因为他的计算机程序能够让使用者正确处理和跟踪那么多数量的股票。他对其他人的精彩建议是，"我们建议你把风险分散到尽可能多的股票，只要你能舒适地跟踪它们"。

理查德·德里豪斯

帮助破除随机漫步理论（random walk theory）神话的另外一个基金经理是理查德·德里豪斯（Richard Driehaus）。我喜欢他描述其哲学理念的方式。查尔斯·艾利斯的名著《投资者经典选集》充满了很多有用的知识，德里豪斯非常认同。作为对"买进并持有一个巨大的多样化投资组合"的反驳，他在本书中谈道："当你为了避免更大的亏损而承担一系列小亏损，这时也可能产生风险，而高周转量能够减少这种风险。我不固守那些带有正在恶化的基本面或价格模式的股票。对我而言，这种高周转量很有道理。它可以减少风险，而不是增加风险。"当他描述他需要什么去购买头寸时，你可以看出他是多么具有选择性。"在一只成长型的股票中有我想要的每一样东西；在一个快速扩张的市场中，有加速的收入、收益以及专利的产品。"然后，他谈到需要采取一个更为狭窄的方法，该方法要求一家公司需要具有良好的基本面和动量。他说："我不会购买一只正在下跌的股票，哪怕我喜欢该股票的基本面。我喜欢看到该股票的相对力量可以处于市场的前 10%，或至少前 20%。"这样一个经理人情愿为他的积极狭窄选择支付更多的税负，以此换取明显更高的净收益。假如你获得了他那样的高额回报,那么你肯定也会欣然支付那些税负!

德里豪斯谈到选择一条鲜有人走的道路:"一点不错!市场上确实存在一种市场无效。典型的情形是,华尔街对一只股票关注越多,你的机会就越少。"

德里豪斯不想在新低清单中寻找价值,他说:"我宁愿投资一只价格正在上涨的股票,并承担它可能开始下降的风险,而不愿投资已经在下滑的股票,却试图猜测它将什么时候转向。"再次,超前于他的时代,德里豪斯正面探讨了关于风险和波动性的问题:

> (投资者)往往容易混淆短期波动性与长期风险。持有股票的时间段越长,风险就越低。人们太过关注于短的时期——周复一周和月复一月的价格变化——而没有把足够的注意力集中于长期的潜能。他们把所有的移动都看成是消极的,而我却把移动看成是一个建设性的元素。对很多投资者而言,他们缺乏充分暴露于高收益、更具波动性资产的经验,这才是他们最大的风险。我认为,提供最小短期波动性的投资载体通常蕴含着最大的长期风险。没有显著的价格移动,你就不可能取得优越的收益。(223 页)

谈到当今人们强调资产配置,这样做的不幸结果是,把正在赢钱的股票卖出,而扩大输钱股票中的头寸。悲哀的是,赢钱的股票被剥夺了它们所急需的资本,而它们正需要这些资本对社会做出重大的贡献。通过把资本添加到那些顶级公司,我们实际上是在帮助自由市场,而不是去破坏它。

近年来在股票市场上,很多投资者抱怨他们创造的收益越来越低。1990 年代中期以来,人们在股票市场里一直难能获得强劲的投资回报。我们目睹了各种行业轮番受宠失宠,而各种各样的泡沫迅速膨胀,其结果只能是把人们多年的收益又快速拿了回去。令人耳目一新的是,我们看到，哈佛大学宣称，在过去几年间，他们在其近 300 亿美元的捐赠基金上获得了持续强劲的收益。同几个其他机构诸如耶鲁大学和世界银行一样，哈佛大学通过破除那些人为的障碍而获取了高额回报，而那些障碍继续在阻碍大多数机构以及个体投资者。虽然多样化依然是华尔街的战斗呐喊，但是顶尖投资者已经甘冒风险摆脱了由过分多样化造成的平庸，并且已经接受这个现实：正如在所有的生物中一样，市场上只可能有少数几个顶级公司。与只是比较相对回报的做法相反，采取绝对回报策略的做法已经催生了一个新的资产类别——在过去 10 年间，这个资产类别在责任和信用方面都在稳步成长——对冲基金。利用这些基金，在过去几年间，人们想要获得超额回报的愿望事实上已经实现，但是这一点只适用于那些愿意接受这种方法的人，而这种方法通常带有更大的波动性。

让赢家跑动而把亏损砍掉

假如一直被人们如此盲从的资产配置和多样化方法确实有效，那么对冲基金就绝不会迅速激增。有些投资者（个人和机构等）已经成功地识别出最佳的股票选择策略，与那些没有做到这一点的众多资金匮乏的养老金计划和非营利组织相比，他们站在了不同的位置上。

多年以来，有效市场的概念一直主导着华尔街。这就是说，既然所有投资者都可以获取精确的信息，那么，关于市场的任何过去或未来的信息都已经被考虑到当前价格之中。指数投资者长期讨论的是，大多数人的业绩不能够优胜于那些较宽泛的指数。多年以来以及每一个 10 年期间，那些出类拔萃的个人已经表现出战胜市场的一贯能力。通过研究这些人的成功案例——多年以前的杰拉德·勒布、杰出的共同基金经理彼得·林奇，以及沃伦·巴菲特等等——无可辩驳的事实是，有些个人和方法能够而且确实创造了卓越的超额回报。而取得这些成就的投资者并不是使用过度多样化的方法。

我们国家的大部分机构（非营利组织和基金会）以及大多数个体投资者发现目前他们自己的基金匮乏，造成这一问题的原因是他们失败的投资实践。他们聚焦于多样化、现代投资组合理论和资产配置，这种做法迫使他们由于卖出他们的赢利股票而砍掉收益，从而把更多资金投入绩效欠佳的股份中。我认为现在是时候应该与均值逆转（reversion-to-the-mean）策略决裂，并且通过优异的投资收益为美国提供一种永久捐赠。

2007年以及其后的经济和市场条件代表着一个理想的时间，我们应当借此时机把目前端坐在短期、低产出的金融工具中的巨额资本拿出来投入到市场里。这个世界实际上正在经历着一次大规模的全球扩张，即便它也经常存在一些惹得媒体持续关注的耸人听闻的问题。我们正在目睹自由市场被每一个大洲所采纳并且资本主义扩展到海外，而不管哪一个政治机构正在掌管政府。例如，哈佛大学引述他们在国际市场取得的成功为他们的高回报做出了巨大贡献。通过允许资本流向少数几个现存的顶级公司，哈佛大学极大地提高了它的投资回报，这一点显而易见。

正如我们在第2和第3章已经解释的那样，根据大数定律，钟形曲线奇迹般地把各种数字整整齐齐地排列起来，否则这些数字的分布看上去就会乱作一团。根据这个理论，经过我们严格地检验，任何东西的90%都会落入一个平均值范围。另外10%分布在赢者和输者各方，两端各占5%。把这一点考虑进去，我们开发并利用了一种高度量化的方法，我们将这种方法称为"磁体©股票选择程序"。使用这个商业模型，我们认为它能够造就一家伟大的公司——一流的收入增长、利润边际加速度、低销售价格、价格动量等等——我们根据行业以及市场资本化进行筛选和分析各种股票，以此找出位于每个市场利基（niche）的真正顶级公司。

然而，为什么却有人情愿选择对投资进行广泛多样化并强迫自己做到均值逆转，这一点我实在弄不明白。杰拉德·勒布是历年来最伟大的投资者之一，他提出的理论认为，作为一名见多识广的投资者，你能够把所有的鸡蛋都成功地放在一个篮子里面，然后细心地关注这个篮子。虽然这种方法可能不适用于信托组织（为了其他实体的利益而持有和管理资产的信托公司），因为他们对暴露于下侧风险的容忍度较低，但是，我的信念是，假如投资者拥有一小篮子在绩效顶尖的市场部门中排名顶级的磁体股票，这些股票肯定能够生成投资者想要的超额回报。一旦一个投资组合被构建起来，严格使用止损可能是你最得力的工具，借此你可以有效地控制风险并提供下侧保护，这一点我怎么强调都不过分。最初的研究鼓吹把多样化作为一种合适的方法，但是这种方法从来没有把使用止损包含进去。多样化已经那么彻底地吞噬了华尔街的教条，这个鲜为人知的事实是其中的理由之一。

贯穿每一种成功投资哲学的共同主题是：让你的赢利股票跑动而把你的亏损砍掉。多样化和资产配置理论没有明言但却固有的主题是，砍掉你的赢利股票，把你的利润重新配置至绩效欠佳的资产上去。我的目标是与你分享我们的不带感情、不偏不倚的系统，将其用以识别顶级公司，借此帮助那些无法接触到绩效顶级、望尘莫及的货币经理的投资者们。

第 5 章 自然的 S 曲线：购买股票的甜蜜点

> 我们这里的哲学是识别变化、预期变化。变化是促使收益增长的东西，如果你能够识别这种潜在的变化，你就可以在市场之前认出增长以及那个增长的减速度。
>
> ——彼得·沃米利

> 我从不在底部买进股票，而我总是太早卖出。
>
> ——内森·罗斯柴尔德男爵的成功公式

像其他投资者一样，我也利用可以显示超买（overbought）和超卖（oversold）水平的技术工具。我观察那些短期的信号，但是尽量不去理会它们。我留意它们只是为了随时了解交易气候，并不做买进和卖出的决定。如果你追随短期的买进和卖出信号，你就无法使自己拥有机会把资产复合化，通常以付出太多税负而告终。一度被认为是短线交易主要缺陷的交易费用，几乎可以忽略不计。这样做的不幸后果是减少了许多投资者的时间视域。一旦强有力的趋势建立起来，你最好不要优柔寡断，而应当像伟大的杰西·利弗莫尔多年前说过的一句话，"既要准又要稳"。在我职业生涯的较早时期，我也迷恋于据信是伯纳德·巴鲁克说的那句老话，"我通过快速卖出而挣钱"。我的个人经历是，在通常情况下，当我使用磁体©股票选择程序发现没有人提及的未曾被发现的公司，这些公司能够大幅度升值，远远超出我自己的预期。然而，这里确实涉及关键一点——发生这种情况可能是出于很多原因——投资于某个公司的最佳时间已经过去。华尔街的肮脏小秘密之一是，虽然各种市场指数在长期内变得更高，但是，长期投资于个别公司的做法是令人失望甚至是非常危险的。这就导致我们看到另外一个自然现象，这种现象出现在生活的许多方面，被称为"S曲线"（S-curve），而S曲线在股票市场中的位置不容忽视。

S 曲线

正如在自然界一样，我们也应当允许公司变得老迈腐朽。生物学内部众所周知的现象是S曲线。生物最初生长缓慢，在一个发展阶段出现的时候，我们看到它在快速生长，随后而来的是一段成熟、稳定和较慢生长的时期。最后，这个生物变得太大或太老以至于无法继续生长，这样的时间过去之后，生物进入了一段衰退期。我们可以清楚地看到，这种生长和衰退的模式同样也存在于股票市场里各家公司的身上。通常，可以投资的最好公司是那些正在进入快速成长期的公司，这些公司对公众来说仍然是很陌生的，但却处在大型公司职业经理人的雷达监测之下。

为什么各种指数在长期内持续上升

有趣的是，随着时间的推移，各种指数持续走高，这恰恰是因为他们不断地改变指数中的各种成分。因此，虽然在指数中进行长期投资的做法被证明是有利可图的，但是在个别成分中进行投资的做法并没有得到同样的结果。很多先前的指数成分，例如泛美航空公司（Pan Am）和伯利恒钢铁公司（Bethlehem Steel）都已经破产。指数创立者只是使用新的公司来取代这些名字，这样就使得指数升得更高。30年前标准普尔500指数中的公司今天还剩下不到50家，而这些公司中只有寥寥几个能够实际上优胜于指数本身。虽然有几个公司名称被从指数中抹除是因为它们涉及兼并或收购，但是，大多数名字是由于它们的绩效欠佳而被抹除。新的产业不断涌现，新的市场领袖悄然露面。这需要各个投资者找出自己的方法去识别这些行业和公司。还有，重要的是你要记住，众所周知，先前牛市的领袖通常不可能再是下一轮牛市的领袖。

当我听到所谓的专家引证说美国缺乏增长势头，并突出强调通用汽车的问题作为证据时，我感到非常好笑。回到1800年代，在国会讨论关闭专利办公室的议案时，发生了阻挠事件。争论的焦点是，"既然所有事物都已经被发明出来了，为什么我们要浪费纳税人的钱？"与此相反，随着通信和计算能力的发展，新的发现实际上正在加速。有趣的是，这些新突破通常并不是来自较大的公司，因为这些大公司太过墨守成规。投资者若要寻找真正的增长，就必须考察做出这些突破的创新型公司。起初，这些利基公司都很小，却能够创造新的、能动的产业：1987—2000年的微软，1992—2000年的美国在线，或2000—2008年的谷歌。在20世纪初叶，福特和美国无线电公司（RCA①）是它们那个时代的磁体，但是，它们最后都失去了在股票市场的领导地位。

或许查理·芒格在2008年8月的《杰出投资者文摘》中说得最好：

你必须记住，大多数小企业将永远也不可能成长为大企业，这是事物的自然本质。大多数大公司终归陷于平庸或更糟的情形，这也是事物的自然本质。因此，这是一场艰难的比赛。另外，比赛的选手都终将死去。这些都是比赛的规则——你必须习惯于它。

---

① 全称 Radio Corporation of America。

斯坦·温斯坦

我第一次看见有人把S曲线与股票市场放在一起讨论的时候是在参加斯坦·温斯坦（Stan Weinstein）举办的一个讲座。他的方法极为独特，与我曾经见过的任何方法都不一样。他的焦点严格集中在价格移动上，而与一家公司的实际基本面绝对无关。我在撰写本书时曾与他取得联系，我很高兴看到他现在依然成功地使用同样的方法，并且同样严格地聚焦于价格移动。当你考虑到那些曾经支配着各自行业的引领市场的公司，以及这些公司的来去匆匆，而他竟然还在采用在股票市场买进并持有的方法，真是令人难以置信。当一家公司明显已经失去动量并且公司基本面还在继续恶化时，你仍然固守这家公司，这种做法对你的财富有害。温斯坦的观点是，目前的市场状态要求你具有对股票更加敏锐的注意力，因为各种市场指数可能多年都不会产生重大的结果。

公司就像运动明星，不可能常胜不败

当你投资时，考虑一下关于娱乐业的情形对你大有帮助。在体育界，我们习惯于看到年轻运动员在他们的职业生涯中很早出类拔萃。后来，我们看到他们错失了一步，然后变得消沉，最后被迫退役，结果淡然退出。这就是S曲线在体育圈内表现出来的情景。

当我们投资于各家公司时，也会发现同样的模式。这种情形在每一种体育运动中都一样，而在每一个行业也都是如此。国际橡胶公司（International Rubber）、泛美航空公司、朗讯公司（Lucent）、伯利恒钢铁公司，这些先前了不起的大公司曾经主宰了各自的行业，这些行业现在变得比以往任何时候都大。然而，随着时间的推移，这些公司以及数不清的其他光彩照人的成功故事已经风光不再。假如你购买并持有这些公司的股票，你肯定会把投资于其中的资金损失精光。避免同样命运的关键在于，你要意识到总是会有很多未来的引领市场的公司，它们刚刚开始上升。在一个短暂的时期内，这些公司会出现快速的增长。这些公司的股票就是磁体股票。当它们击中自己的 S 曲线指数增长的甜蜜点（sweet spot）时，它们就会甩脱自由收益（Free Earnings），火力全面迸发。在本书的后面章节里，我将向你展示我们如何发现和交易这些处在雷达下面不引人注意的股票珍宝。

不要害怕抢在众人之前进入市场

关键的是你要记住，为了有利可图，你不需要追随那些最多的人群。事实上，大多数的共同基金因为它们的规模巨大，都去购买同样最大的公开交易的公司股票。由于这个原因，我认为今天的个体投资者比机构投资者具有一个明显的优势。个体投资者投资于最佳的小公司，并运营 3~5 年的时间视域，他将有机会收获所有投资类型中最优越的回报。一旦这样一个追随人数较少、价值被低估的公司被识别出来，你必须具有某种耐心，让你的投资找出自己的方式进入新闻和投资者的集体意识。这或许需要时间，但是健康的大树不是一夜之间长成的。一旦这些公司呈现持续的收入和利润增长，等到各家机构开始登上这只股票的大船，这只是个时间问题，而你能够驾驭由厚重的积累而激发的上侧动量，借此实现卓越的回报。

我们不是通过管理层关于"事情的进展如何"的资料更新，而是通过使用磁体股票选择程序进行运作，借助于不偏不倚的基本面测量指标，我们能够轻易并清楚地监视那些顶级排名的股票的金融进程或者恶化程度。这个严格的系统可以识别未来的磁体公司并使你保持耐心，而同时又可监视你投资组合中每一家公司的进展情况以确保其持续增长，假以时日，能够使你创造真正的财富。

一旦你摆脱了只是简单地试图比照或超越基准股票或指数，你就能够着手寻求更高的回报。然后，关键的一点在于识别和投资于少数几家公司，它们是在各自行业中真正顶级的公司，也即位于钟形曲线上的统计离群值。所有的最伟大投资结果，不管在大型的共同基金还是在个人手上，它们之所以发生，都是因为这些投资者使用卓越的股票选择方法而又投资于较少公司的结果。

杰克·德莱弗斯

杰克·德莱弗斯（Jack DreyFus）是德莱弗斯公司的创始人。从1953年到1964年，德莱弗斯在掌管同名的共同基金（德莱弗斯基金）时获得了引人注目的回报。在这段时期，该基金的回报高达604%，比第二名超出100多个百分点。在同一时期，道琼斯工业指数的回报是346%。在为期10年的时间里，德莱弗斯的业绩胜过市场，两者相比接近二比一，这样的业绩只有那些具有真正洞察力的人才能做到。威廉·欧奈尔是《投资者商业日报》的创始人，他研究了德莱弗斯的各种基金，以期能够更好地了解他的回报是如何生成的。欧奈尔注意到，德莱弗斯开始购买股票的唯一时间是该公司正在以空前高点进行交易的时候。德莱弗斯是动量投资法的早期成功使用者之一。

磁体学习曲线

我将在第11章里详细叙述磁体系统。现在，我愿意与大家分享我在职业生涯早期使用过的方法。我耐心地持有股票，直到价格下跌，或这些股票在磁体排名模型中下降或者被排挤出局的时候为止，在养成这种耐心之前，我更感兴趣的是识别最佳的摆动交易。我喜欢寻找超卖的股票，它们在我的磁体模型上排名很高，但是，我愿意持有它们只是想用来进行一项交易。随着时间的推移，我意识到，我正在识别的这些公司中有很多最后都变成了所有股票中最大的赢家，而我却有钱不赚，把大把的金钱留在了桌子上。随着职业生涯的继续，我变得更有耐心，但

第 5 章　自然的 S 曲线：购买股票的甜蜜点

是，早先我却追随这句忠告"赚了就跑你就绝不会破产"。

这里是几个来自我过去记录中的良好交易，这些交易是我把技术分析应用于磁体排名取得的结果。

这项交易凸显的是我对随机技术指标的应用。我总是保留一个我喜欢的公司的观察清单，这个清单具有一个磁体股票的所有特征。这张原始的票据（图 5.1）是我在添惠公司（Dean Witter）工作时送给我的客户的。请注意底部的免责声明，在添惠公司，一名经纪人被公司允许散发这种图表，这种情形是极不寻常的，但是，分公司经理信任我。我们两个都知道我不愿意在一个我被强迫销售房屋共同基金的地方工作。股票正在一个困难的市场缓慢上升。当它移动出超卖范围，这是买进的信号。在一个弱市，正在向下降趋势猛冲的股票可能是爆炸性的。

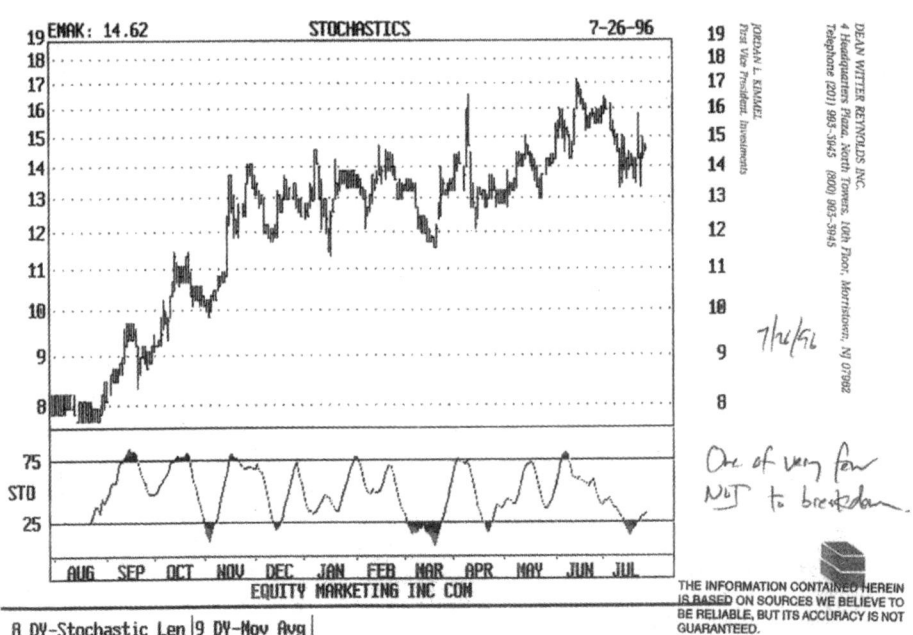

来源：远程扫描。

图 5.1　散发给客户的 EMAK 票据

买进之后过了两个半月,这项交易产生了超过50%的回报。在第二张票据中(图5.2),我就这笔大买卖向我的客户表示祝贺。在这幅图中,我正在向他们展示的是指数平滑异同移动平均线(MACD)买进信号。在这一点上,这幅图明显被延伸了,我确信,我们只管获取收益,然后在一个超卖的位置寻找另一只磁体股票。我从不涉足日内交易,但是这种摆动交易正是我多年来一直在做的。多年来,我交易过的股票中有些继续变成极为强劲的赢家,以至于我最终后悔自己当时没有把它们持有更长一段时期。虽然"赚了就跑你就绝不会破产"这句话说得不错,但是,维持一个上升的跟踪止损,这种做法可以使你留在一只股票中,并且通常是一种较好的策略。

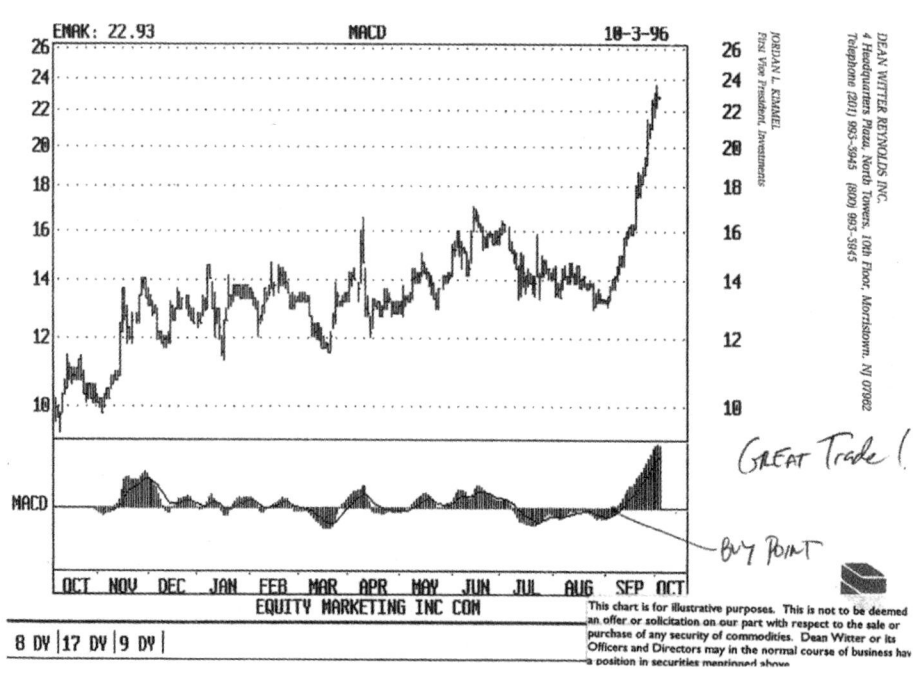

来源:远程扫描。

图5.2 散发给客户的祝贺票据

MDL 信息系统公司（股票代码：MDLI）

在我的档案中，我发现一张早在 1995 年散发给客户的原始票据，当时我接触到 MDLI 股票（图 5.3）。我喜欢直接在图上圈点某些东西以引起客户重点关注，这些图表取自《投资者商业日报》的图解。请注意在收益和收入方面的巨大跳跃、零负债、向新的年度高点突破的相对力量，以及一个异常高的升跌比（up/down ratio）。这个微市值的股票正处在明显的积累过程中。

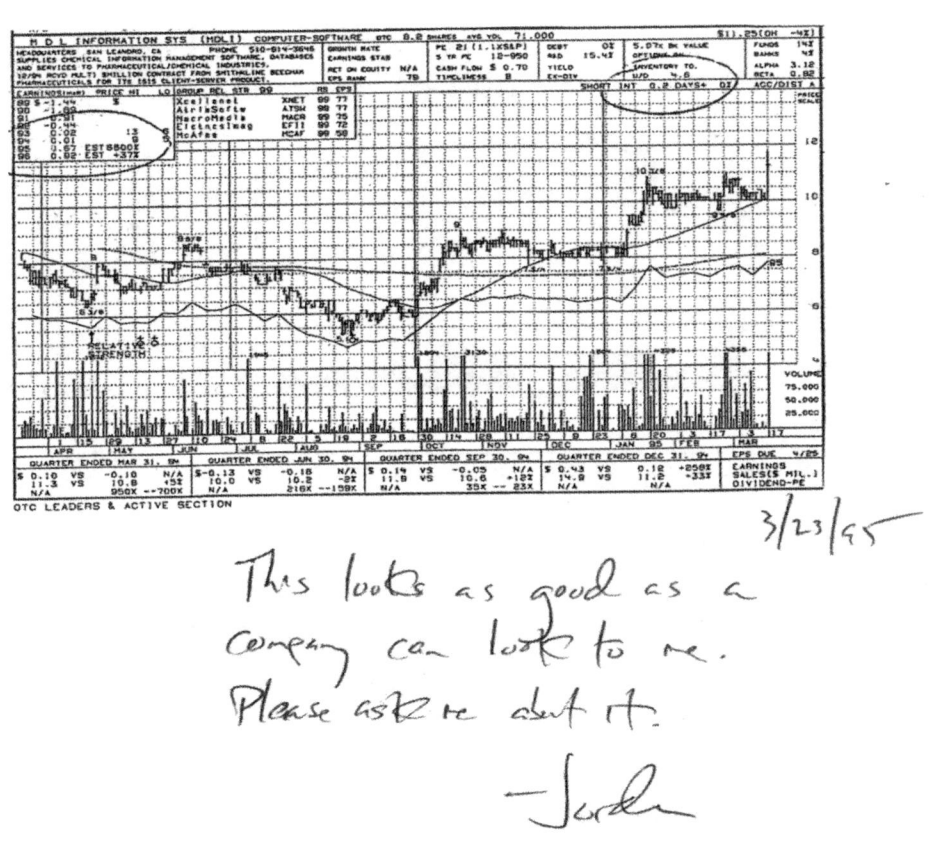

来源：每日图表公司。

图 5.3 散发给客户的 MDLI 票据

6个月稍多一些之后，MDLI 股票已经上升超过 70%，而我的后续票据的目标完全正确（图 5.4）。我从不想要任何一个账户里存在多于 10 个头寸。当然，并不是所有的交易都进行得跟这项交易一样好，尽管如此，这确实是我投资的方式。每年年底，我总是回顾这些交易中的每一笔交易，尽量弄明白对在哪里或错在哪里。没有什么能够替代你对市场的经验。

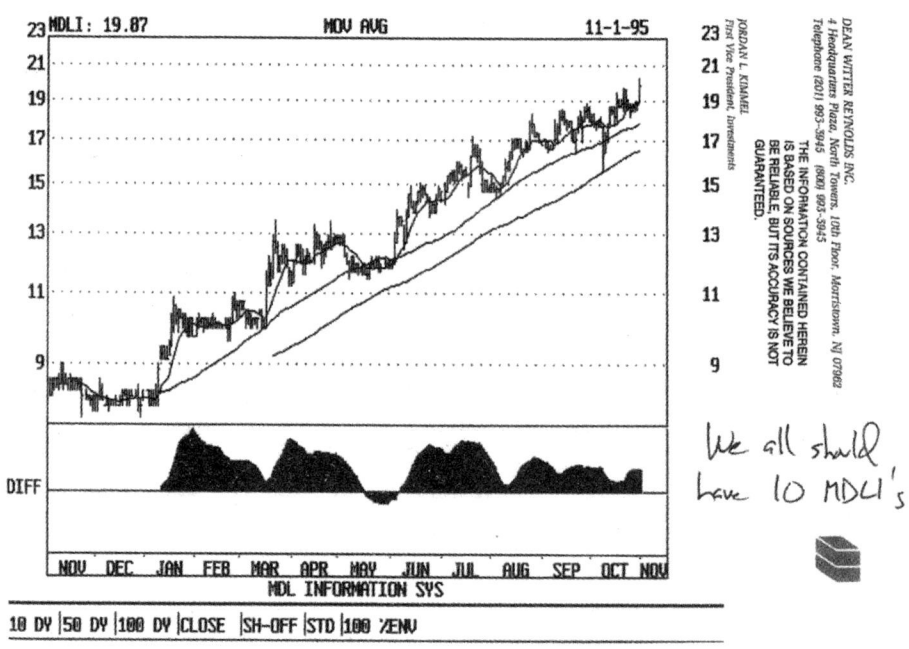

来源：远程扫描。

图 5.4 散发给客户的 MDLI 后续票据

自由现金流把这个世界变得更加美好

随着一家公司的现金流不断增长，该公司的焦点就可以从单纯地维持经营转向增加他们的客户基、他们的员工，以及回报他们的社区。我们看到很多公司（国内公司和国际公司）都已经成为他们社区的脊梁。浮现在我们脑海中的公司有星巴克、微软、喜力、丰田、诺基亚、强生等等。随着时间的推移，在世界各地，很多典型的事例表明，一些最为成功的公司与他们各自的社区并肩携手，为改善社会而努力工作。这些公司能够回报当地居民并促进他们的社区富足，因为他们能够成长到超越只是支付工资和支付账单的水平，主要是通过投资于股票市场。通过允许自由市场来运作，我们可以给公司提供机会，让他们不受限制地成长，让他们获取他们需要的新资本用来为持续的成功和发展提供资金。在市场秩序遭到破坏的时候，他们通常能够从私募股权基金或伯克希尔哈撒韦公司之类的公司获得这笔资本。令人欣慰的是，我们看到近来已经发生过这种事情。共同基金经理人查理·芒格在2008年8月的《杰出投资者文摘》中说道：

我认为，有一种我们使用的度规其他人应该更多地使用。我们倾向于侧重那种能够赚大钱的生意，也即是淹没在金钱里的生意。拥有这种生意的主要理由之一是，你就可以坐拥这么多金钱源源不断而来。（17页）

正是通过市场干预，我们的社会自身才被迫遭受伤害，而无论干预是由于政府对竞争的关注，还是因为各家机构减持多样化配置资本——卖出赢钱的股票，把钱添加到输钱的股票。只有当那些真正的顶级公司能够生成巨额自由收益，它们才能在此期间坐在为社会做大事的位置上。

大多数拥有超额资本可以做到这一点的公司花费大量资金从事研究工作，力图保持他们业务的领先水平，并在他们行业内部扩张自己的市场份额。这种研究最终能够产生各种突破和进步，它们不仅有利于该公司，而且有利于普罗大众。对于这样的公司，那些上进心强、积极性高的人都想为之工作。那些雇主们提供最好的待遇、环境以及通向成功的工具。然后，其他成功的公司可以采纳和整合这些领先公司带来的先进技术，从中无偿收益。假如没有充足的资本以及让资本流向它最能被充分利用之处的自由，这些进步根本就不可能发生。

较大的成功公司从事的最重要活动之一是做研究工作。虽然他们从事研究工作通常是为了增进赢利和市场份额，但是，研究的最终结果通常也会泽被普通的公众和社会。你可以想一想通用汽车公司的例子，多年以前，通用公司利用涌入该公司的现金流，在汽车安全性能方面取得了巨大的进展。试想一下，该公司得花多少钱用于碰撞试验，以此提高安全带和制动系统的性能。想一想丰田公司，该公司在制造业方面取得了大踏步的进展，然后，这些进展使处于下游的其他公司受益匪浅。甚至古老的美国电话电报公司（AT&T），由于政府考虑到垄断问题曾经对其进行干预，也帮助其做出了通信行业的种种突破，我们看到各种突破今天还在产生。毫无疑问，微软公司也将继续取得进展，这些进展将有益于整个世界。多年来，微软公司不仅竭力与其他公司竞争，同样也在与政府战斗。我们现在认为该公司的创始人比尔·盖茨是世界上领头的慈善个体之一。

毫无疑问，我们并不想让邪恶的公共垄断做出有违公众利益的事情。有些人代表政府花费大量力气去监管商业以防垄断滋生。在国际上，我们看到很多国家允许公司大力成长，足以给社会带来利益。想一想荷兰的喜力公司和瑞典的诺基亚公司。这些公司在经营上高度赢利，他们在做出季度收益报告的同时，也同样考虑到他们的雇员、他们的社区以及他们的环境。我们能够从他们那里学到很多关于耐心的经验。

第 6 章　重新评估风险：波动性不是风险

在一个人生命的第一阶段里，最大的危险是不敢冒险。

——索伦·克尔凯郭尔

重要的不是你对或错的程度如何，而是你对的时候赚取多少钱，错的时候没有损失多少钱。

——乔治·索罗斯

没有冒风险就赢得生活的大奖是不可能的。

——西奥多·罗斯福

我看到妨碍大多数投资哲学取得充足回报的最大障碍是它们都从错误的投资风险定义出发。根据你定义风险的方式不同，你要么把自己放在能够创造显著回报的位置，要么一开始就严重地限制住了自己，保证你最后只能获得平庸的回报。为了获得真正显著的回报，你必须允许投资组合日复一日的定价存在波动性。那些把波动性等同于风险的人将会以低得多的回报而告终。波动性是指股票价格每日、每周、每月和每年的波动状况。一个更为重要的风险是，在一个多年的时间视域内，你的资本没有获得足够高的回报，赶不上交易费、税收和通胀的步伐。

你可以吃得好睡得香

我们经常听到这个问题,"你想吃得好还是想睡得香?"这个问题假定了两个答案是相互排斥的。真相是,如果你拥有适当的投资时间框架(timeframe),这两条你都能做到。在今天的世界里,很多投资者——机构和个体投资者等——着眼于非常短期的时间框架去测量波动性,其结果是,他们正在使用错误的风险度量和定义。在投资世界里存在很多类型的风险,而正确理解不同的风险这一点不应当被忽视。当一种过分强调短期波动性的观点成为评估风险的主导因素时,真正的长期问题就会出现。

在金融市场的职业生涯中,我曾遭遇过各种规模、各种类型的投资者。几乎无一例外的是,他们都告诉我他们是长期投资者。遗憾的是,说一套做一套通常是两个完全不同的概念。大多数投资者没有哪个能够处理节奏快、变化快的市场环境,而又不去过度迷恋于短期的结果。尽管人人都可以获得大量的信息帮助自己创建一个方案并监控它,但是这种信息往往变得泛滥成灾。很多人昏了头或是迷了路,一旦波动性闯进来,他们就无法坚守自己的投资方案。

为了生成较高的投资回报,我们需要一个能够吸收波动性的长期方法,需要产生更高的投资回报。有些机构、捐赠基金和养老金计划拥有清晰写明的投资政策,他们能够更好地坚守自己的方案。对很多这样的机构而言,遗憾的事情是,他们通常将风险与波动性等同起来,结果制定出强迫性的资本配置政策,把资本投资于那些生成最低收益的资产之中。他们认为他们正在规避风险,但是实际上他们只是不能正确估计不同类型的风险。对于机构、基金会和非营利组织而言,通胀是他们最大的风险之一。虽然个体投资者也许在财力上没有能力吸收波动性,但是机构投资者可以做到。尽管如此,即便有些机构拥有足够的金钱和时间经受得住短期波动性,他们的管理者也没有足够的毅力无视波动性的存在。

定义风险

在沃伦·巴菲特的各种著作和演说中,他明确表示关于风险问题他已经考虑了很多。用他自己的话说:

在陈述这个观点时,借用词典的术语,我们把风险定义为"损失或伤害的可能性。然而,学者喜欢给投资'风险'下一个不同的定义,认为风险是指一只股票或一个股票组合的相对波动性"——也即它们与一个大型的股票总体相比的波动性。然而,在他们渴望有一个单一的统计值来测量风险时,他们忘记了一个根本的原则:近似正确相比精确错误更好。(1993年给股东的信,www.berkshirehathaway.com)

对巴菲特而言,风险可能意味着他将会投资于一笔糟糕的生意或一家管理较差的普通公司。这个问题不是"这些公司的相对短期波动性将会如何相互作用,并且影响到本周我的投资组合的价值"。相反,问题是你要聚焦于识别由优秀经理人经营的少数几个杰出公司,然后以合理的价格购买他们的股票。假以时日,这种方法可以给你提供卓越的回报,如果你两眼只盯着日复一日的波动性,绝对做不到这一点。

在布鲁斯·格林沃德(Bruce Greenwald)的《价值型投资:从格雷厄姆到巴菲特及其他》一书中,他以巴菲特的视角来观察波动性,这个视角最初曾被本·格雷厄姆讨论过。在《聪明的投资者》一书中,格雷厄姆引入了市场先生(Mr. Market)这个概念,即股票市场中每日提供的日复一日的起伏不定。一旦你识别某个特定的公司,意欲向该公司进行投资,在悲观主义期间,市场波动性通常就会介入进来并把这只股票击倒。实际上,根据格雷厄姆的观点,真正的投资者欢迎波动性。多年来,学会接受波动性而不回避它,这种做法已经成功帮助了最好的投资者。

在乔治·索罗斯经营量子基金期间，斯坦利·德拉肯米勒（Stanley Druckenmiller）是索罗斯团队里的另一个投资超级巨星。德拉肯米勒通过了解风险和回报，为自己赢得了名声，也赢得了很多金融上的奖励。不管他写了什么东西，都值得你花时间阅读。我记得曾阅读过一个访谈，在这个访谈中他讨论了波动性、风险和回报。在这个讨论里他引用了一个研究，该研究确凿地显示出，那些具有最低短期波动性的资产类别和证券也只会产生最低的长期回报。因此，他认为，如果你真正具有一个长期的时间视域并且寻求更高的回报，你应该投资于波动性更高的资产类别。

风险的类型

投资组合风险的组成部分有系统风险（也被称为不可分散风险）和非系统风险（也被称为特殊风险或可分散风险）。系统风险是指所有证券共有的风险，也即市场风险。非系统风险是与个别资产相联系的风险。通过在投资组合中包含更大数目的持有股份，非系统风险能够被分散到更小的水平。对于一个市场内的系统风险，这是不可能做到的。根据投资者接受波动性的能力不同，一定数目的证券可以给他们提供适当的多样化。对每个投资者而言，问题是"这个数目是多少"。

我主持一个广播节目至今已有好几年，在节目中我很荣幸地采访了乔尔·格林布拉特（Joel Greenblatt）。多年来，他通过管理资金取得了强劲的长期收益，还撰写了几本优秀的书籍。关于多样化这个主题，他花了一些时间强调不同种类的风险和多样化：

虽然纯粹购买更多的股票不可能帮助你避免市场风险，但是它能帮助你避免另一种风险——"非市场风险"。非市场风险是股票风险的一部分，它并不关系到股票市场的总体移动。从统计学而言，拥有2只股票比拥有仅一只股票的做法可以减少46%非市场风险。拥有一个4只股票的投资组合，据称这种风险可以被减少72%，8只股票组合减少81%，16只股票组合减少93%，32只股票组合减少96%，而500只股票组合减少99%。（格林布拉特，20）

如果你能用16只股票分散93%的风险，那么为什么我们那些基金管理者却常常持有160只股票呢？

为了减轻风险，你完全可以做得很出色。请看下面的一份清单，清单的提供者是一家债券公司，也即我最初曾经工作过的投资公司之一。虽然人们认为债券比股票更安全，但有趣的是，我们可以看到，许多围绕着债券的风险在股票市场内却没有那么普遍。多年来，最具破坏性的风险是通胀风险，此时，由于你的资产回报率与通胀率相同或更低，因此你的资产失去价值。由于拥有太短时间视域的投资者把焦点放在市场风险上，他们将会牺牲收益以图把短期波动性最小化。对投资者进行再教育，让他们了解什么是他们投资组合和资本的真正风险，这样才能够使他们把长期收益最大化。在为时太晚以前，机构和个人都需要重新评估和重新定义风险。

投资风险

- 市场风险。市场风险是指在一个特定时间一项投资资产的市场价值的不确定性。
- 通胀风险。该风险是指通胀可能侵蚀投资资产的价值，除非这些资产提供的回报率比通胀率更大。
- 利率风险。固定收入证券和一些股票受利率风险的影响，因为利率上升通常会引起市场价值的下降。
- 信用风险。这种风险是指公司或组织拖欠其发行的固定收入证券的可能性。

- 流动性风险。一项资产在需要的时候不能被转化为现金的风险。
- 税务风险。税法的变化将会减少一项特定投资的市场价值的风险。
- 再投资风险。正在成熟的投资将被重新投资于更低回报率的风险。

个人和公司花费最大的两部分是卫生保健和保险费用,它们正在显著增长。每个人都在与这种隐性通胀做斗争,它对人们将来的购买力具有深远的负面影响。多年来,政府一直告诉我们说通胀运行的范围在1%~3%。任何人只要他操持一个家庭、公司或非营利组织,就会知道事实远非如此。如果你正在为退休、高等教育或谋求发展一个组织而进行储蓄,你需要意识到生活成本增加所造成的真正挑战。

问题的要点在于,通胀风险是各种投资者面临的最大威胁之一。情愿保持一个过度多样化的投资组合,以期打败政府公布的通胀数字,这种做法将会给你的未来购买力带来赤字。在过去几年间,公众已经接受了报告所称的通胀数字应该在2%~4%的范围。我经常使用的优质服务之一是影子政府统计(Shadow Government Statistics),该项统计由约翰·威廉姆斯进行运作。在他颇具揭示性的图表中(图6.1),你可以看出,真实的通胀是报告所称数字的两倍还多。这就要求你重新定义风险,以图超过通胀、税收和费用,而不是避免短期波动性。

我们经常听说美国正在失去它在全球金融领域的统领地位。我们的民族曾经勇于承担各种风险,并以此闻名并强盛,今天在世界各地,年轻的企业家们都在承担同样的风险。他们正在变成百万富翁、亿万富翁,并且正在努力去加强和帮助扩展自由市场社会。外国政府正在使用主权基金买入全球股票市场的股权市场。这些基金的投资时间视域是50年,将会为其投资者带去巨额的回报。看到这个伟大民族失去它的经济力量,我心里感到非常难受。我们眼见着巨额财富正在我们国家之外的地方被创造出来,因为他们愿意面对我们国民曾经面对过的各种风险。我的目的就是想提醒各位,自由市场和精心计算的风险承担这两者是造就我们这个国家伟大和强盛的根本所在。

来源:ShadowStats.com。

**图6.1　年度消费通胀:
截至2008年10月的消费价格指数对影子政府统计替代CPI**

在2008年的金融市场崩溃中,在流动性危机期间,美国政府因在金融机构内部进行战略性的投资而最终可能会获得巨大的收益,这真是一个绝妙的讽刺。就在几年前,有人提议社会保障基金应当把他们资产的一小部分投资于股票市场,该提议遭到惨痛的失败,因为另外有些人担心"这笔基金可能告吹"——或者担心看到它波动太大。

在2008年金融危机的高峰期,我们看到沙特人和其他主权基金把数十亿美元直接投资到美国的各种机构中。在未来的数十年里,他们将会从这些投资收获巨额的回报。或许,我们的政府和其他国家的政府也能够重新学习风险和收益的定义。

第 7 章 寻找顶级公司

> 投资者所犯的最糟糕错误是,他们收割利润太快,而他们忍受亏损太久。
>
> ——迈克尔·普利斯

> 出自实际经验的知识是一个人为什么赢利的答案,缺少这种知识是他亏损的原因。
>
> ——杰拉德·M. 勒布

> 你应当以购买房子的方式来购买股票。理解并喜欢它,以至于在缺乏任何市场的情况下,你都可以做到因拥有它而感到自豪。
>
> ——沃伦·巴菲特

假如我能极为肯定地告诉你 5 年或 10 年后市场将会走到哪里,你可能认为这是非常重要的信息。然而,有趣的是,你的回报率或许并不像你可能认为的那么大。这是因为大多数个体投资者的回报取决于他们各自篮子里的股票类别,而不是取决于指数本身。假如你打算投资于一个指数基金,那么你的回报率反映的是那个指数的收益。但是,假如你打算投资该指数中的顶级公司,那么更有可能的是,你的回报率将会以明显的数量优胜于该指数基金。

虽然在过去70年里发生过数十次经济衰退，但是由于华尔街的一个肮脏小秘密，多年来标准普尔500持续攀升。长期投资法对各种指数起作用，但是对单个股票不起作用。其原因在于，随着时间的推移，新的产业被创造出来，新的市场领导者相继诞生。所有的主要指数都积极寻求新的领导者，用以取代那些垂死行业中的公司。一旦小汽车诞生出来，拥有最好的马车鞭子的制造商就变成了一项糟糕的投资，除非你有一个了不起的管理团队能够审时度势。

假如罗杰·费德勒（Roger Federer）与一个俱乐部职业运动员比赛，费德勒肯定会击败他，就像泰格·伍兹（Tiger Woods）一样，在100场白热化的高尔夫赛事中的99场，伍兹都会击败一个俱乐部职业运动员。在你把真正的顶级公司隔离出来之后，为什么还想要多样化和对冲你的赌注，就因为你的超级明星或你的顶级公司具有1%的概率做不好吗？

试想一下把一个戴维斯杯（Davis Cup）网球队或一个莱德杯（Ryder's Cup）高尔夫球队放在一起去参加国际竞争。一种方法是选择500名队员，让他们在各场比赛中轮流上场；另一种方法是更加细心地挑选20名队员，把你的精力和资本都投到他们身上——真正认识并了解他们。你认为哪一种方法将会产生更好的结果？

同样的理念也可以被移植过来用于股票选择系统。一旦一个个人或投资组合经理人在市场中把顶级的证券隔离出来，他的资本集中就应当始终聚焦于这些顶级证券。对这些顶级证券的赌注进行多样化并对冲，这种需求就会减少，因为所有的多样化所能做的只是限制你的上侧潜能。

一旦你对自己的程序充满信心并且识别了顶级公司，你需要把同样的理念牢记于心。试想一下，假如泰格·伍兹在一场高尔夫锦标赛中表现失利，你就把他解雇。假如出于偶然的原因，斯蒂文·斯皮尔伯格（Steven Spielberg）的上一部电影在票房上没有引起轰动，你就不给他另一个机会去拍电影，又怎样呢？这恰恰是某些动量投资者对仅仅一个糟糕的季度收益报告就做出的反应。买进总是比卖出更容易。在太有耐心与太过匆忙之间有一条细微的线。随着时间的推移，甚至领导者们也不能继续胜过他们的同辈人，然后你就该另寻高明，成功需要你把耐心和信心结合起来。如果你正在投资于开局良好的评估水平，你可以给予较小、较具波动性的股票一个机会，让其变成一个大赢家。

通过监测适当的基本面度规，你可以着眼于长期，而同时又能够跟上短期发展的步伐。我所谓的长期并不意味着你买进并持有。大自然的力量同样适用于公司，也适用于个人。通常会有一段持续数年的时期，在此期间某家公司主导着它所处的行业。S曲线存在于所有的生命有机体，它同样也适用于各家公司。这一点极为重要，因此我把这个话题专门列为一章。在一家公司完成初始发展阶段之后，通常会有一段时期，此时公司快速成长，代表着一个异常好的投资机会。具有讽刺意味的是，通常在这个扩张阶段之后，大多数投资者才开始注意到这家公司，而扩张之后的时间也是该公司成熟并已经在进入下降的阶段。

通过优质的股票选择，现代组合理论的必然结果是胜过各种主要指数。通常，这就是传奇般的绩优收益被创造出来的方法。一旦我接受磁体的基本原理——也即根据事物的自然秩序，任何事物只可能存在少数几个顶级的东西——我的追求是找出一种方法来识别真正的离群值，而这正是我愿意把资本集中投放的地方。

我25年的研究项目

在过去的25年里，我一直把自己的时间用来研究这个令人着迷的问题"是什么造就一项伟大的投资"。在回答这个经典问题的复杂过程中，我把它作为自己的目标，最终有幸遇见了这个时代众多的顶尖货币经理和投资者。我自己从事的媒体工作把我放在了一个合适的位置，可以见到大型公司的顶尖管理人员，还有顶尖作者、基金管理者、通讯作者、交易者和许多最成功的个体投资者。在大型的投资会议上发言，这样使我能够见到我力图联系的几乎每一个人，我很早就发现，如果你邀约一个真正成功的人士共进午餐并愿意自己掏钱，你肯定会惊讶地发现你能够见到很多伟大的人物。我想感谢前进道路上的每一个人，当我上前请教的时候，他们总是乐于花时间耐心开导我。

塞斯·格里肯豪斯

对市场采取一种更加集中的方法从而生成更高的回报，这种方法对某些人来说可能感到很新鲜，但是，一些货币经理已经使用这种方法多年，为其客户带来回报，而且创造了引人注目的回报。2008年7月早些时候，在一个题为"战争、和平和红利"的《巴伦》周刊访谈节目中看到塞斯·格里肯豪斯（Seth Glickenhaus）的身影，我心里感到很是宽慰。自1963年以来，格里肯豪斯一直为客户经营私人基金。这是超过45年的时间，伙计们哪！他的格里肯豪斯公司秉持这样的投资哲学："我相信我们的首要职责是保存客户资本的未来购买力。"此外，他们的哲学也阐述"（他）这种方法要求我们在市场和个人债券方面，不断评估潜在的亏损相对于看得见的收益机会之间的关系。"他们的投资哲学赋予他们能力，可以触发各种行动，在任何时间任何市场进入任何证券。

我愿意与你分享我在塞斯·格里肯豪斯办公室的讨论。能在格里肯豪斯那里做客真是莫大的荣幸，我很快就明显看出，他之所以能够创造那么巨大的回报，是因为他愿意对各家公司进行广泛的研究。他对自己揭示的东西深信不疑，这令他投资于他能发现的不超过30至40个最佳的投资机会。他在人们的眼里看起来与其他经理截然不同，这种想法并没有影响到他。我问他，他对狭窄多样化与宽泛多样化的感觉如何，他的评论是"你能做的事情中,多样化可能是最糟糕的。我甚至不喜欢你的术语'狭窄多样化'——选择性是正确的方法。当你拥有160种股票的时候,你就会不可避免地归于平庸。看看每一家公司,问一问'下侧风险是什么?随着时间的推移,上侧潜能又是什么'"。

格里肯豪斯取得的结果证明了他的做法,而且证明了当他提及选择性时他是个务实的人。而他的投资者们都很高兴他们没有安于平庸。

路易斯·纳维利尔

依我看来,路易斯·纳维利尔(Louis Navellier)是我们当代最重要的货币经理之一。在我职业生涯的早期,我总是利用每个机会坐下来倾听他的讲座。在2005年3月,商业英才网(BNet)发表了一篇关于《路易斯·纳维利尔的新兴成长》的通讯文章,该文证实了他的杰出回报。"《路易斯·纳维利尔的新兴成长》的通讯已经被《赫伯特金融文摘》提名为过去20年中的最佳通讯。"根据赫伯特的观点,新兴成长的推荐名单是指,从1985年开始至2004年,它们取得的回报率超过4046%。

纳维利尔选择股票的能力卓尔不凡,同样更令人钦佩的是,他能够把优质股票选择与现代投资组合理论有效地结合起来。选择正确的公司是一码事,但是如何管理各家机构在长时期内持有的高回报的投资组合则是另一码事。机构对风险持有的观点,连同关注短期的波动性,需要你不只是选择长时间内上升的股票。纳维利尔成功地把股票选择以及他自己版本的现代投资组合理论与部门分析结合起来,借此实现了他的卓越回报。

在撰写本书的时候,我询问纳维利尔关于这个重要问题的观点:"你认为应当如何多样化?"由于他具有广博的数学背景和对现代投资组合理论的独特适应性,这个问题他回答起来易如反掌。多年来,他的博士员工已经把现代投资组合理论推向了极致,试图评估每一只股票之间的协方差，目的是减少非系统性风险。对他而言，在一个大市值的投资组合中，40只股票已经足够。在一个小市值的投资组合中，他愿意把持股数目增加至70只股票。他提出，把某些指数当作基准的做法最终只会增加股票的波动性，而且往往减少该投资组合的回报。然后，我提出了一个有趣的问题："假如你把同样的方法用于相同的股票总体，那么，你的回报和标准风险测量将会如何？"这些问题的答案把你带回到整件事情的核心：多样化的适当水平。

纳维利尔的操作非常老练，他不至于钻牛角尖总是在一个投资组合里使用固定数量的证券。根据市场的健康状况和宽度，他相应地调整投资组合的集中程度。很显然，有些时候你应当持有较少的头寸，而有些时候你应当扩大投资组合的规模，路易斯很清楚这一点。本着为我们的读者着想，纳维利尔让他的职员们专为这本书做了一个特别的分析。使用他拥有专利的投资组合构建方法，他让他的团队做了一个回测实验，分别使用带有各种水平集中度的大、中、小型的投资组合。图7.1、7.2、7.3中的资料显示的是，在每一个市场资本化组合内运行40、80、160只股票进行回测的结果。他还让他的团队计算各种各样的"顾问统计值"（consultant statistics）（α、β、标准偏差等等），用以评价上述结果。这些结果有力地证实了我的基本假设和我们使用磁体股票选择程序所做的事情。如果你有一个卓越的投资方法，持有较少的头寸将会产生更高的回报。你持股期间所谓的风险（或波动性）将会减少。如果你真正允许自己坚守既定的计划，而不是把你的策略建立在短期波动性统计值的基础之上，那么，你的回报将会极大地优胜于一个看似安全的多样化方法。

第 7 章　寻找顶级公司

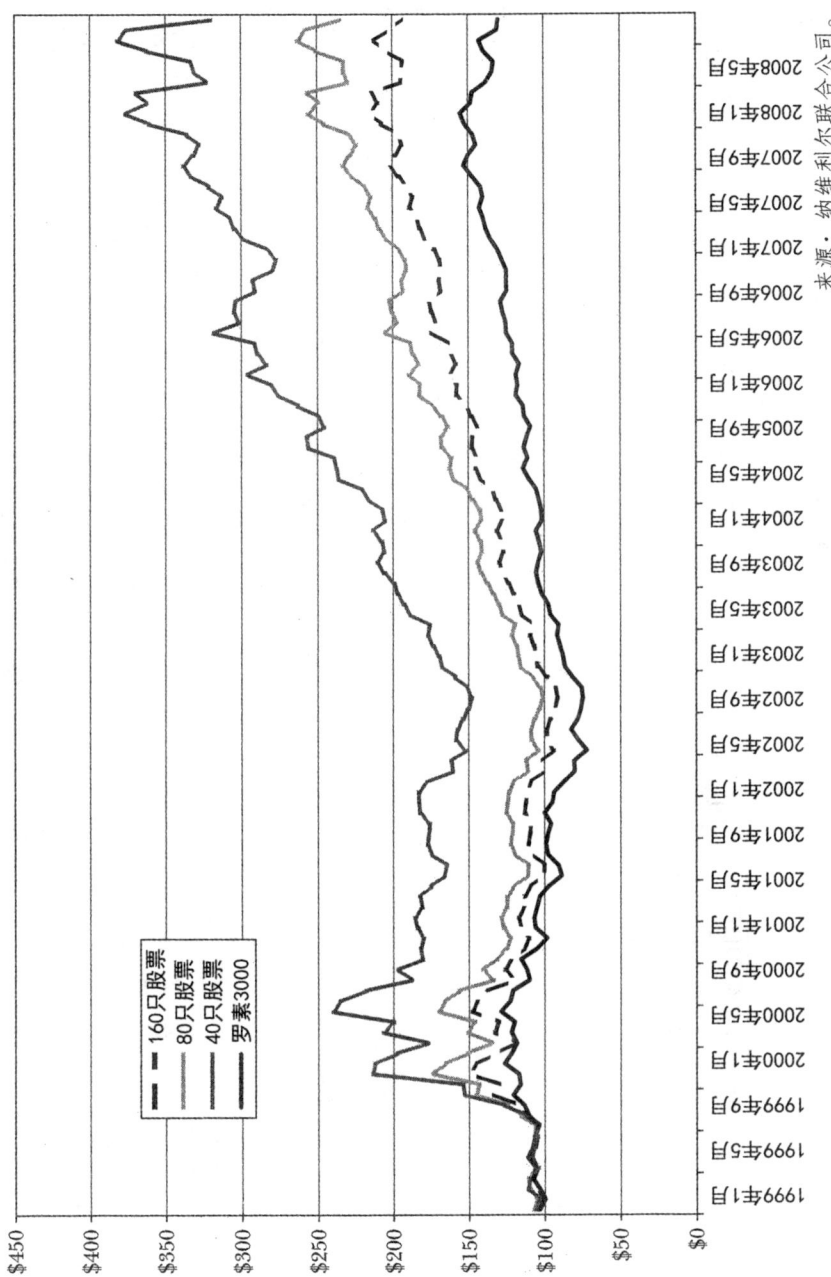

图7.1　大市值：市场市值超过100亿美元

来源：纳维利尔联合公司。

投资炼金术

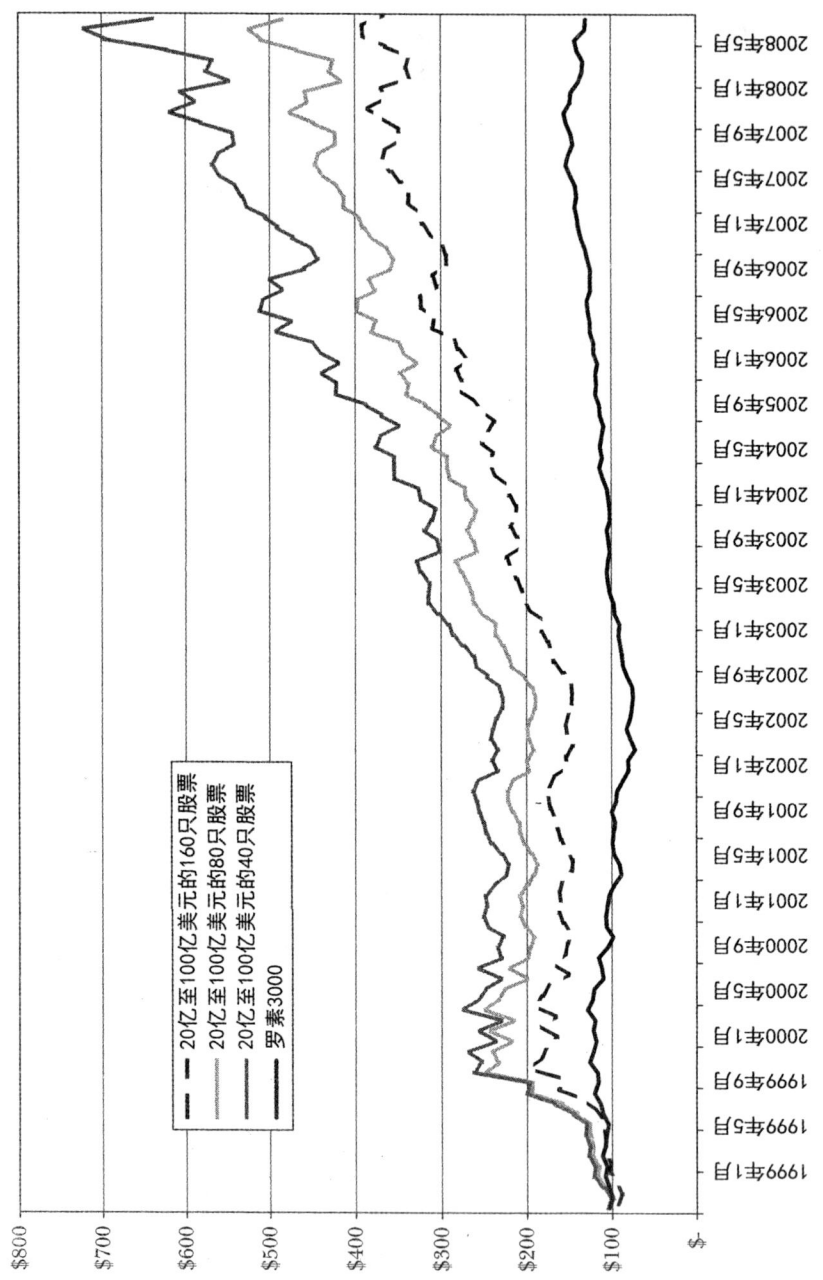

图7.2 中市值：市场市值介于20亿至100亿美元

来源：纳维利尔联合公司。

第 7 章 寻找顶级公司

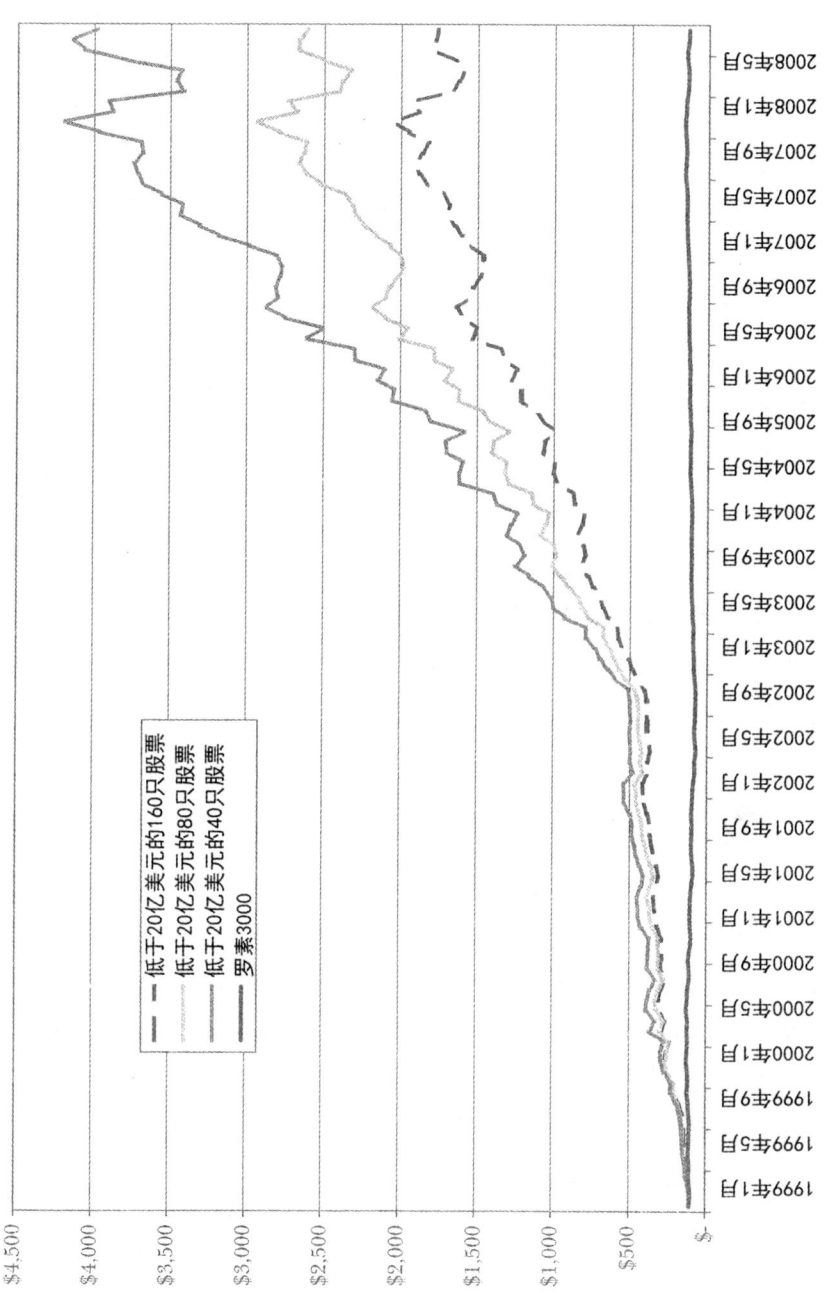

图7.3 小市值：市场市值低于20亿美元

来源：纳维利尔联合公司。

纳西姆·尼古拉斯·塔勒布

纳西姆·尼古拉斯·塔勒布（Nassim Nicholas Taleb）撰写了一本精彩的书籍，书名很有趣——《黑天鹅》，此前他还撰写过一本非常具有影响力的图书《被随机愚弄》。两本书都讨论了钟形曲线的应用和离群值的处理。他的焦点集中在关于成功所面临的无法预期和无法解释的障碍。他把这些极不可能发生的事件命名为黑天鹅。他提出的观点是，虽然90%的时间事情都处于平均水平这一点是事实，但是另外10%的时间事情不是那么平均，而且往往非常不平均。有些投机者安心于各种统计数据和模型，他们从偏离正常的两个标准偏差考虑，使用理性的现代投资组合理论，而这些资产配置模型的表现通常令他们大吃一惊。虽然从统计学意义上讲，90%的预期事件落入一个正常的预期范围，但是，在实际事件落在预期范围之外的那些时候，真正的问题就可能产生，也就是说，即使发生的事件稍微超出你的预期，你也可能没问题。正是在结果远远偏离预期的少数几次的时候，灾难就容易袭来。无法预期的外部事件比各种模型的预期出现次数更多，而当这些事件确实发生后，浩劫经常就会爆发。塔勒布提醒我们的最重要的现实之一是，这些复杂的策略格外脆弱，因为它们通常看上去那么安全，因此通常被严重边缘化——当灾难发生时就会更加严重。

塔勒布提出的一个最重要的概念是，把过程与收益分离开来。他的意思是说，运气（无论好坏）经常是一个结果的深层原因。在戴维·阿伦森（David Aronson）的《基于技术分析的证据》一书里，他通过实证科学的测试方法证明了大多数交易和投资策略的成功是运气的结果，并不是优越方法的结果。大多数需要人们付费才提供评估投资策略的投资专业人士和顾问难以接受这个观点，但是，你可以看到这种情形在现实世界一再上演。比尔·米勒创造了连续14年业绩超过标准普尔500的记录，随着他得到广泛的承认，金钱源源不断地流进比尔·米勒的基金。虽然我对他的成就怀有无限的敬意，但是结果表明，他的成功很大程度上取决于他在金融部门的权重很大，这种权重多年来给他和他的投资者带来回报。仅仅两年内（2007—2008），在1年、3年和5年期的收益方面，他的基金排名突然之间滑向了底部。我认为米勒今天一如15年前那样聪明，而且更有经验，但是目前他受到的评价完全不同。

2008年8月11日出版的《巴伦》周刊刊登了顶级共同基金经理的最新榜单，该榜单把詹-维姆·德克斯（Jan-Wim Derks）确定为排名第一的基金经理。截至2008年6月30日，在过去5年里，德克斯的荷兰国际集团俄罗斯基金（ING Russia Fund）取得了平均年收益37.7%的卓越业绩，而更引人注目的是，在过去3年里，他的业绩高达49.5%。这些业绩数字都很巨大，它们的经理们肯定是欣喜若狂。然而，那段特殊的时间是到俄罗斯投资的好时期。问题在于，甚至在《巴伦》周刊的排名被拿去付印之前，俄罗斯的投资图景已经发生了极大的变化。在2008年夏天，全球经济开始大幅度减缓，俄罗斯经济威力的驱动力量也即石油从它的高位下跌了大约75%。就在荷兰国际俄罗斯基金赶在《巴伦》周刊排名之前登上了榜单之首以后，仅仅5个月内，该基金下跌超过了77%。这又是一个很好的例子，再一次说明你不要把人的智慧与牛市混淆起来。当塔勒布说，关于投资回报，运气有时候会发挥很大的作用，他的意思也正在于此。

> 金融天才是一个新兴的股票市场。
> ——约翰·肯尼斯·加尔布雷斯

在《黑天鹅》一书里，塔勒布时常挑战他的读者。他说，有人读了他的书后，很快就会提出白天鹅。没有令他失望，我想介绍彩虹天鹅。它之所以是彩虹的颜色，是因为我使用多重因素去给公司排名，就像光谱中包含的众多颜色。当我在市场中全体公司的名单上运行磁体股票选择程序时，我想要识别的是很少几个候选者作为投资对象。通过设定一个特定数量的金融栅栏（financial hurdle）让一家公司去跨越，并把这些栅栏设置得很高，我们隔离出的达标公司只有寥寥几家，然后对其深入考察。从表面上看，在与平均化的公司进行比较时，那少数几家公司通常看上去要好看得多，令人难以置信。通常，彩虹天鹅公司拥有一个卓越的理念以及妥善执行这种理念所需要的优质管理方法。该公司的销售和利润正在膨胀，因而引起华尔街和各大机构的注意，公司股票将经历一个快速的价格上涨。

虽然这家公司可能已经在市面上存在了一段时间，但是你需要把公司与它的股票分离开来。正是在这一段时间，该公司的股票火力迸发。它在斯坦·温斯坦的模型上处于第二阶段，它正在被《投资者商业日报》热议，它在多赛莱特的系统上是一个数目5，而且它正在被添加至跟踪动量的新闻通讯中。斯坦的模型考察技术指标，诸如图表位置、突破/下跌及模式等。《投资者商业日报》测量单个证券相较于它们的市场竞争情况，显示出它们的每股收益（EPS, earnings per share）、相对力量（RS, relative strength）和积累分布（A/D, accumulation distribution）相比得出的百分比排名状况。多赛莱特的系统单纯基于相对力量和相对力量演变出来的模式。你得到了这个信息。一旦人人都注意到这些彩虹天鹅，那就是他们真正开始行动的时候了。

维克·斯波朗迪

我曾经在磁体的"T代表时机"那一部分强调了维克·斯波朗迪（Victor Sperandeo）的重要影响之一。我在多年前见过维克，他的精彩大作《交易者维克》是活跃交易者的必读之书。最近我找到了他，跟他探讨了他对多样化的感觉。虽然他已经主要转向指数投资，但是他对这个问题的本能直觉几乎与定量研究那样精确一致，这一点毫不奇怪。他的建议是，在一个投资组合中，你需要进行多样化的最少数目是20只。他继续说，如果你是一个真正的股票挑选者，而不是单纯照搬某个指数，那么你需要持有股票的最大数目是40只。

快速、有力的价格移动可能会持续数年，给你提供超额的收益，或者，它们也可能在仅仅一个季度内逐渐消失。你只有处在自己股票的顶部居高临下，才能知道具体的行情，而不可相信你能够预测未来。对投资者而言，如果他能够识别磁体股票（也即彩虹天鹅），只要他能够及早识别这些股票，并且当它们失去光泽（或者，在我们的案例中被称为磁体排名）的时候，别忘了卖出，那么，他就可以获得巨大的收益。

毫无疑问，在每一年和每一个市场环境里，有些公司是显见的赢家，但是这些公司绝不能够确保持续的成功，你所面临的挑战是：识别它们，投资于它们，而在它们屈服于竞争压力之前轮换掉它们。这是投资图景的一个变化，或者经常甚至是源于它们早期的成功而造成的狂妄自大。

约翰·波伊克

约翰·波伊克（John Boik）撰有三部伟大的著作《历代最伟大股票交易者经验谈》《传奇交易者如何赚取百万》和《怪物股票》，在这几本书中，他研究和记录了过去100年间顶尖的股票市场投资者的成功经历。波伊克强调，他首先注意到关于投资者的事情之一是他们不管理信托账户。他们正在经营的不是共同基金，而是自己的钱，他们有投资余地，没有行业约束的枷锁。

用波伊克的话来说，这些投资者的与众不同之处在于，他们具有独特的方式耐心地等待合适的市场设定（setup）——合适的市场加上合适的股票套装。当市场不是向前推进的时候，他们能够端坐在那里静观市场，相反，有人全额投资，在市场遭遇艰难时期被套牢，而市场遭遇困难是常事。当市场转变为牛市时，最好的投资者将会全额投资于少数几家有名的公司（或许至多10家公司），也即真正的市场主导者。他们还具有严格的纪律，一旦发现哪只股票看起来不对劲就赶紧跳出该股票。绝对聚焦于很少几家公司，这种做法使得他们与众不同，并使得他们能够产生如此杰出的结果。这些投资者共同拥有的另一个特征是他们都使用止损。他们每一个人都相信需要砍掉亏损，尽管他们对自己购买的任何股票都持有长期的视角。实际上，首要的一条是，正是由于他们使用止损，所以才敢采用如此大胆集中化的头寸。他们知道他们不会允许自己接受在任何一项投资上出现太大的亏损，这种做法给他们创造了一种理念，该理念让他们无视多样化的策略，否则他们就不可能获得超额的回报。

复制也行

在学校里考试抄袭可能不行，但是复制某个特定领域里最成功个人的习惯和策略，这种做法通常是一个很妙的主意。我作为 4 个孩子中最小的一个，这一点有助于我向他人学习。作为一个小孩子，我能够看出哪些事情对我的哥哥姐姐们有所助益，哪些事情令他们陷入麻烦。即便如此，有时候生活中你需要自己犯一些错误才能得到教训。对于投资而言也同样如此。虽然我曾读过关于太快取利以及让亏损恣意跑动带来的问题，但是，只有经历切肤之痛，你才能学会控制自己的情绪。

当我们谈到开发一项策略用以在股票市场中生成强劲的回报时，我的建议是，你可以复制多年以来的最佳投资者的习惯。正如我在这本书的章节中始终想要阐明的，在我曾经面谈或阅读过的顶级投资者当中，没有一个人谈到或者鼓励多样化或资产配置。相反，他们都谈到，你需要保持灵活，保持集中于你的持股数量，以及亏损发生时砍掉亏损。试想一下，下次你再听到关于多样化的必要性时，你会怎样？

第 8 章　网络潮时代

尽管全球化，但是大（国）并不能吃掉小国，而发展快的却会吃掉发展慢的。

——托马斯·李·弗里德曼

在世界历史中，从来没有哪种商业技术像这个（互联网）一样，由此，一旦你采用这种方法，它就迫使你以全球化视野去思考和行动。

——罗伯特·霍马茨

关于国际上正在发生的全球化扩张问题，人们已经谈论了很多。多年来，我们听到过关于自我放纵的婴儿潮那代人，以及市场商人之类谈论这一群体是多么巨大并且他们如何彻底改变了供求方程式。由于通讯和互联网的进步，自由市场就像野火一样四处蔓延。从商业层面上讲，归根到底就是一件事情：自由市场。来自中国的共产主义者接入互联网，其方式与来自瑞典的社会主义者没什么两样。这样的结果我称之为"网络潮一代"（Interboomer Generation）。来自各处的每个人都渴望一个更高的生活水准，他们看到世界各地都在享受这种高水准的生活。接下来数十年中资本市场规模的增长正在被今天的投资者视而不见，他们继续只顾短期的利益。

不同于历史上任何一个时期,你现在需要从全球着眼,而不是只考虑地方或国内。目前的全球化扩张比大多数人意识到的要大得多、广泛得多。美国的第一号出口实际上是自由市场。作为互联网和大众传媒扩散的结果,世界正在发生更快的变化,而人口发展成为消费群体这一现象正在世界范围内上演,真正的问题其实就是自由市场的开放。结果,我们正在目睹国际范围内来自"网络潮一代人"的需求不断增加,假以时日,这种需求就会转化为金融资产的繁荣。随着时间的推移,全球市场将会显著增长。我们正在建造藩篱阻止他人进入我们的国家,但是在金融行业这些藩篱并不存在。

就在50年前,纽约证券交易所庆贺其在一天之内交易的股份超过100万股。现在,我们通常会看到在纽约证券交易所和纳斯达克两处每天交易的股份可达25亿股。在10年之内,我们看到每天交易可达100亿股的日子将很快就会到来,你可以想象,到那时金融服务公司的利润会有多大。在接下来几十年中,创新型的新兴产业将会浮现。无论是水下或外层空间的发展,还是生物技术或医疗设备,每一个领域都会得到资金、建造和担保。金融公司将会承揽这些新问题并收取费用。从这些新兴的公司获取收益——现在甚至还不存在的公司——将会帮助驱动整个经济。

网络驱动型增长

当本书被拿去付印的时候,我们正在经历一场发生在全世界的经济下滑。发生于美国的金融流动性危机起因于房地产市场的减速,已经对全球市场造成了短期震荡。有一个警告说,太多的全球经济增长已经被纳入投资者的期望。我的信念是,虽然商业周期是不可避免的,并且将会继续发生,但是没有几个投资者能够把握未来100年内来自网络潮一代人不断增长的需求的规模。

在过去的 20 年里，我们看到世界的消费已经发生了极大的转变。每个大陆的加速增长都在进行之中，这种增长已经开始极大地增加了人们对原材料和制成品的需求。公众的注意力已经聚焦于金砖四国（巴西、俄罗斯、印度和中国）①，但是这些国家显然并非需求驱动型增长正在加速的唯一地方。

网络驱动型增长（internet-driven growth）的一个明显例子发生在中东。由于各种资源可以利用，室内滑雪场正处于建设当中，而购物中心和更好的学校纷纷涌现，用于满足人们的需要。在世界上的一些国家里，妇女们第一次接受正规教育。网络的自由市场力量将会继续传播消费主义。

有一个新的散布恐慌运动，叫嚷说马上会发生"面前的大萧条"。他们这种鼓噪的依据是，美国婴儿潮那代人的高峰消费开支的周期行将结束，因此产生萧条。从国内来看，这种分析或许是准确的，但是我们不要忘了美国人口占世界总人口的比例还不到 5%。虽然美国是世界上最大的一个消费国家，但是，只要看一看过去 20 年间世界范围内的消费断档，你就可以对未来持有一个截然不同的视角。一些人把这些转变看作是对美国统治地位的威胁，而我看到的却是一个更大的消费基（consumer base）。

年龄波理论

磁体投资集团的杰森·诺兰广泛研究了大众热议的年龄波理论（Age Wave Theory），并且在他为我准备的一份研究报告中提供了精辟的分析。他和我都相信，全球经济将会继续扩张，而美国婴儿潮一代开

---

① "金砖四国"这个词是高盛公司的吉姆·奥尼尔于 2001 年首次提出的。"金砖四国"（BRIC）引用了巴西、俄罗斯、印度和中国的英文首字母。由于该词与英文中的砖（Brick）类似，因此被称为"金砖四国"。2010 年南非申请加入。"金砖四国"现更名为"金砖国家"。

支模式的任何减少所造成的影响将会被国际增长所抵消。

杰森在报告中详细地阐述到，最近关于年龄波理论的讨论比以前更多。据认为，婴儿潮一代人行将退休，这会造成我们所知道的股票市场死亡。但是我们不相信。

首先，我们必须了解年龄波理论，该理论是由经济学家兼作家哈利·丹特普及推广的，他的结论是，美国和其他欧洲市场将在2008至2012年之间达到顶峰。哈利·丹特的判断是，一个人的消费开支习惯在50岁时达到顶点，因此，当婴儿潮一代人达到这个年龄时，经济在消费开支和在市场规模上可能正在接近顶点。该理论还认为，当婴儿潮一代人开始退休时（首批婴儿潮时代的人已经于2008年退休），它可能会引起失业率激增、因销售不畅引起市场严重下滑，以及房地产市场紧缩。

让我们看一看婴儿潮究竟是个什么东西，以此作为开始。二战结束后，世界各地的人口出生率激增。据估计，单是在美国就有7 700万婴儿出生。婴儿潮时代的人是指出生于1946至1964年间的婴儿。婴儿潮一代人目前代表大约20%的美国公众，他们的开支模式对全国经济具有显著的影响。这种人口的大量增加引起消费品需求量显著上升，进而刺激了战后经济。现在你可以看出，为什么大多数人相信，当婴儿潮一代退休并减少他们的开支时，能够引起股票市场和经济的急剧下滑。

次要的婴儿潮影响

虽然所有这一切看起来差不多符合逻辑和预期，但是，一些通常被忽视的因素可以帮助我们质疑这个理论及其可能会对市场造成的影响。我们认为，在股票市场或市场潜在收益方面，婴儿潮一代的退休不可能引起明显的变化或下滑。主要的焦点是退休后的消费开支习惯、婴儿潮一代人之间的财富分布，以及对现时退休人员逐渐消耗其资产的分析。市场的全球化以及当下海外正在发生的一些事情，这些将会使婴儿潮一代相形见绌。

美国政府责任办公室（2008）（GAO，Government Accountability Office）做过一项研究，该研究审核了来自消费者财务调查（Survey of Consumer Finance）的财务信息，旨在确定婴儿潮一代持有的资产类别是什么和持有多少，以及现时退休人员如何逐渐消耗其资产。

据估计，目前婴儿潮一代控制大约7.6万亿美元资产，这些资产分别投资于股票、债券、共同基金、个人退休账户和其他退休账户。当我们调查可获得的数据时（图8.1），发现全部金融资产的大约三分之二被婴儿潮一代中10%的人拥有。另外，婴儿潮一代中大约33%的人并不拥有股票、债券或共同基金中的任何资产。

我们还应当注意的是，婴儿潮一代之间的财富分布严重倾斜于顶部25%的人口（图8.2），他们控制退休资产的几乎90%。顶部5%的人口控制超过一半的资产。有些退休人员极有可能逐渐消耗资产以维持他们的生活标准，这个群体控制的资产仅占婴儿潮一代总资产的很小一部分，他们的头寸和账户的流动性对市场的影响几乎可以忽略不计。婴儿潮一代底部50%的人口极有可能逐渐消耗他们的资产，这个群体控制的资产仅占婴儿潮一代拥有的7.6万亿资产的3%，即2 280亿美元。最近联邦储备委员会注入货币市场和财政援助的所有资本总计远远超过4万亿美元。相较于对持股的一个大规模清偿，这3%资产的影响微乎其微。更何况，大规模清偿也不太可能。退休人员的习惯表明，如果资产被逐渐消耗的话，那么就会在退休生活中一直这样循序渐进下去。即使他们以每年5%（119亿美元）的恒定消耗率进行开销，其对市场的影响也可以忽略不计。

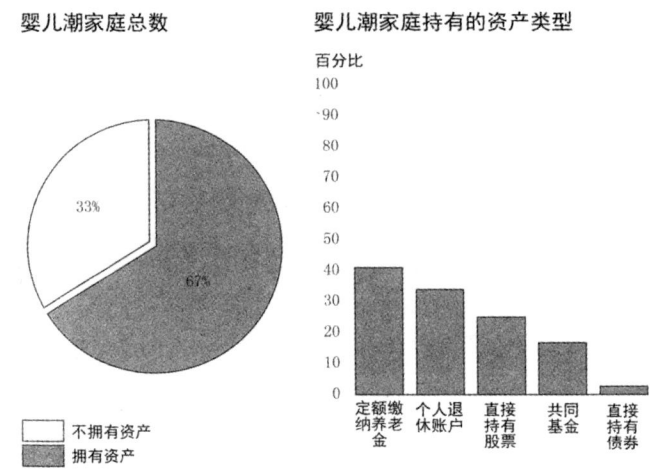

图8.1 拥有金融资产的婴儿潮一代人及其使用不同投资账户的百分比

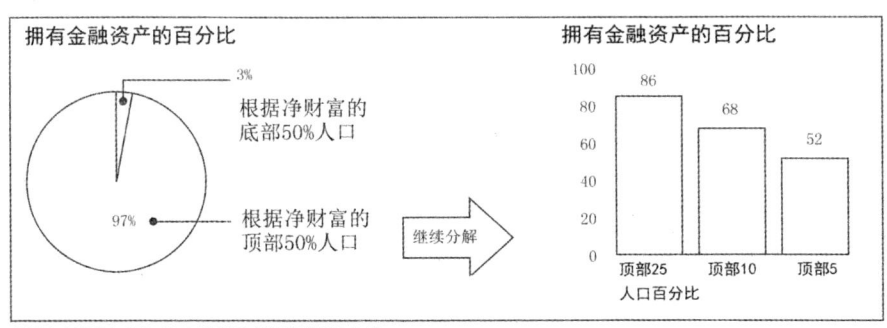

图8.2 根据财富百分位数划分的婴儿潮金融资产分布

婴儿潮一代人中最富裕的是那些驱动经济发展的人。拥有很少或者没有可投资资产的那些个人不能够做到像富人那样影响经济。一笔大型的买卖比如一艘游艇、第二套房子或一架私人喷气机,这些都很容易对经济做出更大的贡献,超过一个没有任何积蓄的人的所有购买力的总和。

婴儿潮一代人的资产高度集中地被最富裕的50%人口所拥有，根据对目前退休人员行为的研究，这些人不需要逐渐消耗他们的资产就可以维持其生活方式，并且在他们退休期间通常还会积累更多的资产。另外一个需要注意的重要事情是，一大批确实拥有自己的金融资产的婴儿潮那代人更有可能把资产赠予他们的继承人，而不是把资产逐渐花光。还有，很多婴儿潮一代人将会在退休之后长时间持有股票，作为通胀对冲，以及应付他们对自己寿命很长而积蓄不够花的恐惧。

除了婴儿潮最富裕的10%人口控制资产的大部分之外，据说他们的行为将会效仿先前几代人的退休习惯。在前几代里，大部分退休人员在退休期间继续积累金融资产，清偿只能缓慢推进。除了发生的逐渐清偿之外，还有一个长达19年的时期，在此期间婴儿潮一代人将进入退休。这一点应当进一步减少婴儿潮退休将促发市场急剧下降的可能性。

退休期间资产继续积累

正如上文所述，很多婴儿潮一代进入退休期间将继续积累资产。研究发现，婴儿潮一代人大部分并不计划在标准年龄退休。根据消费者财务委员会的调查，超过半数婴儿潮一代人说，他们计划65岁左右离开全职工作。超过60%的人还表达了退休期间想要找到一份兼职工作，这将帮助减少或延迟他们需要卖出投资资产以维持退休生活的数量。

同一份研究还发现，少于16%的最富裕退休人员（顶部的10%人口）花费的金钱来自他们投资的积蓄。他们中的大多数依靠投资产生的收入为生。研究报告称，这个群体中超过65%的人口由于投资收入超过花销而积累了更多资产。

2004年，詹姆斯·波特巴（James Poterba）做了一项研究，标题为"人口老化对金融市场的影响"，由国家经济研究局（National Bureau of Economic Research）发布。波特巴发现，"年长住户的持股表明，随着住户年龄增长其金融资产呈现出一个有限的下降"。

与美国经济的规模相比，婴儿潮代表一小部分，仅占20%。他们拥有所有股票的14%，以及所有债券的6%。让我们谨记在心，在所有的婴儿潮一代人中，大约5%至10%的人口将不得不清偿他们的头寸才能维持自己现有的生活方式。在超过20年的平均退休生涯中，我们应该可以预期有人会逐渐出清资产，这种情形对金融市场不会造成显著的影响（图8.3）。

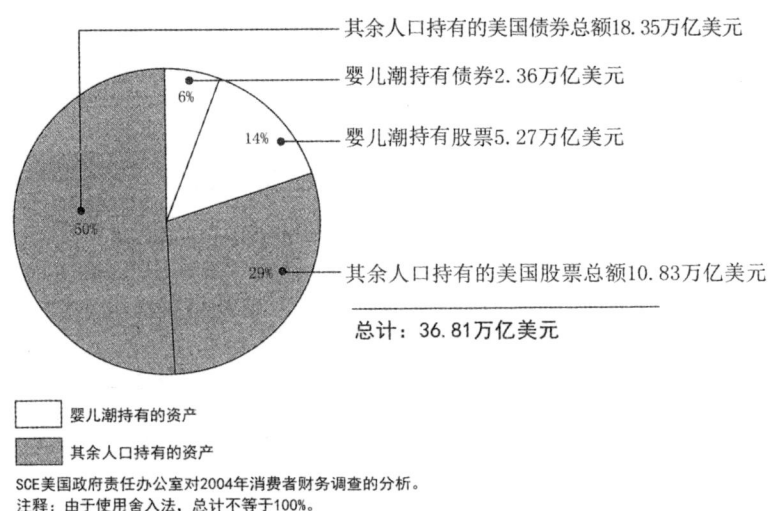

图8.3 婴儿潮和其余美国人口持有的金融资产总额

对于这些人的股票头寸的大规模清偿，一个常见的争论是，在进入退休后，婴儿潮一代人对市场波动性的风险忍耐程度比以前更低。在消费者财务调查的报告中，我们发现，在70岁以上人口的总财富中，他们的积蓄依然更多投资于股票而非债券。

全球化抵消婴儿潮退休

市场全球化和来自发展中国家的需求增加也将会抵消婴儿潮退休问

题。一个有美国政府背景的公司做出的统计分析表明，在1948—2004年期间股票回报的变化方面，与人口状况或人口年龄结构的任何改变相比，宏观经济因素和金融因素（例如工业生产和股票分红）发挥的作用更大。

与婴儿潮一代将会对市场产生的极小影响相比，更为重要的是，我们需要看一看更大的图景。我们对市场的考虑不能再仅限于国内。现在的经济是全球性的，必须以这样的角度加以对待。在这个大的图景中，7 700万婴儿潮变得微不足道。美国人口总量只占世界人口的近5%。在世界舞台上，婴儿潮的力量被淹没了。经济的影响力正在新生的影响全球经济的网络时代积聚能量。

随着世界范围内生活水平逐渐上升以及随着发展中国家正在建造基础设施，比婴儿潮现象更大的事情正在发生：网络潮。现在在世界各地，数十亿人口正在初次享用他们的第二餐，而数十亿人口正在品尝他们的鸡蛋汉堡。一旦你的生活水平开始像这样增长时，你就不可能再回到老旧的生活方式。你就会努力发现一个继续提高的途径，无论你采用什么方法。结果呢？增长。世界范围内发生增长的数量远远抵消了行将退休的婴儿潮可能对国内或全球经济造成的任何影响。我们不再只是国内投资者。我们的市场是整个世界，而新的动力资源正在涌现。

图8.4讲述的是一个世界其他部分正在如何发展的伟大故事。自1980年以来，美国GDP占世界GDP的百分比增长了30%。而像中国之类的发展中国家GDP增长已经超过1 000%，占世界GDP的百分比已由1%增长到超过10%。印度和俄罗斯也已经翻番。这些发展中国家正在给数十亿人口提供住房。他们的增长正在继续，而自2000年以来，美国GDP占全球GDP的百分比已经实际下降了13%。在不远的将来，就GDP而言，我们看到某个国家超过美国，这将不是什么稀奇的事情。

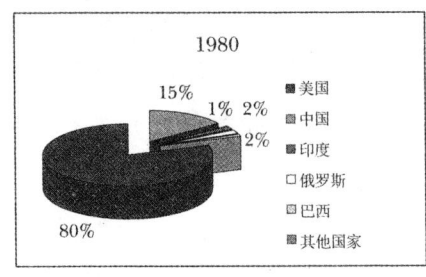 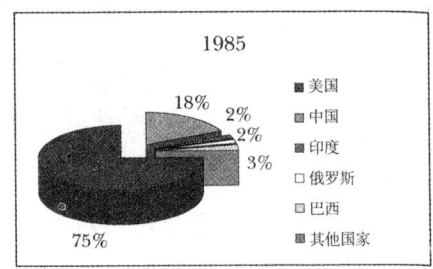
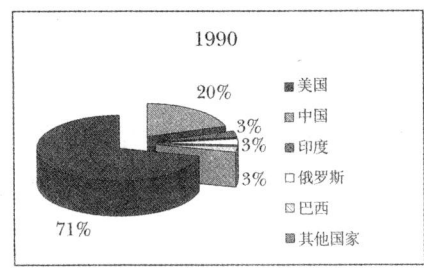 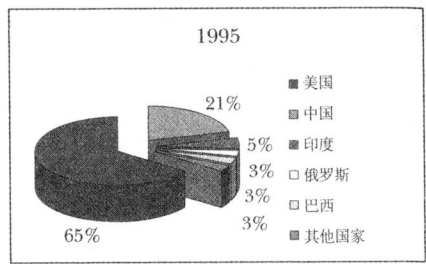
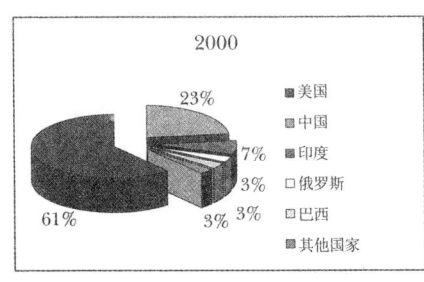 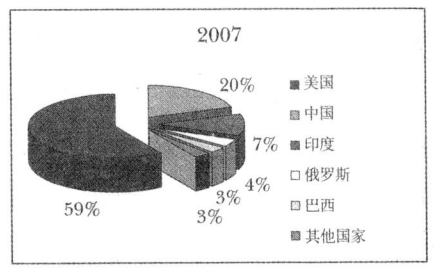

来源：磁体投资集团从美国政府责任办公室获得的数据。

图8.4 世界其他国家发展状况

这些欧洲国家和亚洲国家还拥有更多时间去扩张他们的资金和增加他们的资产。美国诞生以来仅有几百年，而欧洲和中国已经具有几千年的历史。这一点已经让古老的资金保持增长数个世纪。

网络潮一代比以前我们看到的任何事情都更大。这一代不是由几百万人口组成，而是由几十亿人口组成。这将是未来经济和市场的驱动力。与现在网络潮正在产生的全球影响相比，婴儿潮一代过去对经济以及未来退休后会对经济产生的影响将是微乎其微的。

与这些国家的发展相吻合的是那里的人民生活水平也在发展。从没有那么多人像今天这样受到教育。网络潮一代希望继续改善他们的生活，每天每个领域都在进行创新。网络潮一代（Interboomer Generation）为了他们生命的发展和壮大正在开创完全崭新的途径。这将会导致就业率更高，全球各国的国内生产总值不断增长，也使人民更加富裕。

将来，世界各地将会出现数以千计的亿万富翁，没有一个是我们现在听说过的。无论他们是通过治愈癌症还是通过投资更高效的太阳能电池，新一代的人们将会上升至顶峰，新一代的资金将会被获取。随着我们这颗星球上的各国变得越来越发达，从长远来看，各国GDP将会继续增长，公民们也将会继续加强学习并改善他们自己和地球上每个公民的生活。

第 9 章 市场干预的意义

> 如果你消灭一个自由市场,你就会制造一个黑市。如果你制定一万部法律,你就扼杀了对法律的所有尊重。
>
> ——温斯顿·丘吉尔

> 现代文明的所有特征和成就都直接或间接的是资本主义过程的产物。
>
> ——约瑟夫·熊彼特

支持我们社会的慈善机构中的大多数非营利组织都在强力约束的环境中进行运作。这样做的结果是捐赠基金匮乏,行政机构成本短缺,以及为了支撑其服务而更加需要的已经规划的成本增长不足。美国在世界上的经济作用受到了贸易赤字的威胁,而贸易赤字表明美国没有能力输出美国固有的自由市场专长。

尽管一些积极管理的对冲基金为市场提供了巨大的利益,但是对冲基金也对市场造成一些严重的消极影响。大多数对冲基金的极度竞争性和短期导向已经导致市场出现了过度波动性,甚至导致从一种股票到另一种股票以及从一个行业到另一个行业更快的轮转。这种波动性的增加,再加上交易成本的迅速降低,已经导致股票持有期的急剧缩短。由于证券持有期更短使投资者的焦点转移到短期收益,最后的结果是公司常常不能做出谨慎的长期战略决策。相反,他们关注的焦点是展示尽可能强劲的季度收益数据，而不是以更加可持续的方式较缓慢和较稳定地增长。遗憾的是，随着时间的推移，这种方法常常限制了进步并且几乎会使每个投资者失望。

在投资领域寻求更高的收益，这并没有问题。我们正在看到更多的基金采取多样化程度较低的投资方法。我们还看到资金投入最为成功的机构正在利用对冲基金并且寻求直接指数化投资的替代方法。很难想象，其他投资者坐视成功的投资者获得这种超额收益，而他们自己还采用多样化策略获得平庸的收益。在整个世界，投资者都在持有更少的股票个数，重新评估风险并获得更高的收益。我期待这种趋势继续扩张。

市场干预的国内意义

资产配置和广泛多样化的实践具有多种缺陷。这些策略不仅会创造平庸的投资结果，而且还有其他消极影响。随着新的资金可以用于指数股票的投资，投资组合经理会购买某个指数所有公司中更多公司的股票。根据指数的构成和采用的投资方法，通常并不会将所有公司的股票一视同仁地添加到投资组合中。有些指数是根据其市值加权，在这种情况下，更大市值的公司股票被更广泛地添加到投资组合中。其他指数是根据价格加权——信不信由你——价格最高的股票在指数中所占权重最大，而价格最低的股票在指数中所占权重最小。在这种情况下，比如道琼斯工业 30 指数，当一家公司拆分其股票份额时，它在该指数中实际上所占的权重更小。

公司若想要对它们所在的行业和社区产生影响，就需要资本助其成长。随着一家公司开始迈开步伐，它会引起投资者的注意，而资金筹集将变得更容易。而当一家公司继续扩大市场份额和增加收入时，良性循环开始发挥作用。新的能干的员工被通过股票期权创造财富的传言和机会吸引过来。这是该公司非常激动人心的时刻。

这对社会整体来说却是一个不幸，那些鼎盛时期已经过去而当前正在退化的公司股票继续被指数投资者投资，仅仅因为这些股票先前曾经被编入某个指数。当新的资金进入指数投资者手中时，他们甚至会购买更多这种当前失败的股票。这种对资金的无效使用只会拖延先前的市场领导者下降的进程，同时使得投资者没有新资金投资于更多的新兴市场领先公司的股票。

世界金融市场现在已经完全全球化而且能够被许多国家的投资者所涉足。资本正在流向能够被充分利用而环境充分透明的地方。如果一个新的市场领导者出现在英国，那么资金自然会寻找合适的途径进入那里。如果市场领导者出现在香港的各种指数中，那么资金同样会找到相应的途径进入那里。

对市场的任何干预，意欲减缓新兴市场领导者的成长，或者意欲维持一个其成长阶段已经过去的先前市场的领导者，都只会阻碍自然的竞争秩序。这种做法最终会对社会的健康有害，因为它给不配再拥有市场领导者称号的公司继续煽风点火。

市场干预的全球意义

在过去几个季度中，即从2008年第三季度甚至更早，尽管在大多数商品价格方面出现看似不停的移动，然而我们目睹的却是一次剧烈的震荡。事实上，在撰写本书的时候，我们正在经历另一次震荡。但是，尽管国内消费者的活动放缓，自由市场的扩展正在生成人们对你能想到的几乎每一种商品不知餍足的需求。在1990年代早期，约翰·坦普顿爵士向人们做了一个精彩的演讲，他在其中探讨了柏林墙倒塌产生的影响。能够接触到自由市场的消费者人群将从目前美国的2.5亿人扩张到生活在东欧的另外2.5亿人。他说得太对了！但是，与现在发生在世界各地的爆炸式增长相比，那次事件就相形见绌了。虽然人们都聚焦于中国，但是在每一个大陆上显然都在增长。虽然在全球对铜、铝、锌、铅和钢的需求中，中国自身目前占据50%或更多，但是你不能低估全球每个角落正在积聚的需求。

随着发展持续在全球范围扩展，一群更多数量的人们正处于改善其饮食结构的位置。在美国，过去农业生产中出现了各种提高产量的方法，现在这些方法也正在海外出现。在许多方面回归到了基本需求。随着总人口继续增长，以及某些地方人们刚刚能够使他们的生活水平不断得到提高，你真的相信能够让人们膳食更好的大型机械将会失去人们的宠爱？

让相同的自然力量在公众证券市场发挥作用，这符合每个人的利益。也就是说，我们应当允许顶级公司成长并且吸引来自世界任何地方的资本。

自由市场

美国出口的主打产品是它的自由市场制度，每个国家都代表一个潜在的贸易伙伴和我们产品的购买者。因为我们国家是许多产品的主要消费者，所以我们也乐意通过购买外国产品为全球经济增长做出贡献。对自由市场理论的理解和输出正是人力资本增长的源泉，这是美国的强项。越来越多的国家正在扩大他们的国际贸易关系并且采纳自由市场政策。正是因为这种国际贸易的扩张，所以在未来几十年中我们将会看到一场全球扩建，这场扩建将会把国际贸易提升到前所未有的水平。

在世界各地，年轻企业家们正在创办新的企业，甘愿冒我们以前面临过的风险，我们的民族曾经以勇于承担那些风险而闻名。他们正在变成百万富翁和亿万富翁，因此不仅有助于加强和扩展自由市场社会，而且有利于促进和增加贸易扩张。

这个问题把我们引向了对微软公司的讨论。微软公司创建于1986年，在自由市场中劈波斩浪。任何有幸在早期成长阶段就识别出这家公司的幸运儿都会被建议继续卖出股票以保护他们的收益。在那些接受这种糟糕建议的投资者中也有几个值得注意的例外，也即微软的创办者和早期雇员。在一个有趣的结局中，这少数几个在自由市场中劈波斩浪的人使他们自己站在一个与众不同的位置上。他们是最大的个人捐赠基金的管理人员，而且选择国际社会作为他们个人财富的目标受益人。盖茨基金会和其他基金会正在以一种显著不同于美国军队的方式传播自由市场的好处和真情实景。自由市场社会的实践者只不过是把市场提供资本化机会的优势展现给他们，在这么做的时候，他们让自由市场的理念在全世界传播。随着这种理念在全世界得到扩展，我们将会看到在国际市场中涌现出微软式的其他成功故事，而这些新的领导者将踏着自由市场先驱者的脚步前进。

看到这个伟大民族失去它的经济力量，我心里感到非常难受。我们眼见着巨额财富正在我们国家之外的地方被创造出来，因为他们愿意面对我们国民曾经面对过的各种风险。我的目的就是想提醒各位，自由市场和精心计算的风险承担这两者是造就我们这个国家伟大和强盛的根本所在。虽然我们国家的国际力量萎缩使一些人害怕，但是我知道，一个国家只要能够接触到自由市场社会提供的可以得到的众多利益，这个国家就总会有光明的未来。

资产配置

一旦你决定投入你的资金，你只能将资产投入两个领域运作：股票（所有权市场）或债券（借贷市场）。借贷市场是迄今较大的资产类别，这类市场包括的投资机会有债券、政府证券、存款凭证（CD，certificate of deposit）和货币市场基金等。另一种投资载体是所有权市场，这类市场包括财产和股权市场。当我父母那一代人正在用15 000美元购买房屋时，那时的价格处于不同水平。随着通胀继续维持下去，那些采取所有权路径而非借贷路径的投资者能够获得超过通胀的收益。时间已经证明，资产中配置在所有权市场（股票市场）而不是借贷市场（债券市场）的比例越大，你的投资获得更高收益的可能性越高。

为了在你的投资上力图俘获最大的收益，你需要坚持不懈地与隐性通胀做斗争。我们被告知通胀率正处于 1% 至 2% 的水平。任何一个管理公司或者非营利组织的人都知道事实远非如此。我们支出最大的地方是医疗保健和保险成本，它们正在显著增加。这意味着我们不仅需要获得收益去战胜通胀，而且还不得不战胜医疗保健和保险成本支出。在前面一章里，我谈到了复合投资的力量。使用这种投资方法，你需要接触获得最高收益的机会，正是凭借这种力量，一个人获得的收益才足以超过个人通常会面临的各种支出。复合投资的力量可以超越下述做法：把 1 000 美元投入一个共同基金，持有这个股份 30 年，希望获得每年 7% 的收益，这样你才能够达到财务自由。个人必须考虑的问题是：资金成本分摊，缩小多样化，不要害怕市场，而要相信我们祖先发展的资本主义制度。

资产配置和系统多样化的策略产生了平庸的回报，让人无法接受，在经过多年遵循这些失败的策略之后，广大的机构和公众现在才面向一个更加符合逻辑和更加强势的方法，以此挑选、识别并把资本集中配置于真正的顶级公司。引起这种投资策略变化的原因是，在过去几年里人们已经揭示出其中的诸多因素。沸沸扬扬的世界通信公司和安然公司的丑闻严重损害了公众对股票市场的信心。政府对温和通胀的错误报道还导致迅速增长公司的股权提供更高收益的承诺不足。许多投资者（个人和机构）察觉到从债券上获得的低收益足以抵消税收和通胀的影响。结果，我们看到的是几个需要引起立刻关注的长期问题。

记住，众所周知的事实是，校医室都是由一些个人捐助的，这些人通过集中化投资于恰当的公司而获得财富，而不是通过借贷工具获得财富。

小公司很难获得华尔街的研究成果

我们已经探讨了阻碍小公司取得进步的所有因素，即便如此，还有另一个因素阻碍较小却赢利的公司吸引他们成长所需的资本。多年以前，我大胆说出了华尔街的研究中存在的固有偏见。1980年代早期，我就相当清楚地认识到了这种偏见，当时我识别出几家小公司，他们是其市场领域显而易见的领导者。我不能理解为什么没有分析这些小公司的研究报告。随着时间的推移，我充分了解了其中一家公司的管理状况并且时时收到关于该公司进展的信息。听说华尔街一家大型金融机构即将造访，我非常兴奋，相信该公司即将被追捧并被他人"发现"。这种关注一定会让该公司吸引资本并最终扩大其经营。在与管理层举行会谈10分钟以后，金融机构的研究分析师判定该公司无意于发行更多的普通股票、债券或可转换证券。这意味着该金融机构不会拿出投资银行费用。这个"研究"会议戛然而止。

在这个时候，我开始意识到中国墙（China Wall①）完全崩溃，中国墙是华尔街的叫法。虽然投资银行与经纪公司的研究部门应该各自独立并且不偏不倚，但是，正像10年后被披露的一样，真相是许多公司在"购买"研究报告。他们可能会通过经纪公司发行公开证券从而提供利润丰厚的投资银行交易，只是为了看到经纪人收到巨额签单费30天之后提出的煽动性购买建议。

---

① 中国墙是指投资银行部与销售部或交易人员之间的隔离，以防范敏感消息外泄，从而构成内幕交易。

第10章 自由收益：一个新度规

> 永远不要为一只股票超付资金。规划高出平均水平的增长并为之付出额外的资金，这样会比其他任何方式损失更多资金。
>
> ——查尔斯·纽豪瑟

从长期看，一家公司的股票价格应该与其收益密切相关。每个季度，每个上市公司都被要求提供其经营状况的会计报告。在一个完美世界中，通过考查公司的当前估值并判断市场是否能够公平地把公司的增长前景包含在股票价格中，你可以恰当地评估公司的发展前景。遗憾的是，我们并不是生活在一个完美的世界中。上市公司敏锐地意识到他们的季度收益信息披露将被投资者一分一毫地仔细审查，结果，公司就热衷于把那些收益乔装一番，让其看上去更加符合分析师的口味。回溯到1990年代晚期，我在电视上强调这个问题——那是在人们热衷讨论这个问题之前很久的事情。即使现在，公司受到的制约被提升到更高的标准，但是，他们还是有很多合法的手段对季度收益报告进行粉饰和操纵。在我寻求精确地将一家公司与另一家区分开来的过程中，我开发了一种给公司排名的新度规：自由收益（Free Earnings）。

计算自由收益

PEG 方法

在股票市场中,投资者由于为股票付费过高而损失金钱,这种损失比其他任何原因造成的损失都大。虽然你可能正在寻找具有强劲增长特征的公司,但是你也需要留意不要为股票出价过高。为了测量一家公司相对于其估值的收益增长率,标准普尔在25年前开发了PEG比率[①]方法。此后,该方法受到了彼得·林奇的广泛推介,他在《彼得·林奇成功投资》一书中解释了该比率的详细内容。

PEG比率的定义如下:

$$PEG 比率 = 市盈率/每股年度收益增长$$

简单地解释就是:PEG比率越低,公司的估值越高。

GARP 方法

其他人遵循相同的思路,采取了GARP投资方法,也即合理价格成长法(Growth at a Reasonable Price),也由传奇式的忠诚公司货币经理彼得·林奇加以普及。GARP投资法通过寻找比市场估值增长更快的公司,结合了增长策略和估值策略两种因素,同时规避了市场估值很高的公司。GARP方法的追随者相信,当你购买一只成长型股票时,你可能需要支付比"老前辈"习惯采用的方法更高的价格/收益比率。通过找出PEG比率等于1或者小于1的公司,GARP投资者能够投资于增长步伐稳定但仍然按照增长率的折价销售的股票。虽然它是一种价值投资法,但是其支持者认为支付更高的收益倍数是理所当然的,因为与公司的收益增长率相比它看起来很合理。

[①] Price/Earnings To Growth ratio。

评估收益的质量

由于 PEG 法和 GARP 法对收益的定义存在不一致性，我宁愿分析公司产生的现金流。评估收益质量的方法有很多，这正是工作的难点所在。太多的投资者，甚至一些专业人员，都没有在这个问题上花费足够的时间。现在有几种服务能够帮助你快速通览一家公司的资产负债表，以此评估实际发生的情况，这样可以使你的生活更轻松。他们甚至可以让你交叉核对资产负债表内的一些账目，有时候还能够帮助你找出一些账目不一致的地方。

一种这样的服务是市场评分者（Market Grader），这种适合于个体投资者的服务很棒，在几年前是难以想象的。这种服务利用十几种度规，深入探究一家公司的损益表，不仅可以提供某家特定公司收益的相对价值水平，而且还能够分析收益的质量。

另一种卓越的服务是股票诊断（Stock Diagnostics），他们利用自己拥有专利的基本分析方法，认识到公司报告所称的收益存在很多缺点，股票诊断服务的开发者已经找到解决这种困境的办法。该服务创办于2002年，他们开发了一种用于金融分析的新度规，被称为"OPS"，也即每股经营现金流（Operational Cash Flow per Share）。每股经营现金流的计算方法是用公司经营产生的现金流除以发行在外的总股份，远非像每股收益（EPS）那样容易被公司操纵。使用每股收益的编造性会计方法能够得出人为的价值，与此相反，股票诊断服务创立 OPS 可以让持股人瞄准聚焦于一家公司的真实价值：每股现金流（CEPS），或利息、税收、减值和摊销前的收益（EBITDA）。既然存在那么多粉饰收益的方法，只有你用于检验收益质量的资源更多，得到的结果才能更加准确。

《投资者商业日报》还提供了它自己的每股收益排名方法，这是利用该报自己的内部方法给每家公司排名的专利工具。

拥有了这样一些辅助工具，你就能够深刻洞悉一家公司，而且最大程度地减少并替代分析师通常歪曲或具偏向性的报告。这样同时也有助于重新改造华尔街。

了解一家公司的现金流并采取相应的行动这是一码事，对每个季度的收益报告反应过度这是另一码事。例如，有些收益动量投资者根据每个季度的数据在股票市场跳入跳出。有些分析师鼓励上市公司至少按月完整地公布销售额。我们甚至看到有人在美国发起了一场运动，游说大公司更频繁地发布信息。现在，我们可以看到汽车销售数据的月度更新、同一商场销售数据的月度零售份额，甚至沃尔玛发布每周的销售数据。虽然每个人在市场上都有权按照他或她自己的方式操作，但是短期交易者除了增加市场波动性以外，并没有起到其他作用。

虽然这种做法无可厚非，但是对于关注底线报告季度收益的华尔街，人们颇有非议。如果没有长期投资者，公司管理层就没有动力去思考并按长期战略行事。相反，他们被迫要根据华尔街分析师的脸色来做出决策。一个糟糕的季度收益数据通常会导致股票价格的大幅下跌，这样只会导致更多的活跃动量交易群体进一步抛售。

其他标准

如果你在评估一家公司的成长潜力时，主要焦点还是报告称的收益，那么现在你该考虑其他标准了。我所使用的卓越技术研究服务之一是多赛莱特公司，该公司解释了为什么收益数据不会推动他们的评估过程：

美国证券交易委员会的一个重要角色是，要求上市公司披露有意义的财务信息，比如收益数据。记住了这一点，看看该委员会前主席威廉·唐纳德森的评论是很有趣的，在2006年7月CFA①金融市场诚信中心和公司伦理商业圆桌学会联合主办的一次会议上，他说："会计制度的不完善使得季度收益数据毫无意义。"（美联社，2006年7月25日）一个技术人员做出这样的陈述是一码事，但是，这样的话竟然出自执法者之口，其意义就完全不一样！他说，由于会计标准下允许存在各种假设，季度收益数据是"如此含糊"。在股票估值基本分析中使用的最重要的信息就是季度收益数据。事实上，支撑基本分析的理论基础是，为了能够真正从长远角度赚钱，投资者必须聚焦于公司本身，而不是仅仅聚焦于公司股票价格的移动。收益倍数被普遍用于判定公司的"内在价值"。正如他们所说，垃圾进，垃圾出。（穆迪，3）

大量的研究已经显示，一只股票的相对力量，也即表明一只股票在该行业中相对于其他股票表现如何的价格趋势指标，是隔离业绩正在改善的公司的最佳工具之一。相对力量如此重要，以至于许多杰出的投资者甚至不再依赖报告称的收益数据。这些所谓的动量投资者目标是利用现有价格趋势的连续性，而不是分析基本面。动量投资者相信，趋势一旦确立，它非常可能沿着趋势的方向继续移动而不是逆向移动。对那些根据图表进行交易的投资者而言，估值并不十分重要。他们只需要遵循图表模式，而无须使用估值测量。事实上，他们甚至不关心公司正在做什么。然而，在我看来，注意估值并尽可能多地了解一家公司，这是你进行投资至关重要的条件。

使用古老的市盈率（P/E，又译价格/收益）作为你的投资指南，这种做法的另一个恼人问题是周期性的收益现象。当一个周期性的公司在经济周期的高峰期竭尽全力经营时，其市盈率通常很低。对那些投资于低市盈率公司的人而言，该股票看起来很便宜。这种低市盈率刺激投资者在接近经济周期的高峰期时积累股票头寸。

---

①特许金融分析师，全称Chartered Financial Analyst。

但当周期转向下行时，问题就出现了。当公司开始"失控"时，正如人们所说，在收益的衰退期，由于人为因素导致的更低收益，市盈率突然变得非常高。根据高市盈率代表股票估值过高的理论，结果会出现投资者通常恰恰在股票被杀价的错误时间卖出股票。当股票价格趋向于更低时，随后市盈率会变得更高。清仓，重复。我在股票市场获得的经验是，每个部门和行业看起来都有周期，没有哪个市场部门能够幸免。

当你能够按照当前市场估值的折扣价购买一家公司强劲的现金流时，你实际上是在购买自由收益。一家公司交付收益并提供自由现金流，而不是仅仅承诺将来某个时间会赢利，此时就会发生这种情况。在这个时候，公司正在快速成长，甚至比当前市场评估该公司有没有能力这样做的速度还要快。在这段时期，公司将会有一个低的 PEG 和 GARP 比率，并且出现在价值投资者的屏幕上。通过生成的自由收益，公司除了交付给持股人的利润以外，还使自己置身于为其雇员和社区做出巨大贡献的地位。这是公司的精彩时刻，也是你参与其股票的恰当时刻。正是公司生命周期中这段短暂的时期使得它变成了磁体股票。

第 11 章　磁体系统：统揽一切

没有哪个职业像成功投机那样需要更多的艰苦工作、智力、耐心和心理素质。

——罗伯特·雷亚

如果一个人在投机失误的时候能够具有止损的意识，那么即使每十次只做对三四次的话，他也会获得财富。

——伯纳德·巴鲁克

为了能够极大地完胜市场，你就不能做一个密室指数投资者。你必须要有一个优质的股票选择程序。你还需要愿意在你的投资组合中拥有少数几种股票，然后按照规则操作那个投资组合。最初吸引我进入这个行业的热情主要在于，我非常好奇地想去找出可以投资的最佳公司。20多年来，我一直在研究是什么造就了一家大公司以及是什么造就了一家公司可以让你投入资金，这个研究导致我开发了磁体©股票选择程序（MSSP）。显而易见，虽然我无法与大家分享实际排名程序背后的数学方法，但是我可以分享我们模型的基本概念。磁体股票选择程序已经经过数年的开发，并且通过与许多慷慨投资者的长时间的商讨获得改进。与许多同时代的顶级投资者之间的长期合作对我产生了深远的影响。我能做的至少是可以继续回报给他人。这也是本书的主要目的之一。

MSSP 策略

一家公司股票想要迅速升值,它就必须吸引买家。理想的情形是,这家公司可以吸引许多货币经理,因为正是"大钱"的大量积累才能驱动股票价格上涨。经过多年来对最成功货币经理的研究,我找出了哪些因素能够引起顶级的价值、成长和趋势投资者的兴趣,而我也逐渐熟悉了经理人选择他们的股票所使用的筛选程序。通过把这些成功经理人寻找的各种最好方面融会贯通,我创造出了磁体股票选择程序。我不仅结合了包含在增长、价值和动量投资中最强健的因素,而且还结合了基本面度规和技术分析(图11.1)。

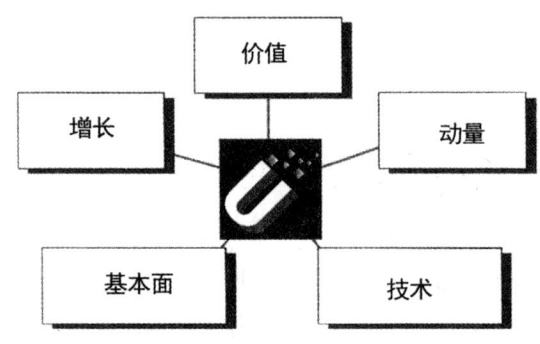

来源:磁体投资集团。

图11.1 磁体股票选择程序融合了几种策略

磁体股票选择程序是一个独特、专利的程序,它把增长、价值和动量投资拼合起来,以此实现优质的长期风险调整后的收益率。

"磁体"(magnet)也是一个缩写词,它代表我的股票选择哲学的支柱。

- 管理(M)必须要优秀,股票必须要有动量。

- 收益、收入和利润的加速度（A）是关键。
- 增长率（G）必须要超过当前估值。
- 新的（N）产品或管理方法可能是驱动器。
- 新兴的（E）产业或产品创造大量机会。
- 时机（T）需要在技术上适合于价格升值。

管理和趋势

对一家公司来说，没有任何事情比它的管理能力更重要。管理必须做到培养卓越理念，吸引能干的人员，鼓励员工开发新产品，合理配置资产，推销公司的产品，以及提供领导岗位。管理控制公司股票大部分的所有权也非常重要。对那些拥有大量股票资产的执行人员来说，做出有损公司最高利益的行为是愚蠢的。必须合理配置竞争性工资，其中包括把丰厚的管理奖金与增强持股人价值的业绩挂起钩来。由于近期出现许多备受瞩目的滥用职权事件，这一点显然比以往任何时候都更为重要。你可以在每家公司提供给持股人的 10-K、10-Q、季度和年度报告中找到有关公司管理的讨论。你也可以打电话给公司的投资关系部门获取这些文件。你还可以很容易在网上获取这些资料。

股票的动量（momentum）是指股票价格相对于整个市场的关系。虽然许多市场技术人员已经设计出他们自己计算和描述动量的方法，但是这个特征通常被视为相对力量。追随和跟踪一家公司的动量或相对力量的最简单方法无须使用你的电脑，你可以阅读《投资者商业日报》和它的每周增刊《每日图表》。相对力量线应该在至少几个月内处于上行趋势。最好的方法是找出一只股票，它的相对力量线正在击中一个年度高点。除了价格动量，同样重要的，我们还测量财务动量，也被称为"收益、收入和利润增长的加速度"。

收益、收入和利润加速度

收益、收入和利润加速度是动量成长型公司的核心特征。在季度收入和收益中最少应当具有15%的增长。在磁体股票选择程序中，这一标准将会把大多数公司排除不予考虑。实际上，我投资的许多公司将会以30%或更高的增长率增长。我们在这个模型中使用中等的15%增长，旨在避免排除掉那些在各自行业中占支配地位的大公司，他们实在太过庞大，以至于无法像较小的公司那样保持同样的增长率。

总利润边际也是一个重要的考虑因素。虽然利润边际不一定要持续性增长，但是它们也不能从先前报告期中显露出有下跌趋势。如果利润边际开始下滑，那么公司可能有什么事情出错。在今天的股票市场，一家公司报告称获得巨大收益，结果我们却看到股票价格大幅下滑，这种情形司空见惯。通常当利润边际正在下降时，最大胆、最精明的动量投资者都在卖出股票。他们预期未来收益减慢，表明动量正在丧失。

管理层经常会采用收购作为增长公司收益的一种手段。重要的是要查看利润边际，以此考虑这项收购是否适合于公司。

折扣增长

虽然个人应该拥有保持高速增长率的公司股票，但关键的是，你不要基于股票的增长前景而超付资金。理想的情形是，当你购买股票时，根据市盈率（价格对收益率），公司的当前市场估值应该是其增长率的一半。因此，如果公司能够在接下来几年里按预计20%的增长率适度增长，当市场暂时把市盈率设定为10时，那么你就可以进行投资。这个估值一般是在公司逐渐被投资者认可之前或者是当股票暂时不受欢迎时进行。

大市值公司以高速率增长，这种情况并不常见。有时候，投资一家收益增长仅为15%的公司是很好的做法，只要你仍然相对于其增长率以折扣价买进。

新的产品或管理

当一只股票进入到正在增长中的价格动量阶段，通常表明这家公司出现了新事物。可能是新的管理方式使得公司在方向上发生改变，或者一种新产品使得人们对公司重新关注起来。公司一般只有在引入新产品时，才会在收入和利润边际两方面都展现出快速增长的势头。

新技术刺激新产业的出现，而这些新的公司通常成长得最快。在今天动量驱动型的市场，能够击中新高点的股票也将会吸引新的投资者。每当某种新事物吸引了投资者的注意力，此时一家公司的股票价格往往就会向上跑动。

新兴的产业或产品

新兴产业中的公司代表着一些最佳投资的去向。目前某些领域正在发生巨大的进步，例如技术和医学科学，它们可以导致产生超额的投资利润。那些老练的投资者对技术和/或医疗领域未来发展方向拥有准确的判断力，他们能够获得巨大的收益。你应当尽可能多地学习认识新兴产业。

我的第一本书在10年前出版，从那以来，各种新兴产业已经出现，而且正在进入全盛期。燃料电池、纳米技术、替代能源、网络安全和太阳能，这些公司在10年前甚至还闻所未闻，现在已经为精明的投资者创造了巨大的利润机会。

时机

正如我们在前面章节中讨论过的那样，时机是确保你在股市中获得成功的关键。每位投资者必须形成一套自己的方法，可以回答这个问题——"什么时候我应该买进？"一旦某只股票达到磁体模型的基本要求，我就会融合几个增进时机的技术指标。这些指标包括移动平均线、随机数、平滑异同移动平均线、相对力量、交易量分析、内部人所有权和点数图。

最令人失望的结果之一是，在错误的时间购买一家大公司的股票——却不继续持有。这个结果就如同投资于劣等的公司一样：投资者损失资金。

一个磁体包含的这6个标杆是我通过接触和研究在我之前的最伟大

投资者而演变出来的。表11.1可以让你大致了解利用这些主要磁体选择标准每一项的影响和操盘手状况。

表11.1 磁体起源

磁体标杆	主要影响	目前影响/使用者
管理（M）	巴菲特，费舍尔	巴菲特
收益、收入和利润的加速度（A）是关键	磁体投资集团，奥肖内西	路易斯·纳维利尔，吉姆·柯林斯
增长率（G）必须要超过当前估值	格雷厄姆和多德，巴菲特	GARP，PEG
新的（N）产品或管理方法可能是驱动器	奥尼尔，勒布	
新兴的（E）产业或产品创造大量机会	奥尼尔，勒布，林奇	
时机（T）需要恰当	利弗摩尔，达维斯，勒布，德莱弗斯	斯波朗迪，斯坦·温斯坦，TCNet

来源：磁体投资集团。

磁体股票选择程序的基本内容

我们开发磁体股票选择程序，旨在分离和发现可以进行投资的最佳公司。我们花费了多年时间，用来开发一个使用专利的比率对公司排序的定量模型。我们使用定量模型来筛选那些根据这些独特投资风格表现出符合最佳价值、增长和动量标准的公司。顶线收入增长主导我们的模型，其后是利润边际加速度。对我们而言，排名很高的公司必须生成现金流，而同时还要以合理价格进行交易。这些公司肯定已经开始出现在某些人的雷达监控屏上，从而产生积极的价格动量。理想的情形是，我们也希望早点发现这些磁体股票，那时，经理人还在领取一般化的薪水，拥有一定比例的发行在外的股票。正是在公司成长阶段的这一时刻，管理层真正聚焦于做一些对公司最有益的事情。这就是在第 5 章讨论的 S 曲线上成长的甜蜜点。

各种独立的研究表明，磁体系统成功地适用于几乎所有的市场部门，同样重要的是，它还适用于市场的整个谱系，包括大市值、中市值和小市值的公司。我们的模型能够识别出这样一些公司，他们的财务正在快速增长，以相对于其增长率的折扣进行交易，而且正在积累中，由此显示出较好的潜在价格表现。然而，我们投资组合真正的高业绩表现来自几只能产生离群值收益的个别股票，而不是来自我们持有的全部股票。因此，磁体投资集团目前正通过我们的管理账户和资金从事磁体股票选择程序的实施过程。既然根据我们观察市场上只可能存在少数几家顶级公司，那么我们已经进行长达 25 年的研究项目就是要判定是什么因素使得一家公司比其他公司更具吸引力。我们定量调查这样的国内公司，他们正在体验定价权、加速的顶线收入增长、利润加速度以及加速的现金流——而不是偏执于"市场看起来怎么样"的成见——通过这种方法，我们就能识别出最佳的公司。如果市场继续抬高这些公司，而公司又持续在我们的模型上完全胜出，我们就会拥有他们的股票，直至他们的排名下降或者直至它们无法再证明自己是市场的领导者。悲观的环境下，比如我们在撰写本书时所面临的市场行情，恰好提供了最佳的购买时机。

磁体系统目标瞄准的是成长速度最快的公司，他们仍然以低于内在价值的折扣价格进行交易。这种类型的公司可能会享有强劲的收益增长。我们把这些公司称为"磁体"。他们往往能够刺激投资者做出反应，并且创造丰厚的回报。这种方法被设计用来在股票市场中分离出表现强劲的股票。它包括一个高效的自下而上的筛选和排序程序，该程序基于大量的基本面标准来对每个公司、行业和市场部门进行估值。在我们的程序上排名很高的公司通常都拥有一些共同的特征：

- 它们具有很高顶线收入增长。
- 它们是一个市场领域内的领导者。
- 它们通过自身增长进行内部融资。
- 它们具有稳健的会计方式。

驱动所有这些特征的最重要因素是这些公司都拥有一个良好的管理团队。我们甚至已经设计了一个用来评价管理的定量分析方法，以使这个重要因素不偏不倚。

我相信，有些公司的收入和利润边际正在以超出市场预期地加速增长，通过构建和管理一个涵盖这些公司的基本合理的投资组合，我们就可以实现超额的市场回报。我们为公司基本面设计了专利的衡量标准，其中的一些标准可以替代从公司财务数据中分析得到的收益业绩之类。因此，我们的磁体分析不会被报告的利润所误导，而是更直接地回应强劲的销售额、低的市盈率以及其他取自公司资产负债表的估价方法。

几年前，当我第一次引入磁体股票选择程序时，我认为这个筛选方法会得到普及。现在，大多数的股票市场软件包都包含这种特征。利用我们的筛选程序，可以把所有公司构成的总体很快归结为一个可操控的清单，以供进一步分析。投资者必须充分了解一家公司的资产负债表，从而创建适合于个性化操作的简单筛选方法。然后他们可以建立一套适合于他们操作的标准。你可以选择一套由不同项目组合的标准，比如一个最小收入增长水平、一个最大负债/股权水平，甚或若干连续性的年度红利增长数据。现在，个体投资者比大机构投资者具有明显的优势。他们可以识别出那些拥有强劲基本面的小公司，这些公司由于规模太小，尚未被较大的机构基金选中。一旦各家机构发现了这些公司，抬高它们的价格，你就可以获得真正的利润。你只要在自己的投资组合中配置几个这样的公司，然后耐心等待，就能获得与众不同的成果。一个人只要为发掘此类公司而继续做好自己的准备工作，他就会得到回报。你的成果不仅可以在财务上令你满意，而且在身心方面也令你得到满足。

分别从部门和市场资本总额两方面研究公司，这一点非常重要。例如，大市值交易与小市值交易不同，而且大部分部门本身是独特的。生物技术公司与公用事业部门不能直接相比。为了保持筛选目录井然有序，我们使用一个软件包，现在公众可以很容易获取。既然我根据我们专利的评分系统来管理各类基金，那么，关键的是要做到各家公司被安排在单独、分立的清单中。为了这个目的，我使用一个名为 TCNet 的项目，该项目在其类别中连续 12 年获得"年度软件"称号。我举例使用的许多表格都是直接来自于他们的制图系统，预置了我自己的各种指标。在本书的后面，我们为你提供了一个免费试用版。

我们试图控制波动性并继续创造高额回报的方法之一是，不断调整我们投资组合中的证券水平和某个特定部门中的公司集中水平。这一点可以通过在标准普尔 500 内示范使用磁体股票选择程序得到说明。首先，我们使用自己的程序对 500 家公司进行评级，并按照得分顺序排列。从这一步开始，我们采用几种方法之一。

- 我们可以采用的一种保守方法是投资 60 家顶级排名的公司。假如我们想减少波动性，那么我们可以添加约束条件，也即单个部门不可以代表投资组合的 30% 以上。
- 一个稍微激进的方法是投资于仅 35 至 40 家顶级排名的公司。我们预期的回报会得到大幅增加，但是波动性也随之增加。
- 一个更加激进的方法是投资于标准普尔 500 中仅 20 家顶级排名的公司。

显然，随着我们减少某个特定投资组合中的持股数量，这种方法就会继续进一步偏离相对业绩的方向，而更接近于提供一个更为绝对的收益。在这种情形中，我们持有的证券数量越少，这种做法明显就越会增加波动性水平，但是多出来的收益可以证明我们值得这样做。这种方法通过股票选择进行投资组合集中化，而不是简单地宽泛多样化。在附录中，我们收录了使用 MSSP 专门投资于标准普尔 500 中顶级排名的公司的正式回测。

磁体股票选择程序是一种定量分析方法，它从公司资产负债表的角度来评价公司执行其商业计划的能力。因此，该程序适用于所有部门和所有市场资本总额。该程序的长处在于，通过使用同一个系统，我们可以驾驭市场所有节段的资产，从最大的大市值公司到最小的可交易公司。我们并不专用于任何一个部门。我们的系统由于非常全面，因此具有很强的识别性。毕竟，按照我们的增长、价值和动量的测量标准，仅有少数几家公司能够在同一时间排名很高。我认为，我们这种更加集中化的投资组合会比广泛多样化的投资组合具有更大的波动性——在某段时间的某些时期内，上侧和下侧都存在波动性。因为有些人把月内波动性当作风险，他们可能会因为没有多样化而感觉不自在。那些不愿意招惹较高水平波动性的人只好被迫接受平庸的投资回报，这种投资回报可能最终无法达到他们的目标和财务需要。

总结

磁体股票选择程序是一种专利的方法，该方法融合了传统的增长、价值和动量策略的投资特征中的精华部分，以此识别最好的公司进行投资。一家公司为了保持未来增长所需的强劲现金流，它就必须显示出销售额、利润和现金流的增长。能够显示出这种强劲的顶线增长并且又能以良好的价值进行交易，这样的公司将会在我们的系统中排名很高。我们还需要看到我们所投资公司的价格升值或相对力量。增长、价值和动量，这些因素的融合在我们的专利业绩衡量标准中得以体现，然后被输入我们独特的排名程序，由此创建一个有次序的股票清单，用以构建投资组合。我们可以预期，顶级排名的磁体公司表现良好，排名较低的公司表现不佳。

磁体股票选择程序在本质上符合科学规律，在应用上具有实践意义。该程序从理论开始，经过充分回测，现在得到全面应用。尽管我们以独此一家而深感自豪,但是我们也使用几个外部的经济信息服务机构用来核实,同样重要的是,用来挑战我们的发现。在本章最后我们与你共同分享的当前磁体股票案例中,我收录了图形、表格和数据,这是使用多赛莱特、纳维利尔、市场评分者、股票诊断和每日图表制作而成的,以此作为额外的支撑。

多重因素方法的重要性

在2008年10月发行的《股权杂志》上出现了一篇非常有意思的文章,标题为"股票市场的定量观点",作者是标准普尔的理查德·托特里罗(Richard Tortoriello)。那篇文章讨论了他的一本信息极为丰富、研究极为充分的图书,书名为《实现阿尔法的量化策略》。在那篇文章中,托特里罗详细讨论了拥有多重因素方法的重要性。对我而言,他的文章读起来就像是对我们磁体股票选择程序的验证。用托特里罗的话说:

从定量分析的角度,价值和现金流生成是我们最有力的两个基础——估值和现金流因素应该包含在几乎所有的定量模型或筛选方法中。(托特里罗,2008a,15页)。

他接着说:

我们研究工作的一个主要结论是:基本面重要,估值重要,技术手段也重要。如果一个投资者想要在六个月至一年半投资视域内实现强劲的股票市场回报,那么他应当好好地考虑所有这三个因素。

理查德总结说:

上文提到并在我的书中详细描述的七个基本方面可以为投资者提供

一些策略，这些策略能够在这些重要领域中的所有三个方面都发挥作用。另一个重要的结论是，定量分析、定性分析和技术分析这三者并非毫不相干的学科领域，而是形成互相补充的学科——投资者如果能够从每一个学科都学到经验教训，那么他们就容易增强在股票中持续赚钱的能力。

我认为理查德的文章很有见地，因此就与他取得联系，想要听听他对多样化的看法。从我们的谈话中，我明显发现他在定量策略方面做了大量的研究工作，而他的思想被证实很有趣味。基于他的工作，理查德每次持股不超过20至30家公司。他另外又给出一个很棒的观点：定量筛选可以涵盖一次性的异常值。你可以看到某个相对于收益的一次性收费或利益，它是不可持续或具有误导性的。如果他能够把一种纯粹定量分析方法与一种定性复审方法结合起来，更好地了解各家公司，那么他还可以把投资组合进一步减少至只有15家公司。

过去的经验教训

最好的投资者做到卓然出众的其中一个原因是他们能够回顾过去，从自己的交易历史中学习积累。在职业生涯的早期，就有人提醒我不仅要从成功中学习，也要从错误中学习。艾尔·弗兰克（Al Frank）是一位传奇式的价值投资者，多年前他曾提醒我："你需要从自己获胜的交易中学习经验，同样也需要从失败的交易中吸取教训。"时至今日，我仍然甘当股票市场的学生。迄今你已经明白，我并不相信买进并持有，但是我也不想在市场中进行短期交易。我理想中的持有时期是永远，但遗憾的是，投资并不是按这种方式运作。一旦做出一项投资决定，我们就继续广泛监控这家公司。如果一家公司想要能够留存在我们的投资组合中，那么它就必须在磁体系统中持续保持很高的排名，而且需要继续显示强劲的相对力量。通常，市场会跑在基本面之前。一家公司尽管它的基本面上明显表现强劲，却可能会随着交易量增加而出现价格崩溃，释放出危险信号。下面列举的是我所经历的几个磁体，它们对我的启迪尤其明显。虽然我相信投资者需要从他们自己的经历中学习，但是从他人的经历中学习一些教训也是有所助益的。

在购买每只股票的时候，我会设立一个恪守勤勉档案，这种档案能够为我提供一个回顾和分析购买期间公司状况的机会。当我重温这些档案去寻找案例时，我碰到了许多理念，愿意在这个章节与你共同分享。基本上，我所做的本质工作是需要在跟踪磁体系统时忘掉自我。通过采用止损策略，我能够毫不犹豫地做出一项购买决策，因为我并没有豁出全部的投资进行冒险。多年来，我曾经买进和卖出数百家公司的股票。下面的实际交易案例来自我的旧档案，其中包括了一些当时我散发给活跃客户的原始票据。请记住，许多理念并不一定效果都很好。

虚拟优化（CyberOptics）（股票代码：CYBE）

1995年，也即在我的职业生涯早期，CYBE显示在磁体排名的顶端。这个微型的公司拥有加速增长的收益、利润和收入，但是它尚未被其他很多人发现。请注意该公司所有权的1%被各家基金所拥有以及发行在外的股份数量极少。公司的相对力量突然突破新的高点，我喜爱这家公司的产品（图11.2）。

当我增加仓位时，你可以看到，我在信笺抬头上要求我的公司开始买卖股票。交易量依然很小却正在增长，收入和收益也是如此。几个季度以后，这只股票在《投资者商业日报》的《评论周刊》中排名第一（图11.3）。

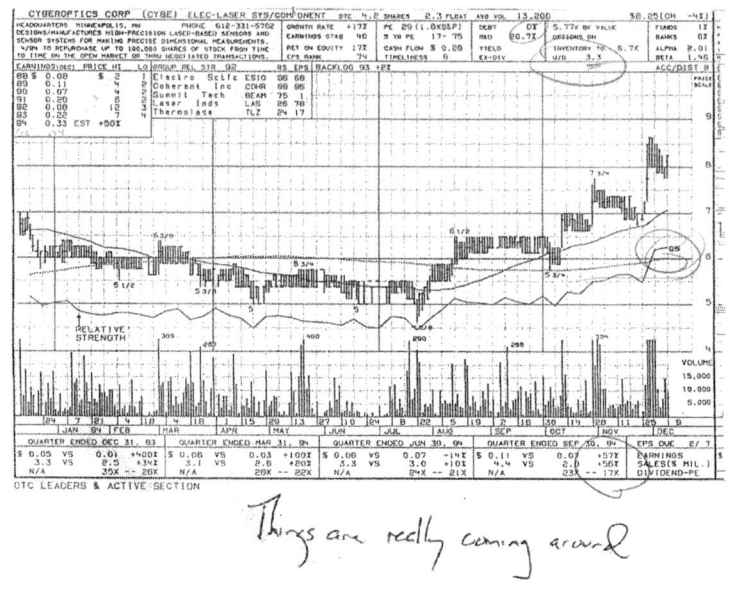

图 11.2　虚拟优化推荐

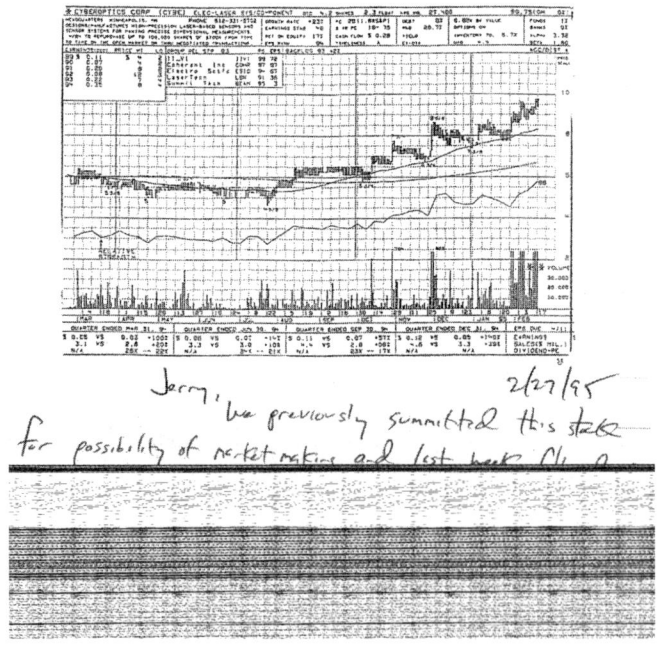

图 11.3　虚拟优化后续票据

虚拟优化（CyberOptics）是我的第一批大赢家之一。它当时除了拥有所有健全的财务，还拥有一个传奇的故事。微型化是一种强力的新型商业应用，而他们公司是一个领导者。由于我的许多客户不断打电话询问我们何时可以获取利润，结果我获取利润的时间太过匆忙。由于我们在股市获得成功，我们几次返回并成功从事这只股票交易。现在，我仍然关注该公司是否会出现另一次移动（图11.4）。

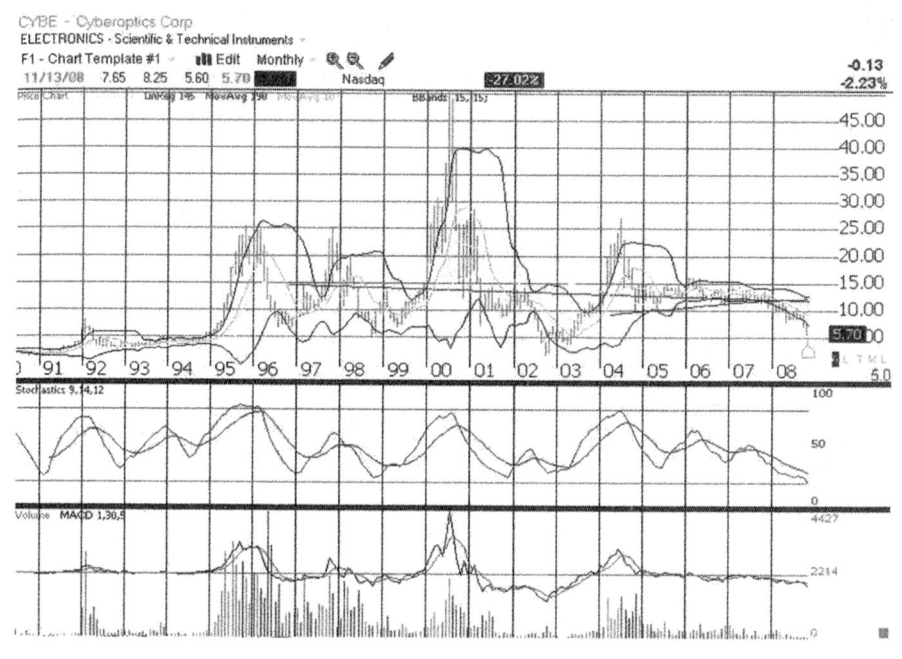

来源：TCNet Telechart。

图11.4 虚拟优化近况

假如你购买并持有这只股票，时间从我们最初发现它直至今天，你恐怕一分钱也挣不到。要让我继续投资于一家公司，那么我需要把基本面与技术指数进行综合分析。

博彩伙伴国际公司（GPIC）

GPIC 从进入点开始就为我的客户提供了丰厚的利润。此前，相较于其他股票，我更加深入地关注这只股票。因为我不想眼看着桌子上的大把金钱不赚就匆忙离开，并且因为这家公司完全支配了他们的利基行业，所以我准备一直持有该公司股票，直至它被众人发现为止。图 11.5 显示的是在我的多塞莱特点数图文件夹中的一张原始图表，它表明，在一段长时间的巩固之后，一个牛市趋势中出现了第一个卖出信号。第一个卖出信号几乎总是导致一个新的高点，而本案例中的这个高点出现的时间恰好是保尔森博彩公司（Paulson Gaming）成为一只顶级排名的磁体股票的时候。该公司后来改称博彩伙伴国际公司（Gaming Partners International Corp.）。从这个大约 4 美元的买进点开始，该股票继续移动了 6 倍。

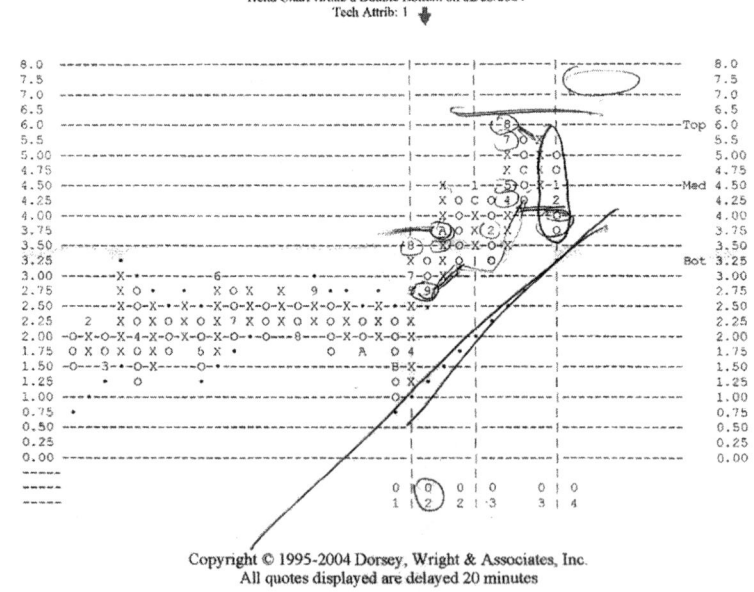

来源：多赛莱特联合公司。

图 11.5　博彩伙伴国际公司的买进信号

第 11 章 磁体系统：统揽一切

尽管我的结论是这是一个买进并持有的案例，但是它还给我上了沉重的一课，让我学会了一家公司在磁体系统中排名不再很高时我该如何应对（图11.6）。

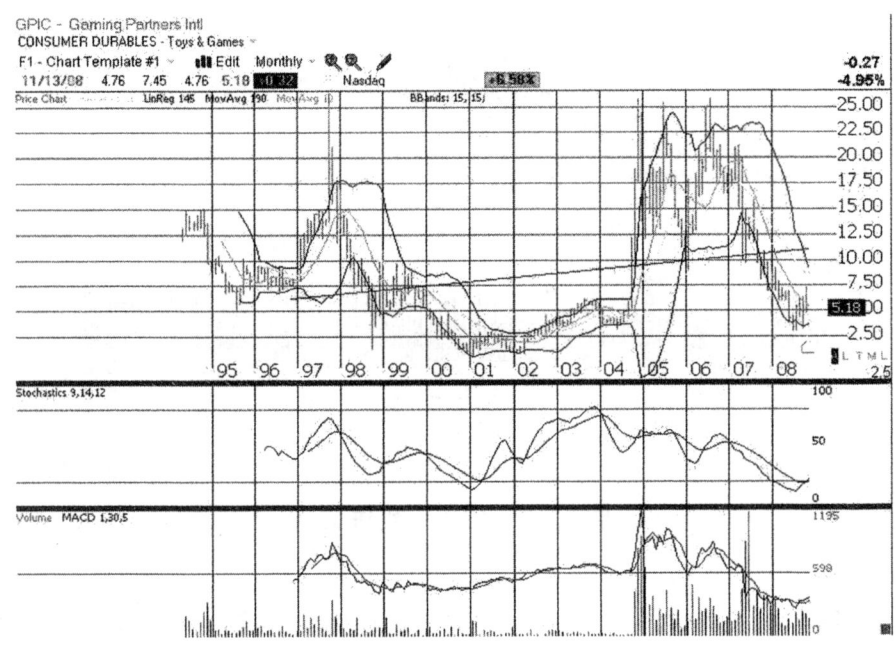

来源：TCNet Telechart。

图 11.6 处于长期持有中的博彩伙伴国际公司

中欧分销商（Central European Distributors，CEDC）

就在2002年熊市靠近底部的时候，CEDC出现在磁体清单的顶端。请注意该公司的巨大收入和收益增长。利润正在加速，这一点没有在《投资者商业日报》的图表中显示出来。《投资者商业日报》的一个更加昂贵的补充服务确实反映出这一点。还需要注意的是，当时各家机构对该公司的股票持有量很小。相对力量全年都在攀升，现在突破新的高点，浮动（float）在这个时期非常微小（图11.7）。

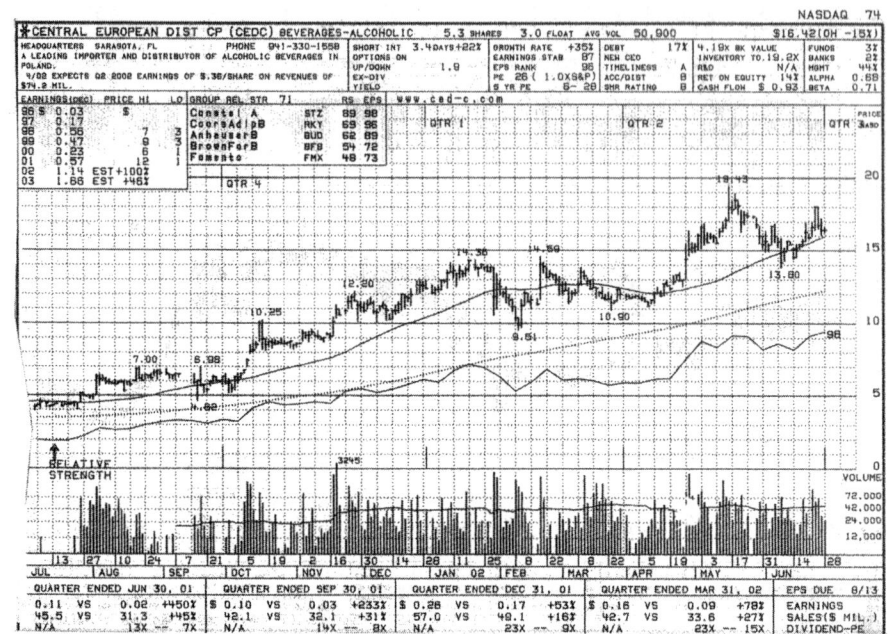

来源：每日图表公司。

图 11.7　CEDC 买进信号

多年来，CEDC 一直是一只令人难以置信的股票。当你看到股票都能像 CEDC 那样产生大量的收益，你就可以明白使用跟踪止损带来的好处和复合投资的神奇。你只需要拥有几只这样的赢家股票，就可以体会到生成平庸回报与无须再为资金担心这两者之间具有天壤之别（图 11.8）。

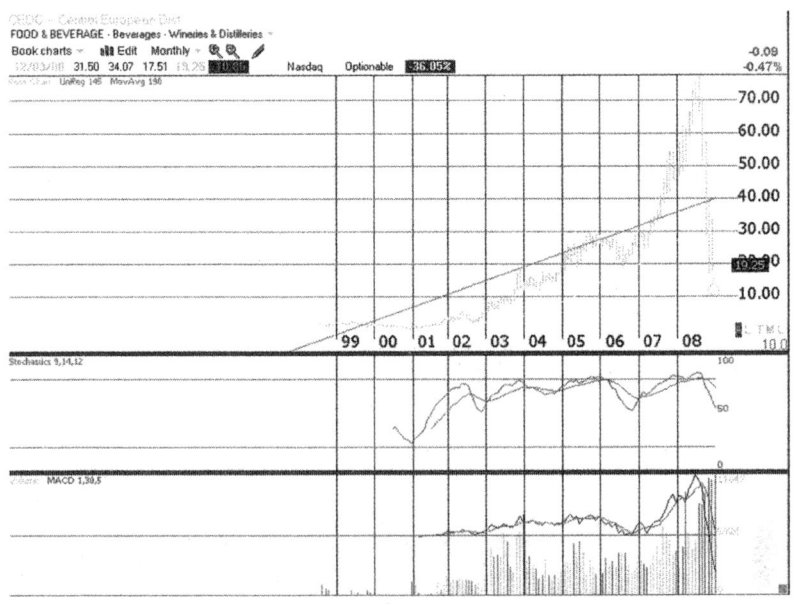

来源：TCNet Telechart。

图11.8 CEDC的长期上行跑动

艾利斯查莫斯能源（Allis-Chalmers Energy）（ALY）

此时，对这家小市值石油服务公司而言，收入、利润和收益都在加速增长。你可以看到，相对力量正在突破新的年度高点，一小部分股票处于浮动状态，公司获得《投资者商业日报》的AAA评级，而且公司具有相对于自身的增长而言适度的价格/收益比率。当50日移动平均线交叉穿过200日移动平均线时，这只股票也生成一个移动平均线买进信号——这种情形将吸引技术购买者（图11.9）。

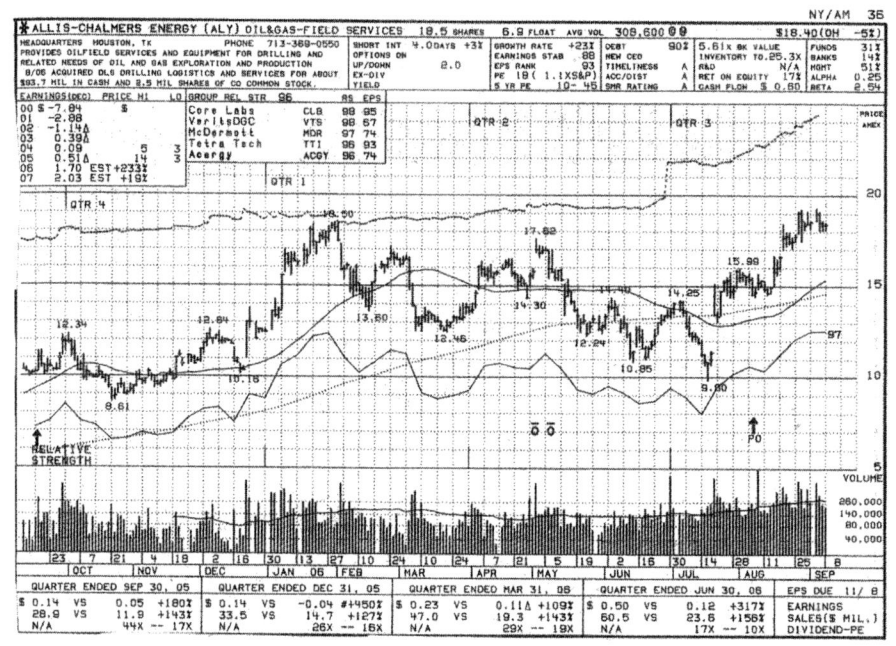

来源：每日图表公司。

图 11.9 艾利斯查莫斯能源买进信号

我们很难看清楚图 11.10 中显示的月度图表，但是 ALY 的波动性正在变得更大。我看到一个大交易量逆转，磁体排名已经下降。这些信号都表明我们需要决定卖出。在我职业生涯的这个时刻，我已经学会让自己不能爱上任何一家公司。在我卖出的时候，这个部门的各种消息充斥着牛市气氛，令人难以置信。一个提示：股票崩溃的时间远远在关乎该公司或其行业的坏消息之前。在撰写本书的时候，石油价格正在骤跌回到每桶 40 美元，而就在几个月以前其价格还在每桶 150 美元戏要（图 11.10）。

第 11 章　磁体系统：统揽一切

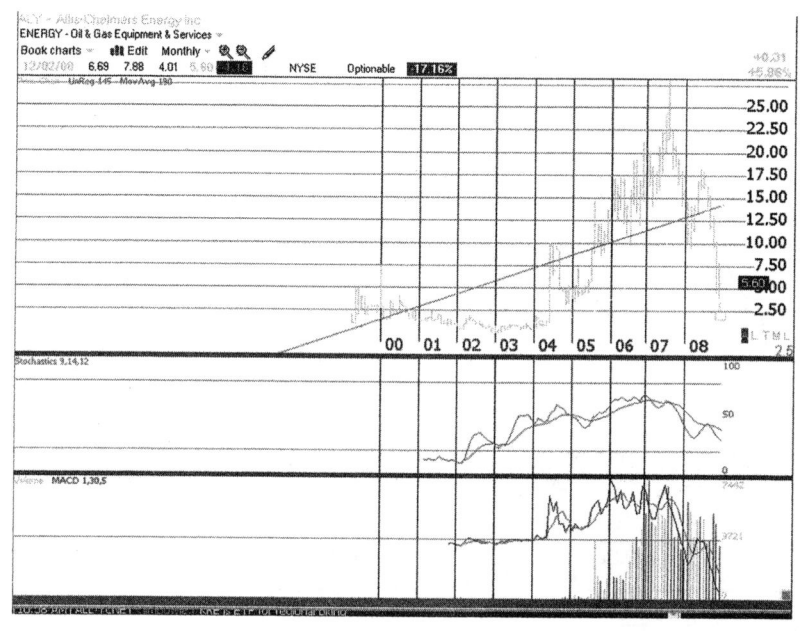

来源：TCNet Telechart。

图 11.10　艾利斯查莫斯能源近况

家得宝（Home Depot）（HD）

观察长期图表可能具有非常大的启发意义。虽然现如今 HD 是一个家喻户晓的名字，但是从 1980 年代中期至 1992 年，该公司股票在一次大幅度的跑动之后进行巩固，那么多年期间它一直处于侧向移动。自从该股票从它的基部开始出现，现在它又处于平静期，为另一次大幅度跑动做好准备——事实上，它确实又出现了一次大幅度跑动（图 11.11）。

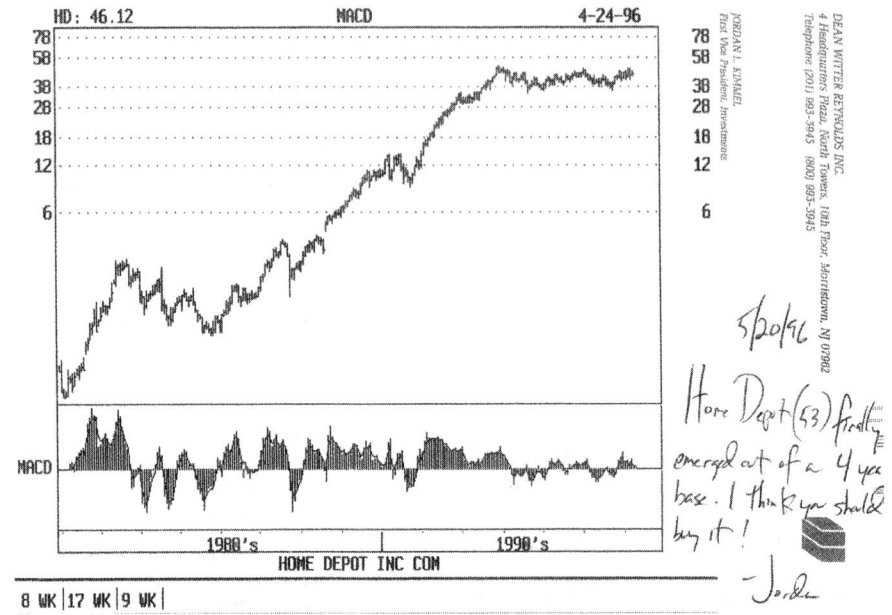

来源：远程扫描。

图 11.11　家得宝的长时间跑动

　　经过几年的巩固之后，家得宝（Home Depot）向上侧进行爆发性移动。一旦一只优质股票突破了多年的基部，投资者通常就会惊诧于这次移动的幅度（图 11.12）。

　　好公司未必总是产生满意的投资结果。进行基本面与技术指标的综合分析很关键。请注意，一旦这种剧烈的移动得以完成，该股票就会再一次大幅度下降。一旦一个上行趋势被中断，你就不要再把优质公司混同于良好的投资。

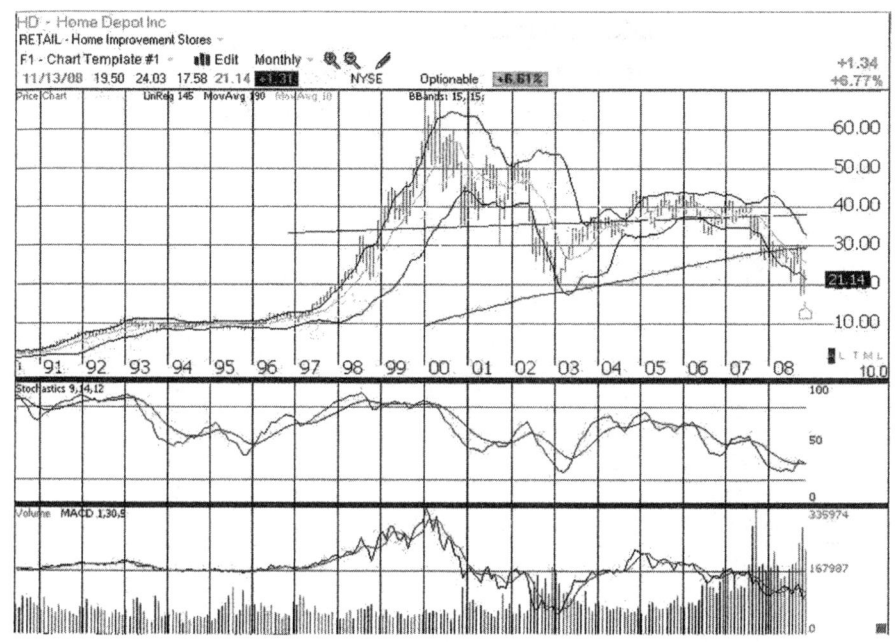

来源：TCNet Telechart。

图 11.12　家得宝近况

美国实验室公司（Laboratory Corp of America）（LH）

这是我在 2000 年后期回顾的多塞莱特点数（P&F）图。我经常回顾所有的交易，你可以从我的原始票据中看到，我对我们卖出太过匆忙感到非常失望。我喜欢保留投资组合中每只股票的点数图（图 11.13 和图 11.14）。

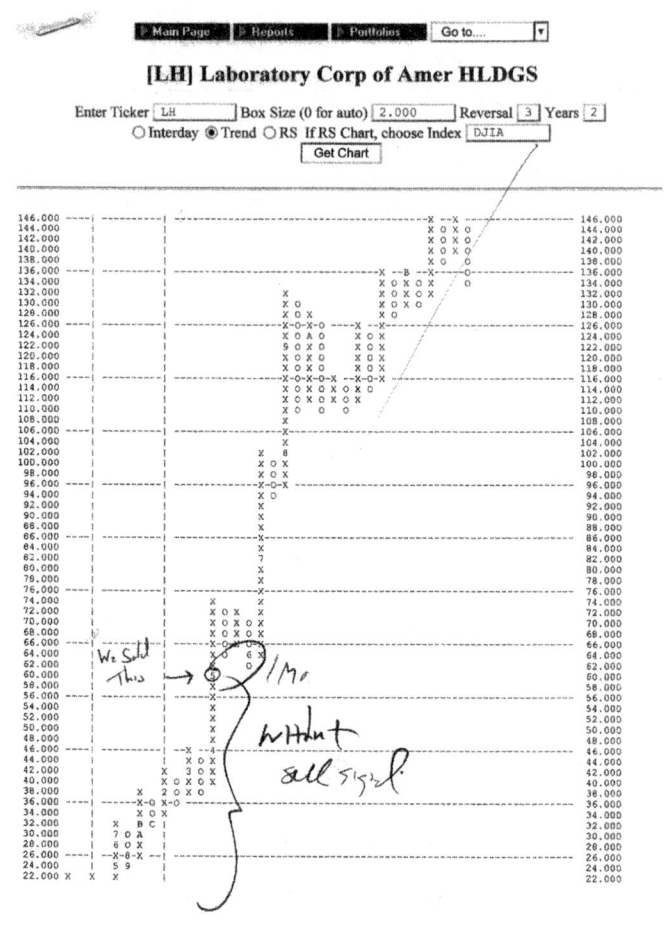

来源：多赛莱特联合公司。

图 11.13　美国实验室公司的卖出信号

南秘鲁铜业公司（Southern Peru Copper）（PCU）

这幅《每日图表》的图表显示的是我们在磁体股票中寻找的基本面。请注意，与我们用以说明 PCU 销售的长期图表相对比，这只股票已经被分割了几次。随着收入和收益增长，同一年内有两次红利增长——这是一个真正强劲的信号。这对我们而言是一个绝对的赢家。我们收集了大量的红利，并且设定一个跟踪止损。当最终被止损离场时，我们感到非常沮丧，因为这种感觉就像我们失去了一位老朋友（图 11.15）。

第 11 章 磁体系统：统揽一切

The result
We took a very nice gain with Laboratories & Research, but ultimately left a lot on the table. A strong uptrend had begun, but again my itchy trigger finger prevented me from an even bigger gain.

The Lesson
Sometimes our Magnet scores drop while a stock is being discovered. Even though our numbers were dropping, it was a result of "piling in" by other investors rather than the fundamentals deteriorating.

I am comfortable setting trailing stops and holding a stock in these cases, as the magnitude of an upside move surprises even me once the big boys find your company.

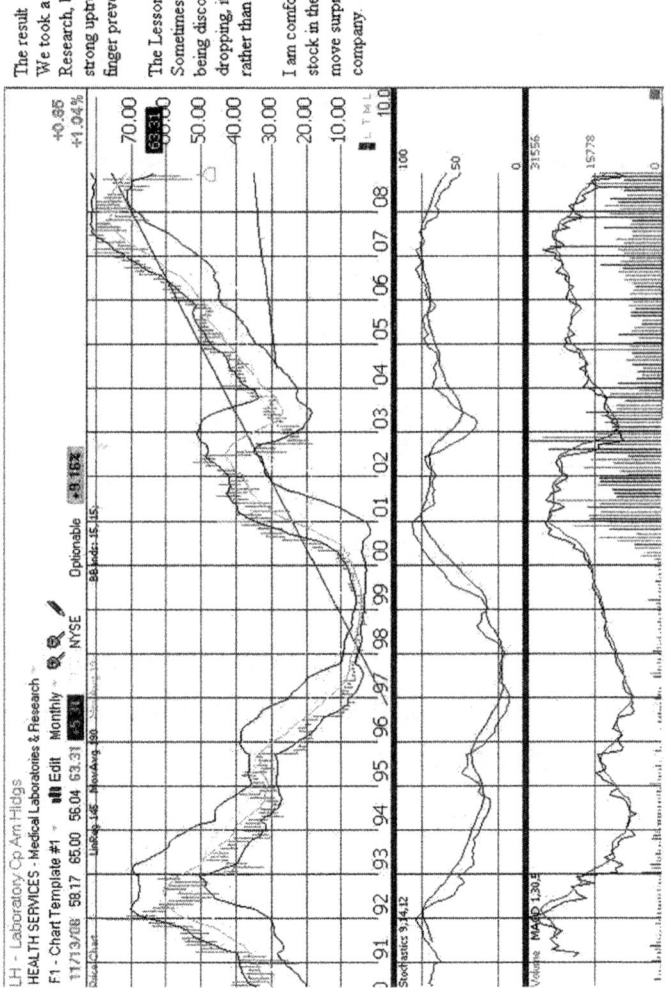

图11.14 美国实验室公司近况

来源：TCNet Telechart。

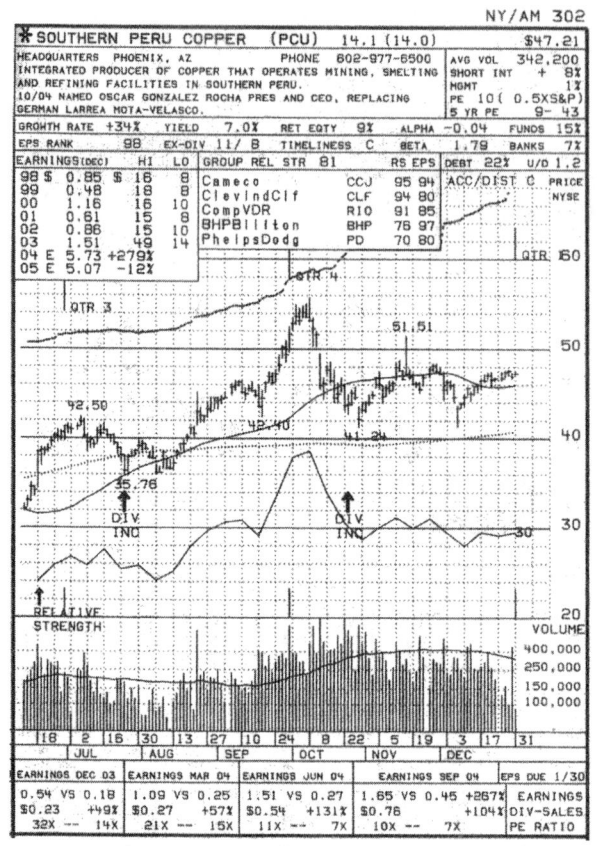

来源：每日图表公司。

图 11.15　南秘鲁铜业公司基本面

一旦 PCU 在磁体系统中停止了排名，它最终就会经历剧烈的价格下跌，注意到这一点之后，我开始比以往任何时候都信奉我们的程序。你绝不能爱上某一只股票（图 11.16 和图 11.17）。

第 11 章 磁体系统：统揽一切

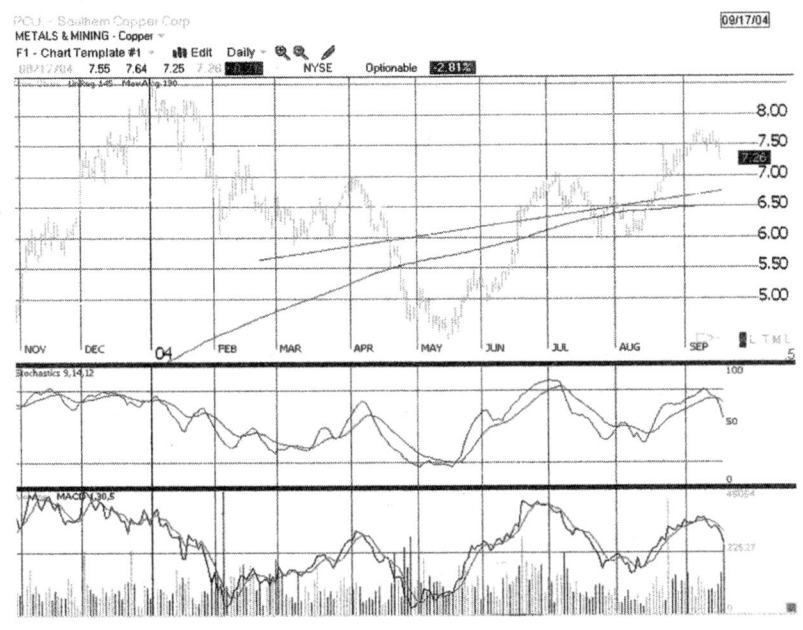

来源：TCNet Telechart。

图 11.16 南秘鲁铜业公司买进信号

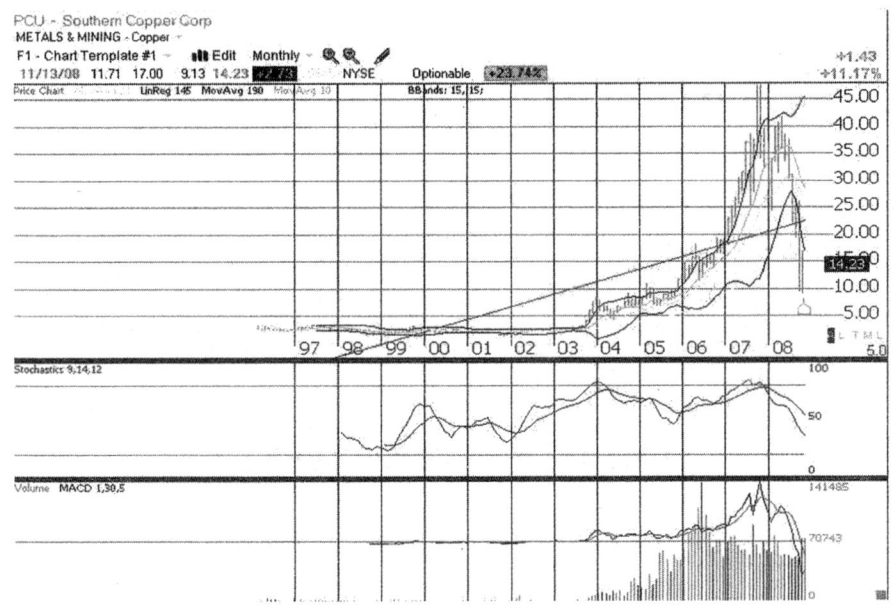

来源：TCNet Telechart。

图 11.17 南秘鲁铜业公司长期趋势，卖出

第一马波海德（First Marblehead）（FMD）

FMD 的设定和进入点看起来几乎完美无缺。因为该公司表现出相对于其价值较大的收益增长、非常高的内部人所有权、低债务以及强劲的相对力量，所以它是此时磁体排名最高的公司之一。图表底部强调的一系列内部人销售使我感到很棘手，但是非常高水平的内部人所有权仍然令人印象深刻。对磁体股票来说，季度销售持续下滑是不同寻常的（图 11.18 和图 11.19）。

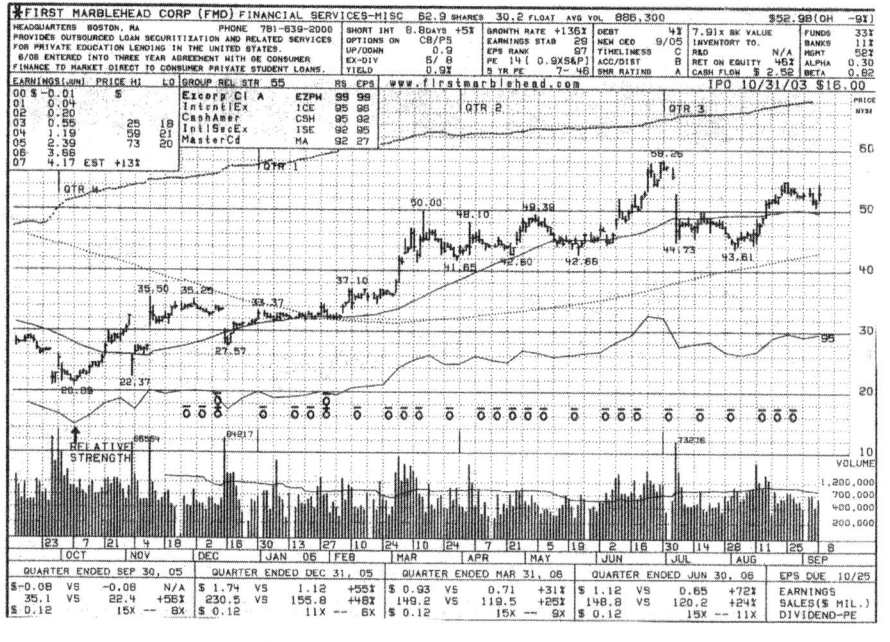

来源：每日图表公司。

图 11.18 第一马波海德买进信号

第 11 章　磁体系统：统揽一切

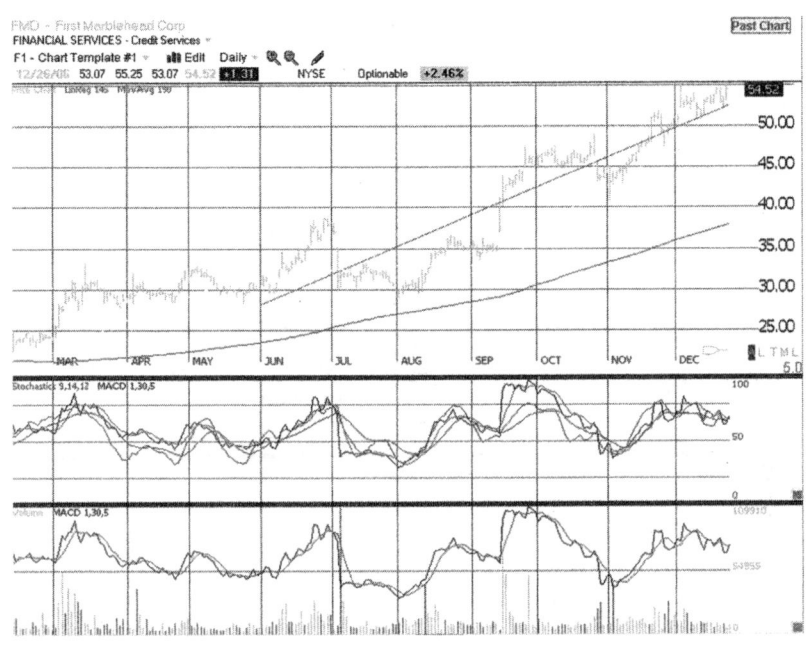

来源：TCNet Telechart。

图 11.19　第一马波海德最初的攀升

仅在一份收益报告之后，FMD 在磁体排名中就大幅下滑。还有，伴随着收入进一步下降的是利润边际下降。有趣的是市盈率更低，而分析师预计下一年的收益将会增长。股票价格从我们购买之时几乎没有变化，但是，该股票磁体排名的急剧下滑迫使我们卖出。这家公司牵涉到学校贷款的证券化，在我们卖出后很短的时间内它将会很快损失超过 90% 的价值。我没有办法看到即将被揭露的信用危机。幸运的是，现在我已经学会，当我们看到磁体排名中出现大幅度或突发性的下降时，就绝不要再固守任何一只股票（图 11.20 和图 11.21）。

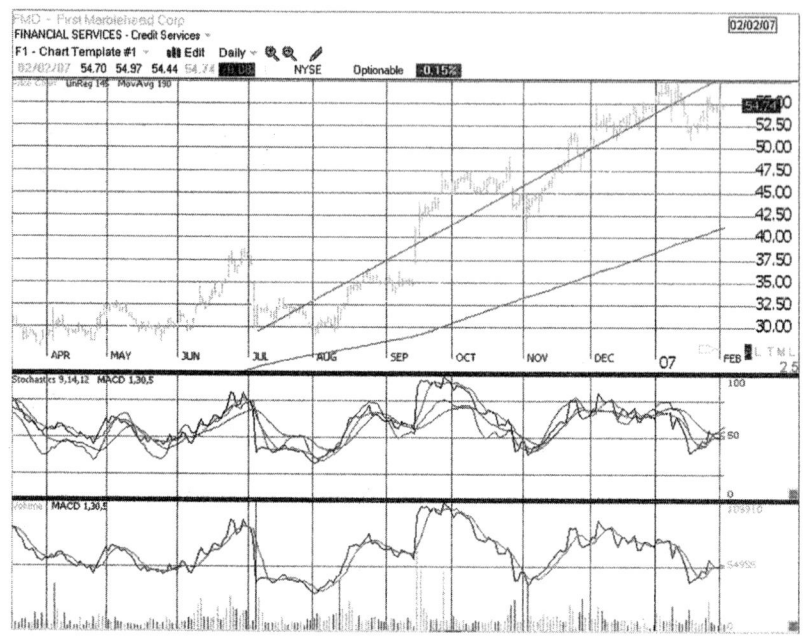

来源：TCNet Telechart。

图 11.20　第一马波海德卖出信号

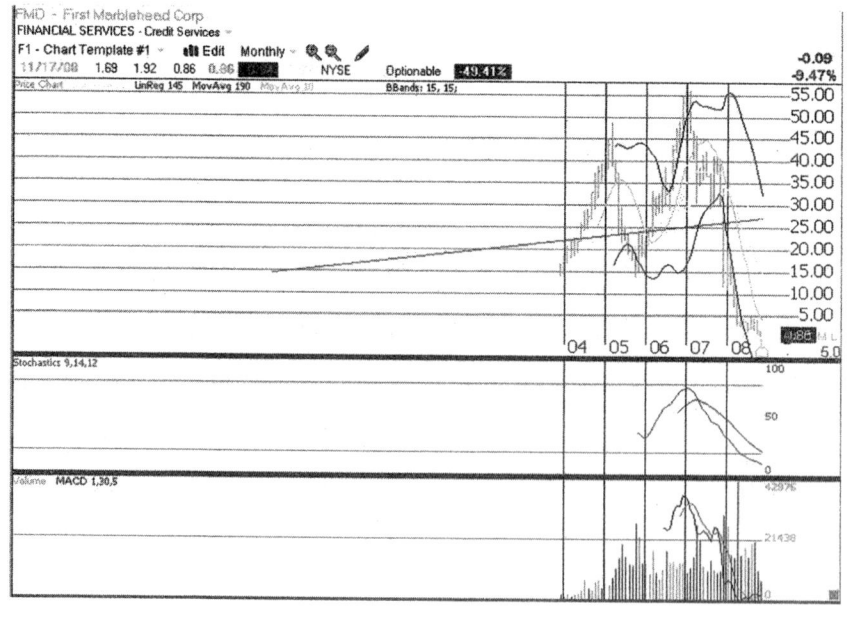

来源：TCNet Telechart。

图 11.21　第一马波海德暴跌

里克酒店（Rick's Cabaret）（RICK）

在 2008 年 3 月的磁体排名系统上，RICK 是排名最高的公司之一。该公司完全没有受到华尔街的跟踪。它拥有出色的销售额、收益和利润，并且每一项都在加速增长。尽管增长的大部分是通过并购而取得，但是只要利润正在增长，并购一般是有益、增值的。再者，由于我使用了止损，一旦一家公司在这个时期显示与 RICK 一样的级别，我就会相信该系统并且开始买进（图 11.22）。

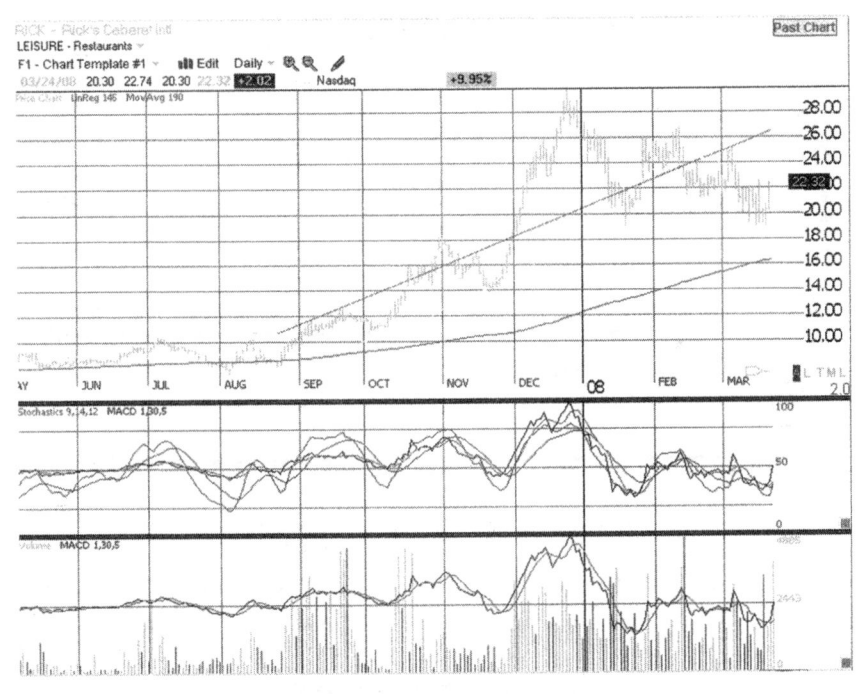

来源：TCNet Telechart。

图 11.22 里克酒店图表

买进 RICK 的几个星期内，在一个很不错的收入报告之后，该股票以大交易量抛售。尽管事实是磁体系统中该股票的动量因素走得较低，但是由于公司拥有非常雄厚的收益数量，所以股票在磁体中的总体排名依然很高。毫无例外的是，我们被迫以稍多于20%的亏损离开市场。我使用一个相当自由的20%止损水平，这是因为我不想只是由于微小的价格移动就遭受拉锯之痛并失去一个股票头寸。还有，我使用可以自我触发的心理止损，而不是像做市商那样使用真实止损。对任何具有市场实战经验的人而言，其理由是显而易见的（图11.23）。

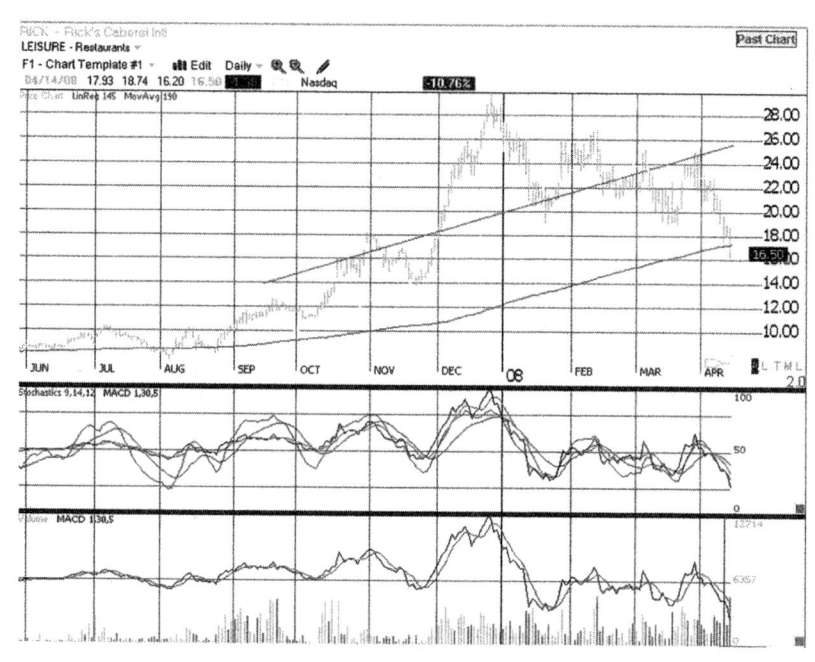

来源：TCNet Telechart。

图11.23　里克酒店抛售

RICK股票在我们止损离场后不久就平稳下来。巧合的是，我在一次有我发言的会议上遇见该公司的创始人兼CEO，我对他本人和我的所见所闻都印象深刻。因为RICK排名仍然很高，我又购回股票。

第 11 章 磁体系统：统揽一切

记住，只是因为你是止损离场，这并不意味着当该股票仍然具有你意欲寻找的所有东西时你就不能回头。结果是，我们又一次止损离场！这一次我把止损设定得更靠近一些，因为先前发生抛售的交易量太大。

在我们卖出之后，股票价格走得更低。在本书付印的时候，我无法确定问题是出在该公司身上，还是这只是源于一个讨厌的市场环境，但是这一点并非十分紧要。大型的亏损可能是源自 101 个不同的原因。我只是想要规避它们，而止损可以在那里阻止它们（图 11.24 和图 11.25）。

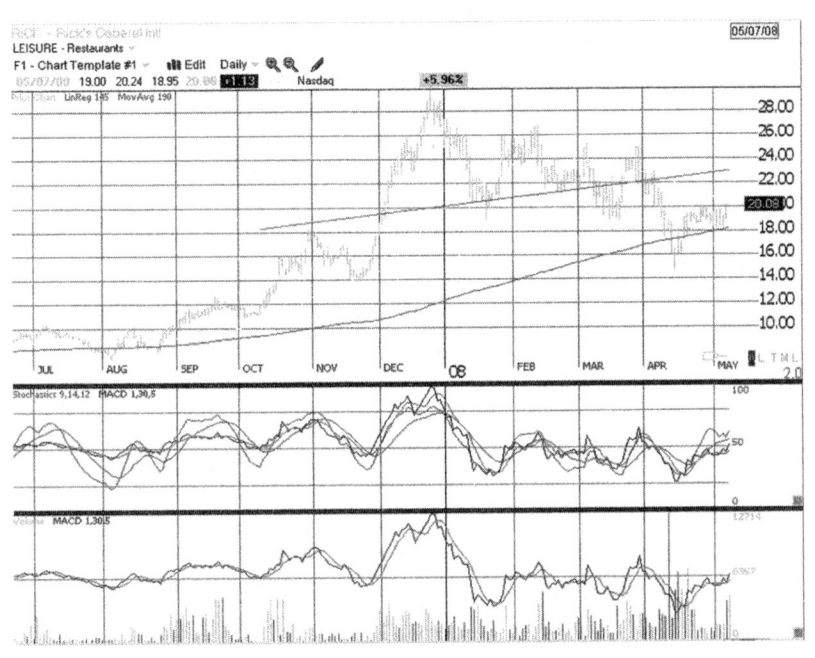

来源：TCNet Telechart。

图 11.24　里克酒店回购

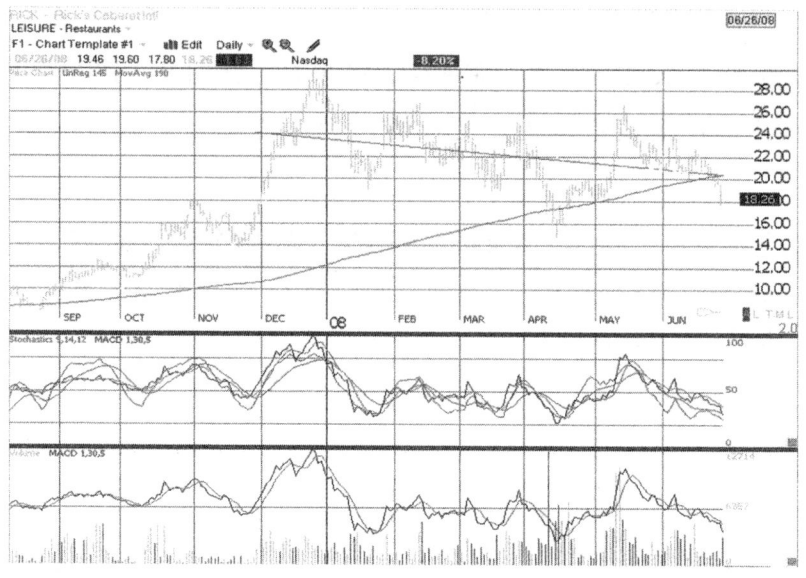

来源：TCNet Telechart。

图 11.25　里克酒店再次止损离场

顶级排名的磁体股票

在本书的前面章节，我揭露了资产配置和多样化的问题与缺陷。在这一章，我给出一个解决方法：使用一个诸如磁体之类强健的定量股票选择程序，并且情愿在投资组合中持有较少的公司股票。我在本书中的目标遵循的思想程序是"授之以渔"而不是"授之以鱼"。然而，我在传媒的工作经历提醒我，如果不分享"今天的顶级排名磁体股票榜"就离开演播室，没有人乐意我这样做。

作为本书的结尾，我收录了本书付印时根据磁体股票选择程序排名得出的 40 只排名最高的股票清单。我另外附加了一个步骤，通过第二次复审并剔除了那些不符合我们相对力量标准的顶级排名股票，把投资组合减少至仅有 20 只顶级磁体股票。作为股票市场的一名学生，如果未来我能看到这 20 只股票清单（表 11.3）的业绩优胜于 40 只股票清单（表 11.2），那将会饶有趣味。我希望如此。（另请参见路易斯·纳维利尔的数据，他的数据来源于 NavellierGrowth.com。在表 11.4 中，2009 年 4 月 15 日，纳维利尔对我们的 20 只顶级排名股票进行了分析。）

第 11 章　磁体系统：统揽一切

表11.2　磁体投资集团顶级排名的40只磁体股票（2009年4月15日）

公司	代码	部门	磁体增长率	年度销售率	季度销售率	营业利润	边际加速度	价格/销售	价格/收益	机构持有%市值（百万美元）	总磁体得分
兰德黄金资源	GOLD	基础材料	81.9	522.3	1898.7	12.1	1.77	33.0	67.2	2,914	797
艾铂	EBIX	技术	97.6	63.7	67.1	15.782	3.69	12.8	14.6	246	760
智利矿业化工公司	SQM	基础材料	141.1	43.0	79.1	12.283	3.53	13.9	11.7	5,935	710
贝泰克斯能源信托	BTE	能源	110.7	147.2	165.9	4.9	1.28	5.8	27.5	1,466	655
波米亚盆地皇家信托	PBT	能源	N/A	79.8	90.2	0.289	7.26	N/A	14.1	816	645
卓越海洋运输	EXM	运输	216.5	273.8	435.6	7.325	0.20	0.6	85.0	114	610
斯泰潘	SCL	基础材料	254.0	23.4	27.7	0.584	0.28	18.7	71.0	436	610
威仕	VSEC	工业生产	37.8	69.5	75.4	-0.028	0.18	9.4	45.6	170	593
快斯克制药	QCOR	卫生	3688.1	259.9	57.5	46.362	5.95	11.9	71.3	568	590
普尔斯马特	PSMT	零售/批发	120.8	25.6	26.5	3.88	0.36	10.2	42.0	404	575
血管方案	VASC	卫生	309.9	16.4	15.9	17.325	1.93	40.1	15.9	114	563
大地氮肥	TNH	基础材料	N/A	55.0	83.1	26.458	2.13	6.8	9.3	1,868	561
美洲护理用品	ANCI	卫生	196.9	211.4	124.9	N/A	2.37	53.1	26.2	120	558
联合银行	UBB	金融	477.6	72.5	157.5	0.236	1.33	18.9	33.1	17,945	558
大众家庭	IIIN	工业生产	82.5	18.3	42.5	3.734	0.48	3.9	85.6	171	558
科尼金融方案	AFAM	卫生	27.9	46.3	81.2	3.563	1.96	23.3	60.2	357	553
指南针矿业	KRNY	金融	105.6	-5.1	-1.5	-2.008	8.83	127.7	14.1	900	548
凯迈食品	CMP	基础材料	125.8	47.3	68.5	3.894	1.64	14.7	94.8	1,815	548

名称	代码	行业									
凯迈食品	CALM	主要消费	136.4	42.1	15.2	9.582	0.64	4.1	98.7	600	545
集成系统	ISYS	技术	53.0	31.0	14.0	2.036	2.56	25.8	92.6	411	538
巴西电讯	BTM	公用事业	N/A	76.4	359.0	6.614	0.26	14.6	5.5	2,062	533
瓦可能源	EGY	能源	64.1	80.8	57.5	-10.795	1.93	9.5	65.2	367	530
世界燃料服务	INT	能源	37.6	61.7	51.1	-0.06	0.05	10.9	88.1	1,062	528
人生伴侣控股	LPHI	金融	N/A	60.7	35.9	10.692	4.91	20.7	24.4	424	510
西南能源	SWN	公用事业	137.0	102.3	124.2	2.424	5.33	24.0	91.2	11,795	500
英国石油普拉德霍湾	BPT	能源	N/A	18.1	40.5	0.029	6.93	N/A	12.5	1,511	497
万众基因	MYGN	卫生	267.2	101.3	45.0	54.601	7.61	39.8	95.3	2,733	492
美盛	MOS	基础材料	400.0	85.9	114.7	14.326	1.11	4.6	33.7	13,483	490
克劳福德	CRD.B	商业服务	N/A	8.3	9.0	0.569	0.51	N/A	25.2	569	474
萨斯喀彻温钾肥	POT	基础材料	238.7	84.6	134.5	18.984	2.09	6.4	83.0	18,798	470
梅多瓦利	MVCO	建筑	42.8	10.5	10.6	1.12	0.23	8.4	57.6	52	453
泰图互动	TTWO	其他消费	192.6	57.0	109.6	10.344	0.63	8.1	91.4	943	453
英国石油阿莫科	BP	能源	85.2	41.5	43.6	1.398	0.44	5.0	19.6	170,269	448
萨拜因家信托	SBR	能源	N/A	39.2	62.9	1.305	7.21	N/A	7.4	614	445
前景资本	PSEC	金融	65.1	97.3	128.9	8.004	3.73	5.4	29.3	373	444
费舍通讯	FSCI	其他消费	344.5	6.0	1.7	15.533	1.16	6.9	74.6	196	437
艾希科技	AXYS	技术	38.3	26.6	39.9	2.917	3.38	33.6	89.8	776	436
安联集团	AZ	金融	80.8	-28.4	4.3	2.346	0.39	0.5	2.6	37,274	436
康担格石油天然气	MCF	能源	N/A	449.2	409.7	39.0	5.0	N/A	71.4	884	436
电讯系统	TSYS	技术	N/A	27.4	48.3	7.696	1.96	24.7	65.6	348	430

来源：磁体投资集团。

第11章 磁体系统：统揽一切

表11.3 磁体投资集团顶级排名的20只磁体股票（2009年4月15日）

公司	代码	部门	磁体增长率	年度销售率	季度销售率	营业利润	边际加速度	价格/销售	价格/收益	机构持有%市场市值（百万美元）	总磁体得分
兰德黄金资源	GOLD	基础材料	81.9	522.3	1898.7	12.1	1.77	33.0	67.2	2,914	797
艾铂	EBIX	技术	97.6	63.7	67.1	15.782	3.69	12.8	14.6	246	760
智利矿业化工公司	SQM	基础材料	141.1	43.0	79.1	12.283	3.53	13.9	11.7	5,935	710
波米亚盆地皇家信托	PBT	能源	N/A	79.8	90.2	0.289	7.26	N/A	14.1	816	645
卓越海洋运输	EXM	运输	216.5	273.8	435.6	7.325	0.20	0.6	85.0	114	610
威仕	VSEC	运输	37.8	69.5	75.4	-0.028	0.18	9.4	45.6	170	593
普尔斯马特	PSMT	工业生产	120.8	25.6	26.5	3.88	0.36	10.2	42.0	404	575
血管方案	VASC	零售/批发	309.9	16.4	15.9	17.325	1.93	40.1	15.9	114	563
大地氮肥	TNH	卫生	N/A	55.0	83.1	26.458	2.13	6.8	9.3	1,868	561
美洲护理用品	ANCI	基础材料	196.9	211.4	124.9	N/A	2.37	53.1	26.2	120	558
联合银行	UBB	卫生	477.6	72.5	157.5	0.236	1.33	18.9	33.1	17,945	558
指南针矿业	CMP	金融	125.8	47.3	68.5	3.894	1.64	14.7	94.8	1,815	548
世界燃料服务	INT	能源	37.6	61.7	51.1	-0.06	0.05	10.9	88.1	1,062	528
万众基因	MYGN	卫生	267.2	101.3	45.0	54.601	7.61	39.8	95.3	2,733	492
美盛嘉吉	MOS	基础材料	400.0	85.9	114.7	14.326	1.11	4.6	33.7	13,483	490
萨斯喀彻温钾肥	POT	基础材料	238.7	84.6	134.5	18.984	2.09	6.4	83.0	18,798	470
英国石油阿莫科	BP	能源	85.2	41.5	43.6	1.398	0.44	5.0	19.6	170,269	448
安联集团	AZ	金融	80.8	-28.4	4.3	2.346	0.39	0.5	2.6	37,274	436
电讯系统	TSYS	技术	N/A	27.4	48.3	7.696	1.96	24.7	65.6	348	430

来源：磁体投资集团。

表11.4 路易斯·纳维利尔对顶级排名20只磁体股票投资组合的专业分级，投资组合等级B（2009年4月19日）

投资组合等级B		总股票等级	定量等级	基本面等级	销售增长	运营利润增长	收益增长	收益动量	收益意外	分析因子收益修正	现金流	股权收益
American Careso	ANCI	A	A	B	A	C	A	B	F	D	B	A
Allianz SE (ADS)	AZ	C	C	C	D	D	D	D	D	D	B	B
BP PLC (ADS)	BP	D	D	C	F	C	D	D	B	D	C	A
CMP Compass Mineral	CMP	C	C	B	A	A	A	B	F	D	B	A
Ebix Inc.	EBIX	A	A	B	A	A	A	B	C	C	A	A
Excel Maritime	EXM	D	D	B	A	A	A	F	A	F	A	A
Randgold Resour	GOLD	B	A	C	D	C	C	D	B	A	C	C
World Fuel Serv	INT	A	A	B	F	A	A	B	B	A	A	B
Mosaic Co.	MOS	D	D	C	F	A	D	D	F	D	A	A
Myriad Genetics	MYGN	A	A	B	A	C	C	C	B	A	B	A
Permian Basin R	PBT	D	F	B	C	B	B	C	C	D	A	A
Potash Corp. of	POT	D	D	B	A	A	A	D	F	D	A	A

第 11 章 磁体系统：统揽一切

续表

投资组合等级		总股票等级	定量等级	基本面等级	销售增长	运营利润增长	收益增长	收益动量	收益意外	分析因子收益修正	现金流	股权收益
B												
PriceSmart Inc.	PSMT	D	D	B	B	A	A	D	C	C	C	B
Sociedad Quimic	SQM	A	A	B	A	A	A	A	C	C	C	A
Terra Nitrogen	TNH	B	B	C	C	A	C	D	C	C	C	A
Tele Communicati	TSYS	A	A	B	A	A	B	F	B	B	A	B
Vascular Soluti	VASC	B	B	B	B	C	A	A	C	C	A	B
VSE Corp.	VSEC	A	A	B	A	C	B	B	C	C	A	A

来源：NavellierGrowth.com。

此时是构建投资组合的一段特别有趣的时间。在熊市凌厉、沉痛的打击下,很少有股票能显示出任何相对力量。我们正处于去杠杆化的状态,共同基金和对冲基金都在发生大规模赎回。因为价值已经大幅下跌,所以此时可能是投资的绝好时机,尽管如此,正是由于一些公司的相对力量太弱,它们可能会被忽视。当我鼓励投资者在投资前尽可能全面地研究一只股票或一个投资组合时,我也收录了我们 20 只股票投资组合中每一家公司的分析,这些分析是由我们订阅的其中几家服务机构提供的,他们大方有度,允许我们翻印其成果(图 11.26 至图 11.83)。

这 40 只股票组合和 20 只股票组合最初产生于 2008 年 12 月 1 日。当我们于 2009 年 4 月中旬完成这本书时,我希望尽可能地更新清单中的投资组合。我们采用与管理活跃基金同样的方法替换了 5 只股票。从 20 只股票组合中移除的 5 只股票公司代码是 ISYS、CBST、FSYA、QCOR 和 AFAM——它们当时的排名都已经胜出,但是后来要么排名下降,要么失去了相对力量,因此被排名更高的磁体股票所取代。这个投资组合的期限是从 2008 年 12 月 1 日至 2009 年 4 月 15 日,在此期间,该投资组合下跌大约 1%,而标准普尔 500 下跌超过 10%。

我需要提醒你的是,当前这个清单并不是一组产品推荐或购买清单。尽管我有一些经历,但我不是一个分析师,正如有些合规官(compliance officer)喜欢提醒每个人那样。市场在变化,磁体排名变化更快。我期望这个清单上的公司能够做得很好,但是我还要再次提醒你,排名变化频繁,任何市场都没有保障。最后,正如我们各吃各的饭食一样,我管理的多个基金已经投资于这个清单上的很多公司。随着时间的流逝,我将会只持有那些能够连续在磁体系统中排名很高的股票。在实践中,我们允许磁体股票选择程序每月取消选择和重新选择投资组合内的股票。做好你自己的功课,有利可图的投资就在前方!

第 11 章 磁体系统：统揽一切

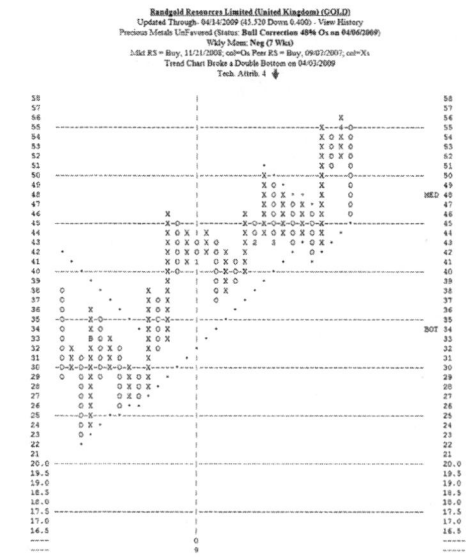

来源：多赛莱特联合公司。

图 11.26　兰德黄金资源有限公司

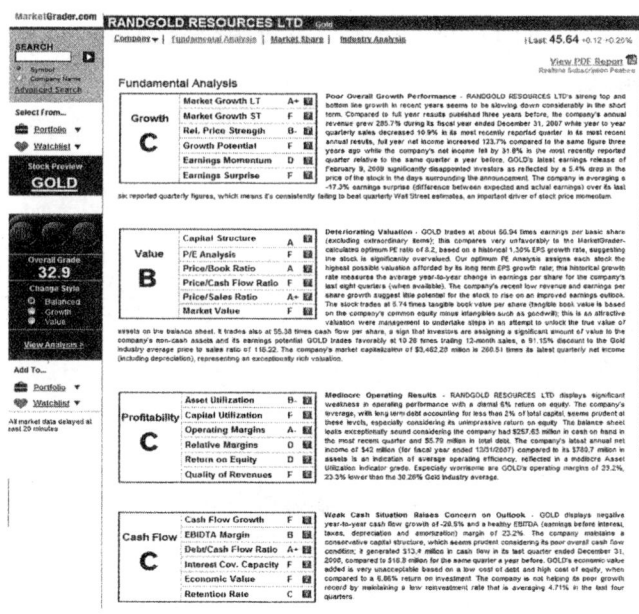

来源：MarketGrader.com。

图 11.27　兰德黄金资源有限公司

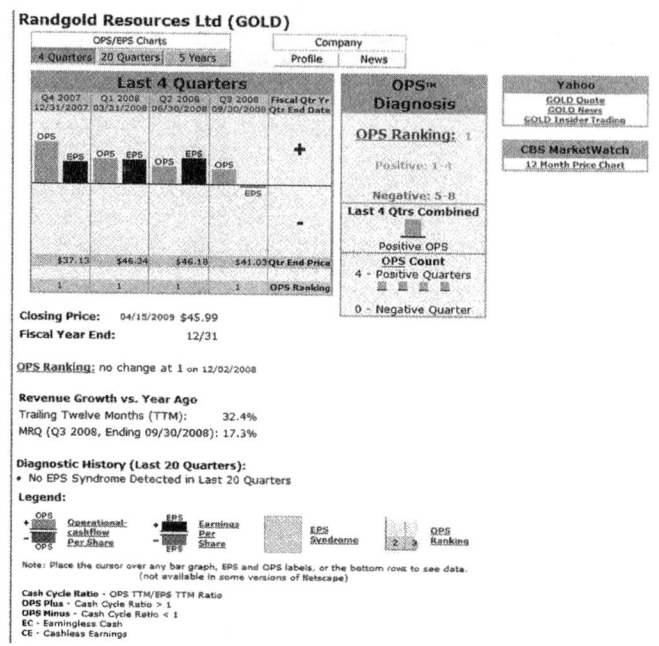

来源：StockDiagnostics.com。

图 11.28　兰德黄金资源有限公司

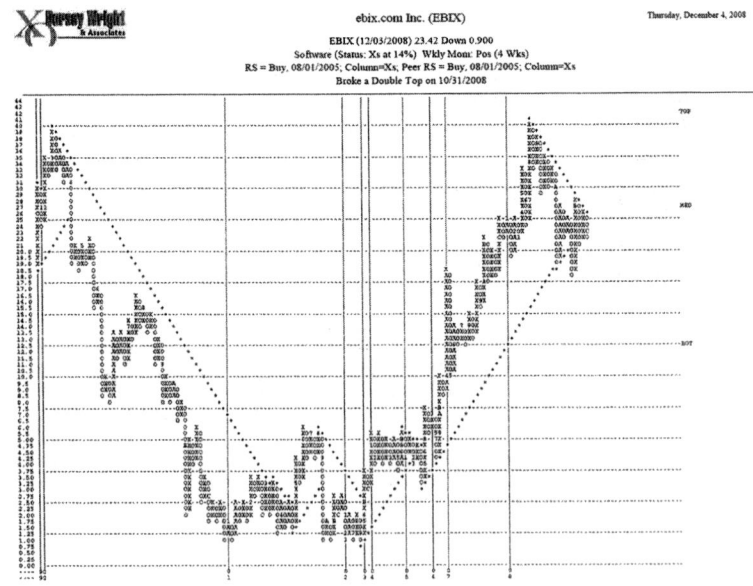

来源：多赛莱特联合公司。

图 11.29　艾铂公司

第 11 章 磁体系统：统揽一切

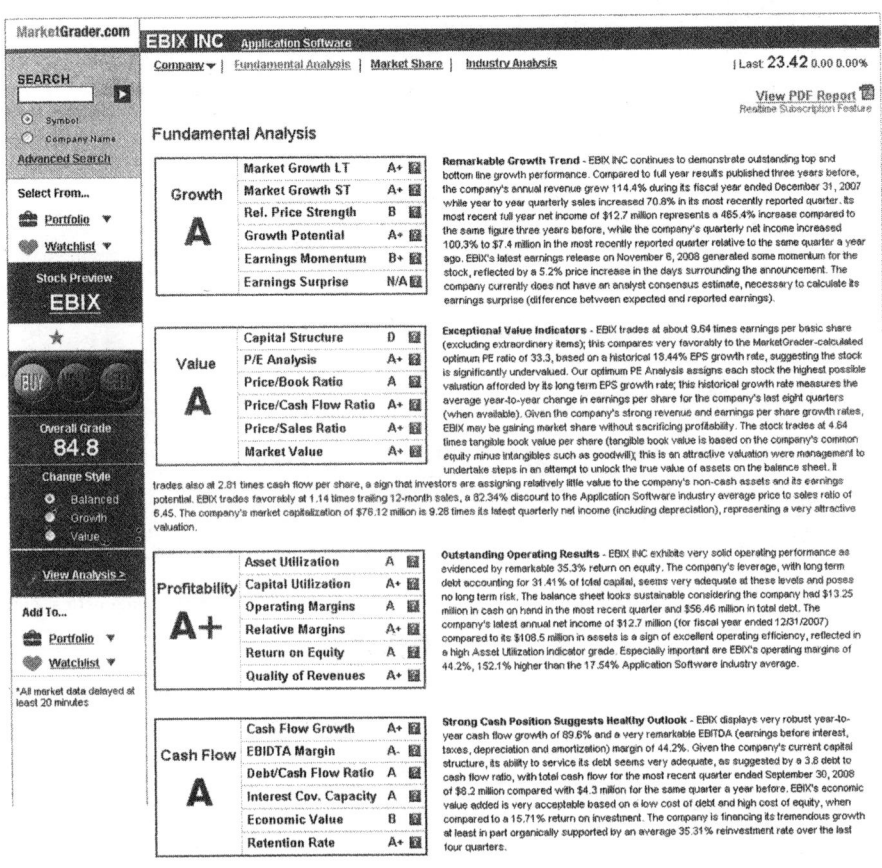

来源：MarketGrader.com。

图 11.30 艾铂公司

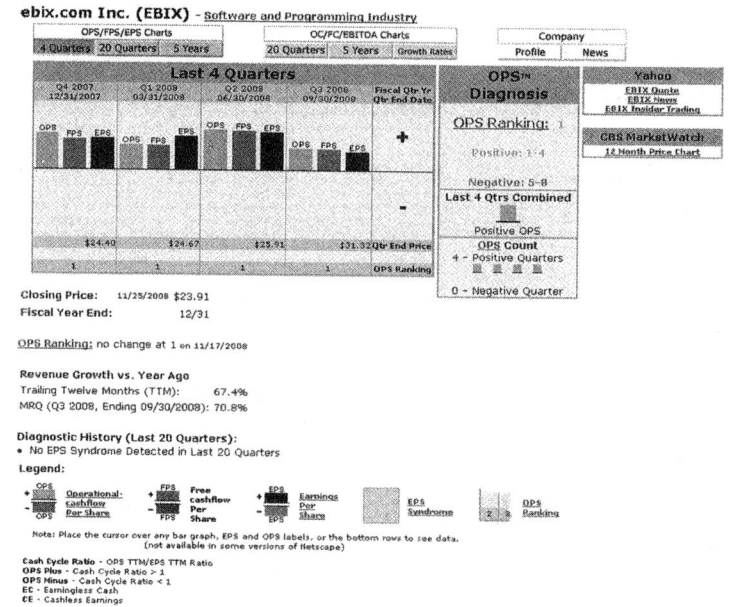

来源：StockDiagnostics.com。

图 11.31　艾铂公司

来源：多赛莱特联合公司。

图 11.32　智利矿业化工公司

第 11 章 磁体系统：统揽一切

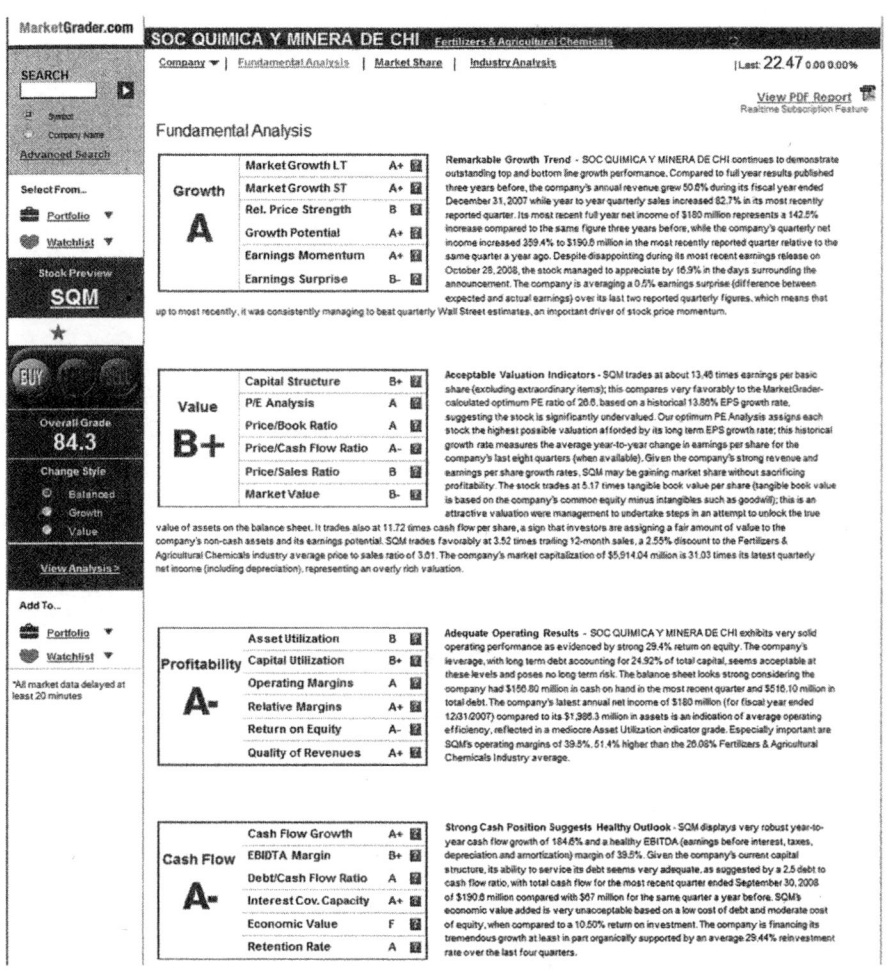

来源：MarketGrader.com。

图 11.33　智利矿业化工公司

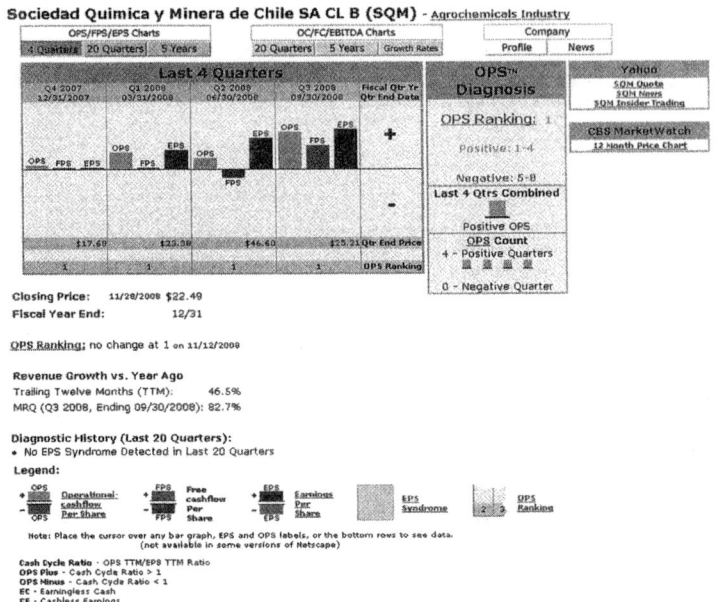

图 11.34 智利矿业化工公司

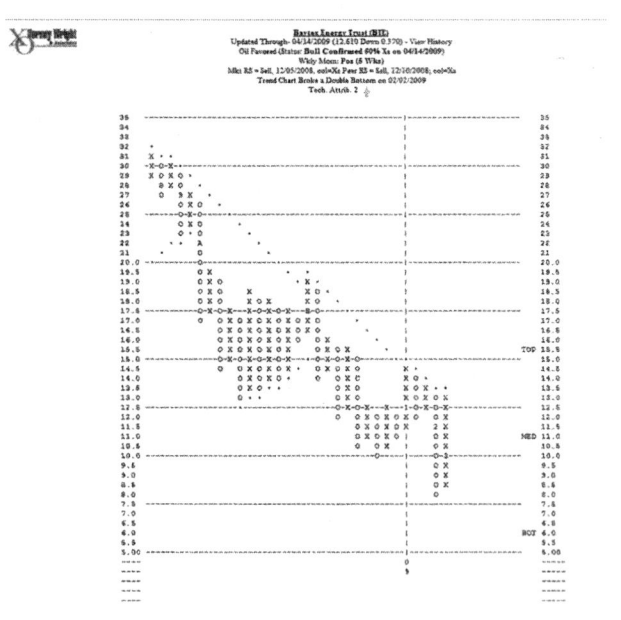

图 11.35 贝泰克斯能源信托公司

第 11 章 磁体系统：统揽一切

来源：MarketGrader.com。

图 11.36 贝泰克斯能源信托公司

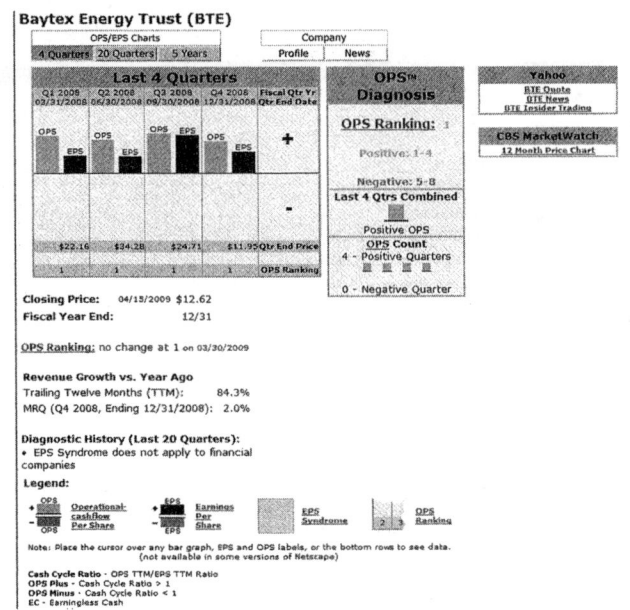

来源：StockDiagnostics.com。

图 11.37 贝泰克斯能源信托公司

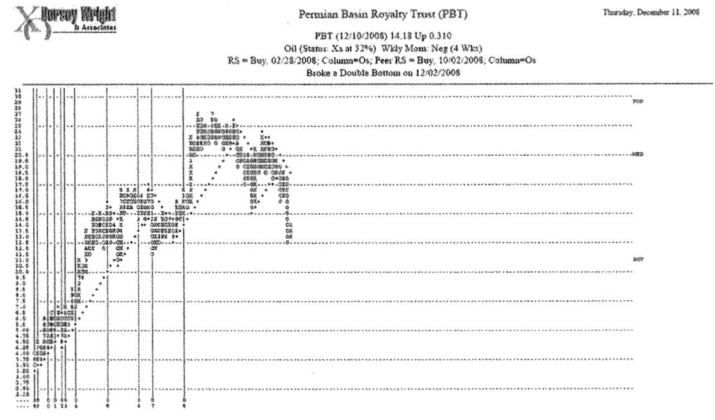

来源：多赛莱特联合公司。

图 11.38 波米亚盆地皇家信托公司

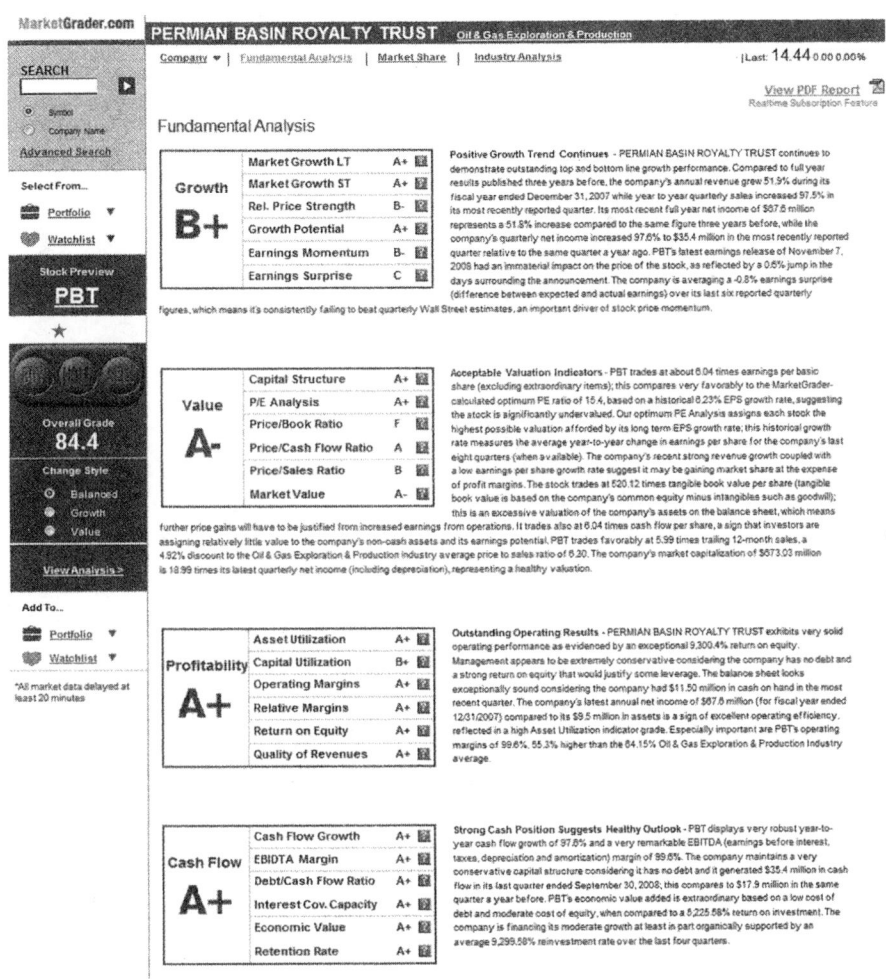

来源：MarketGrader.com。

图 11.39　波米亚盆地皇家信托公司

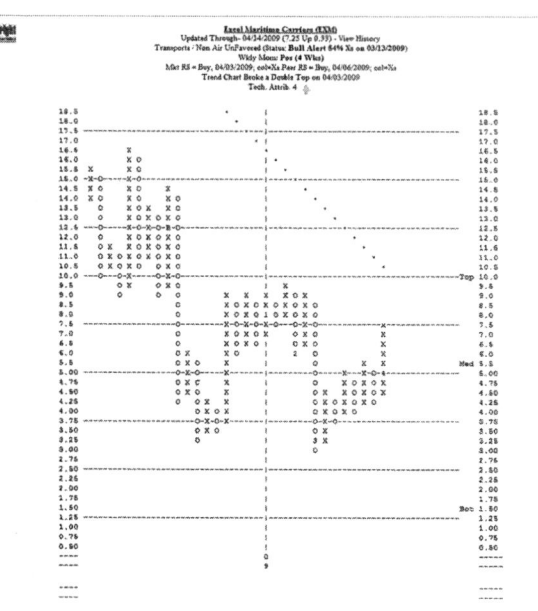

来源：多赛莱特联合公司。

图 11.40　卓越海洋运输公司

第 11 章 磁体系统：统揽一切

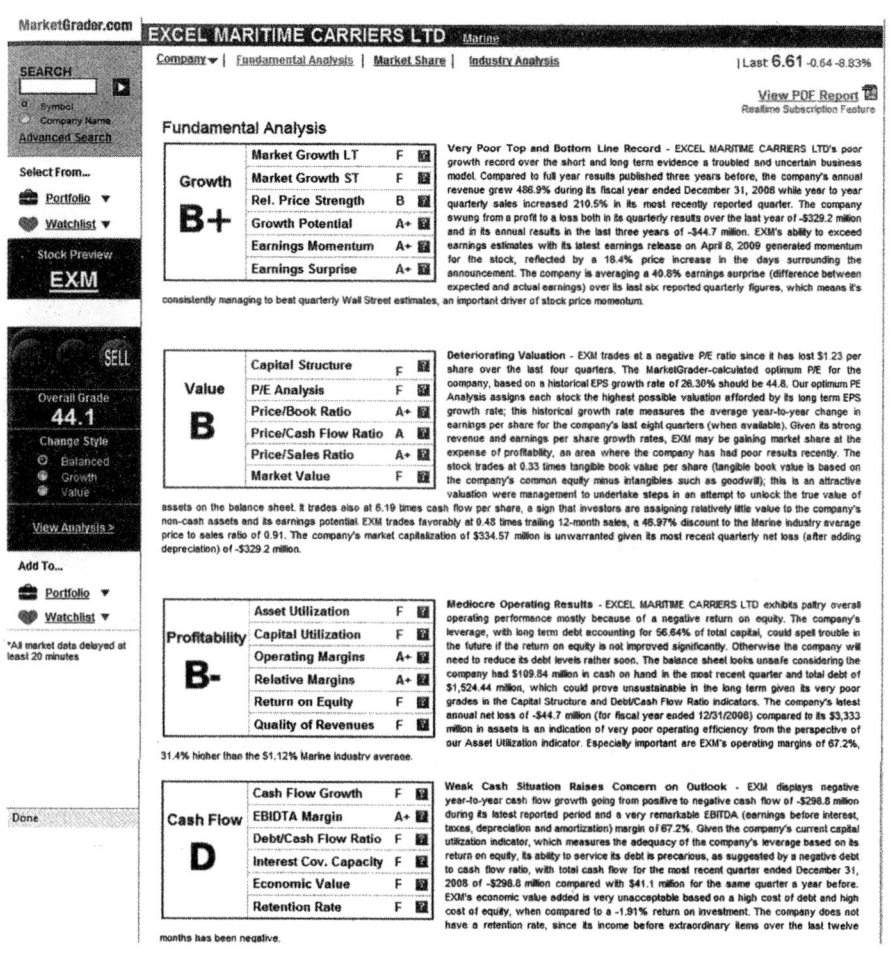

来源：MarketGrader.com。

图 11.41 卓越海洋运输公司

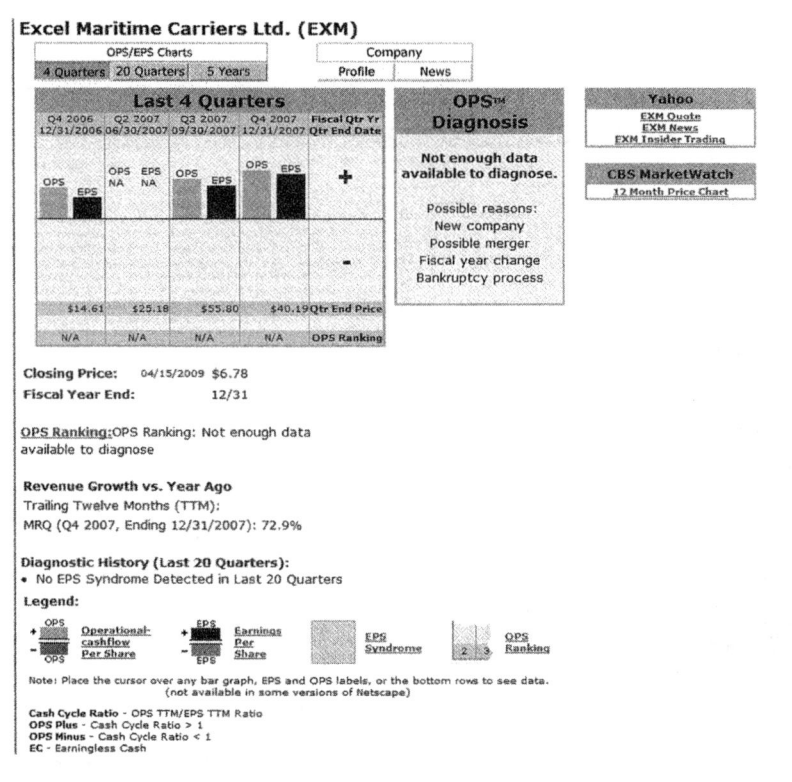

来源：StockDiagnostics.com。

图 11.42　卓越海洋运输公司

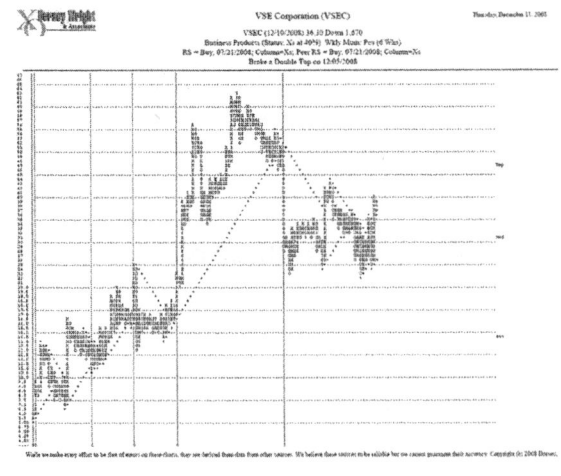

来源：多赛莱特联合公司。

图 11.43　威仕公司

第 11 章 磁体系统：统揽一切

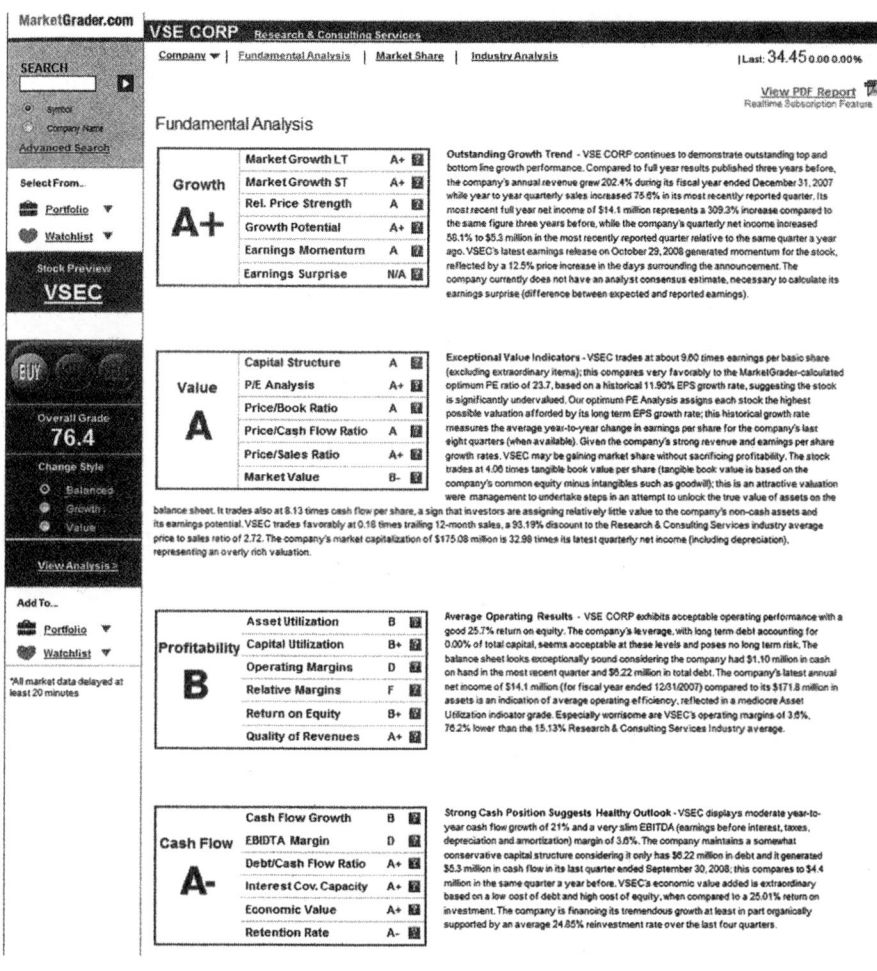

来源：MarketGrader.com。

图 11.44 威仕公司

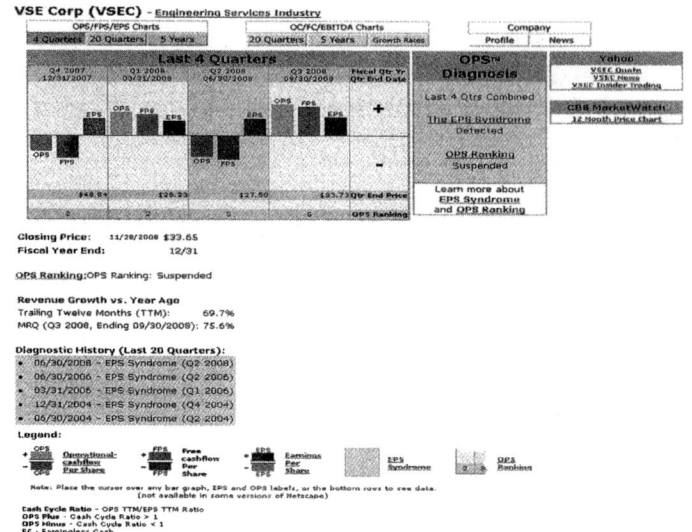

来源：StockDiagnostics.com。

图 11.45　威仕公司

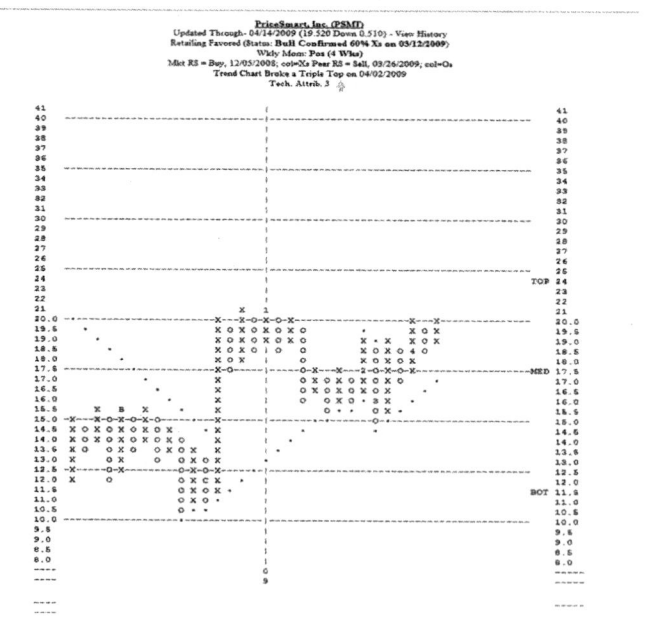

来源：多赛莱特联合公司。

图 11.46　普尔斯马特公司

第 11 章 磁体系统：统揽一切

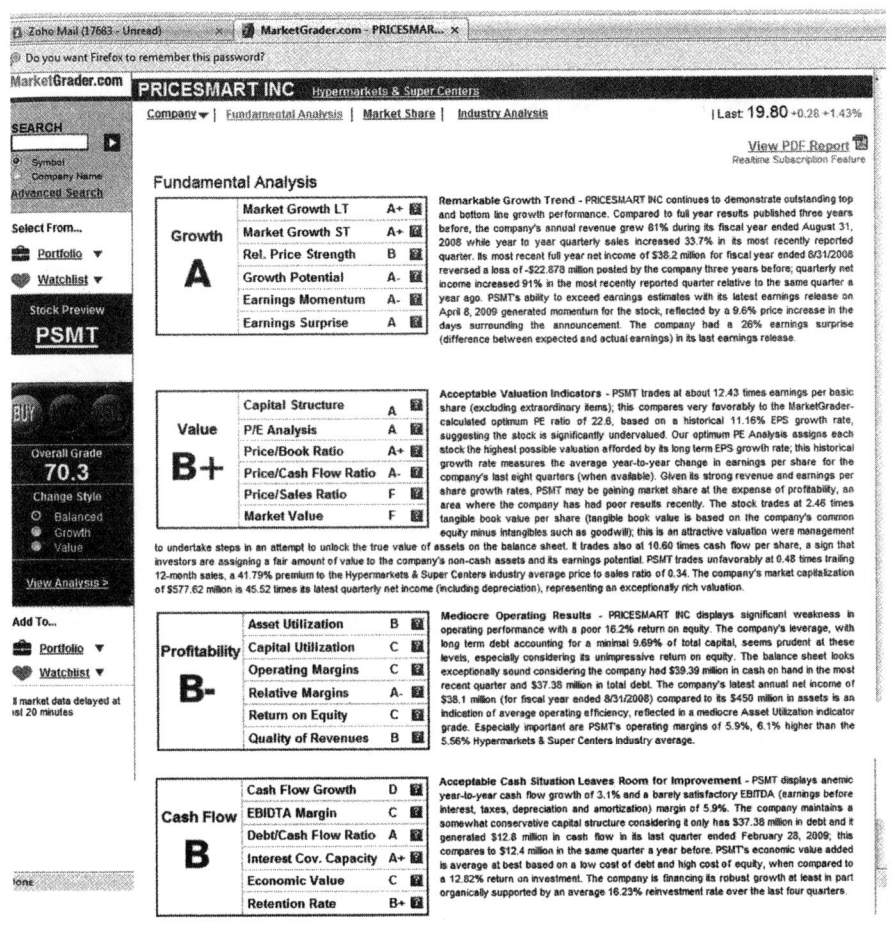

来源：MarketGrader.com。

图 11.47 普尔斯马特公司

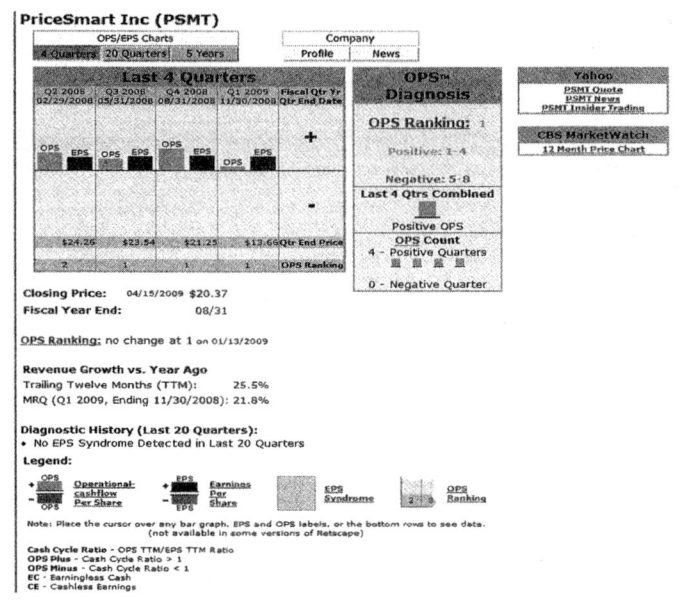

来源：StockDiagnostics.com。

图 11.48　普尔斯马特公司

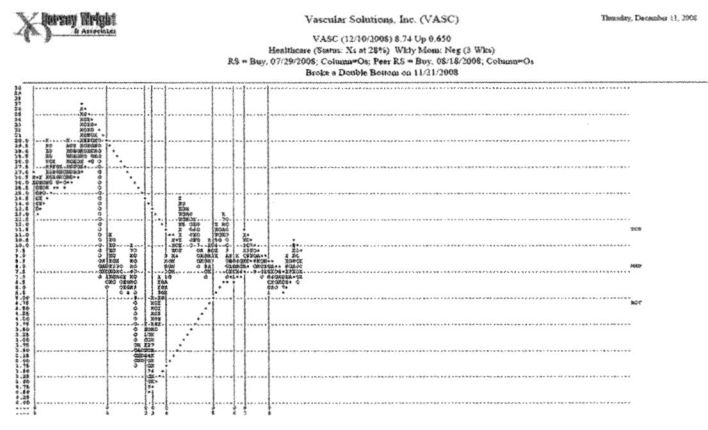

来源：多赛莱特联合公司。

图 11.49　血管方案公司

第 11 章 磁体系统：统揽一切

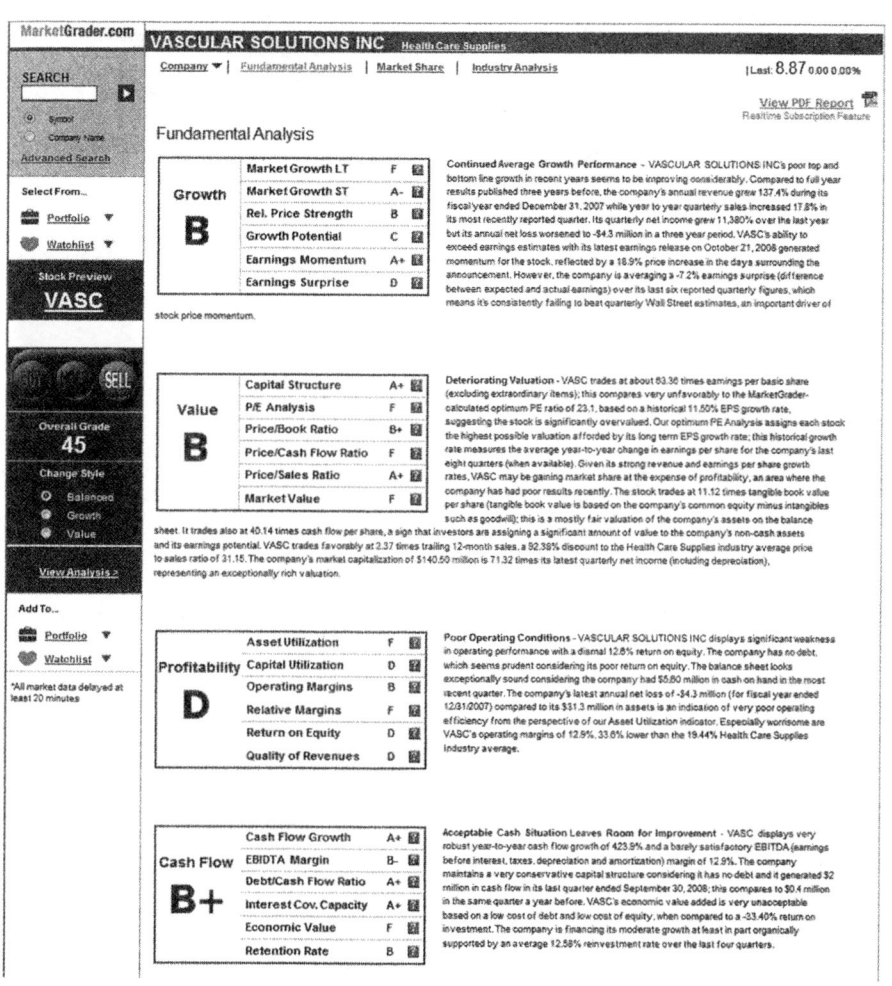

来源：MarketGrader.com。

图 11.50 血管方案公司

投资炼金术

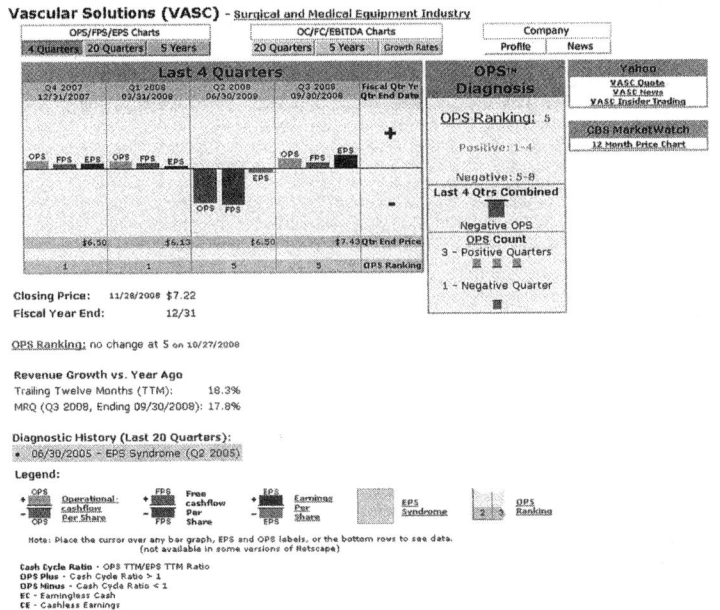

来源：StockDiagnostics.com。

图 11.51　血管方案公司

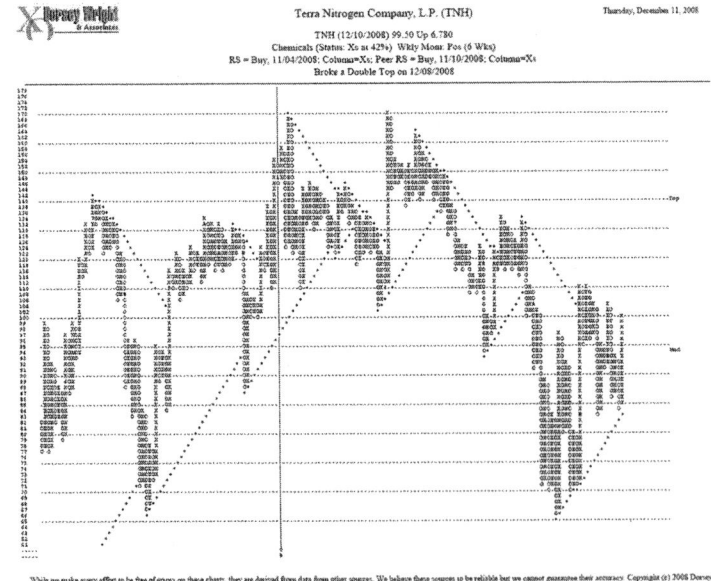

来源：多赛莱特联合公司。

图 11.52　大地氮肥公司

第 11 章 磁体系统：统揽一切

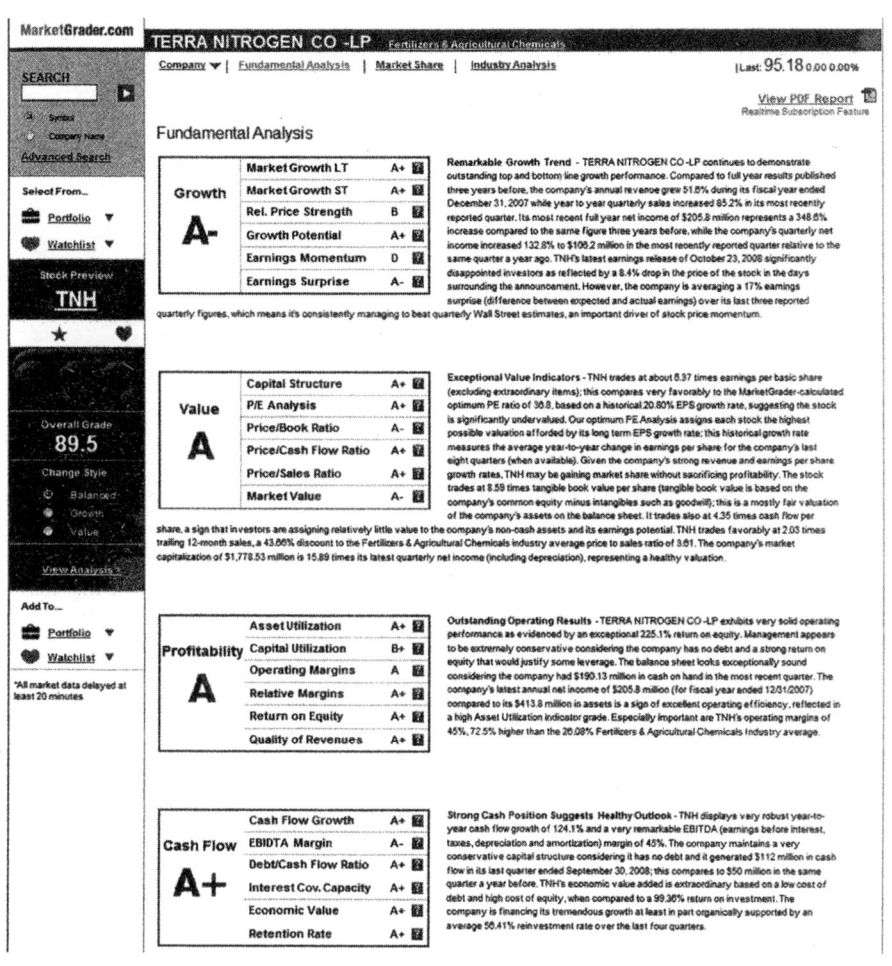

来源：MarketGrader.com。

图 11.53 大地氮肥公司

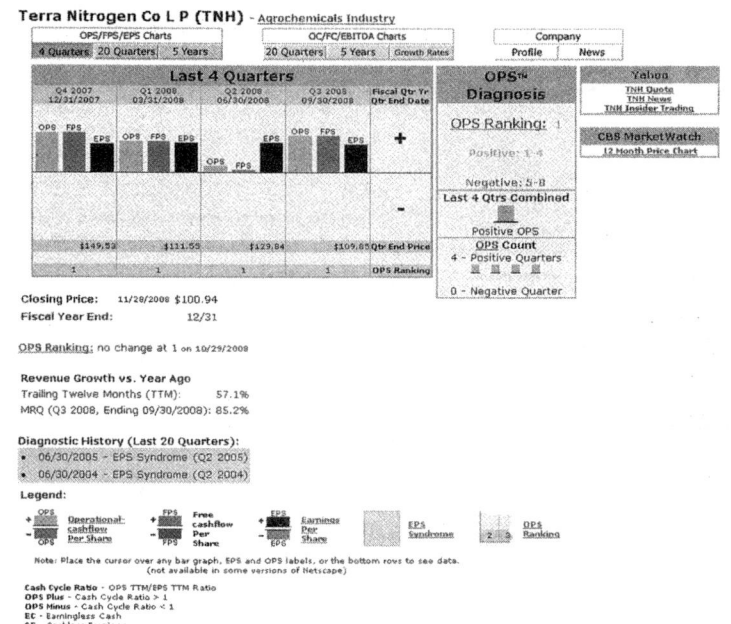

来源：StockDiagnostics.com。

图 11.54　大地氮肥公司

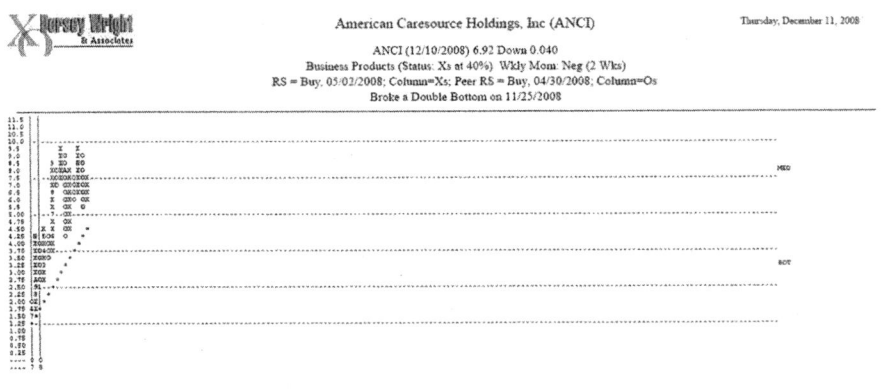

来源：多赛莱特联合公司。

图 11.55　美洲护理用品公司

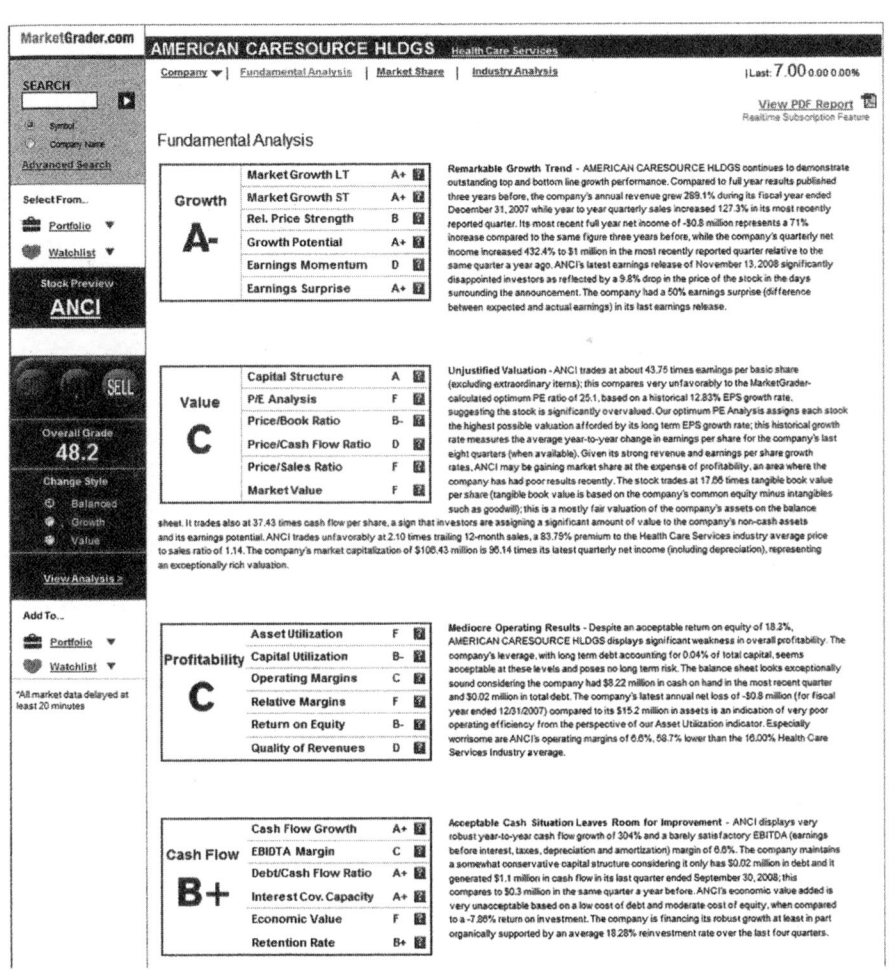

来源：MarketGrader.com。

图 11.56 美洲护理用品公司

投资炼金术

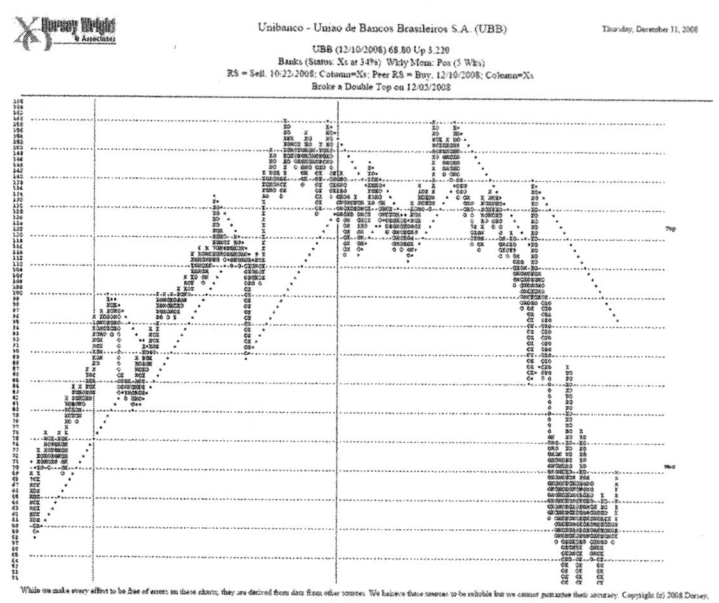

来源：多赛莱特联合公司。

图 11.57 联合银行

第 11 章 磁体系统：统揽一切

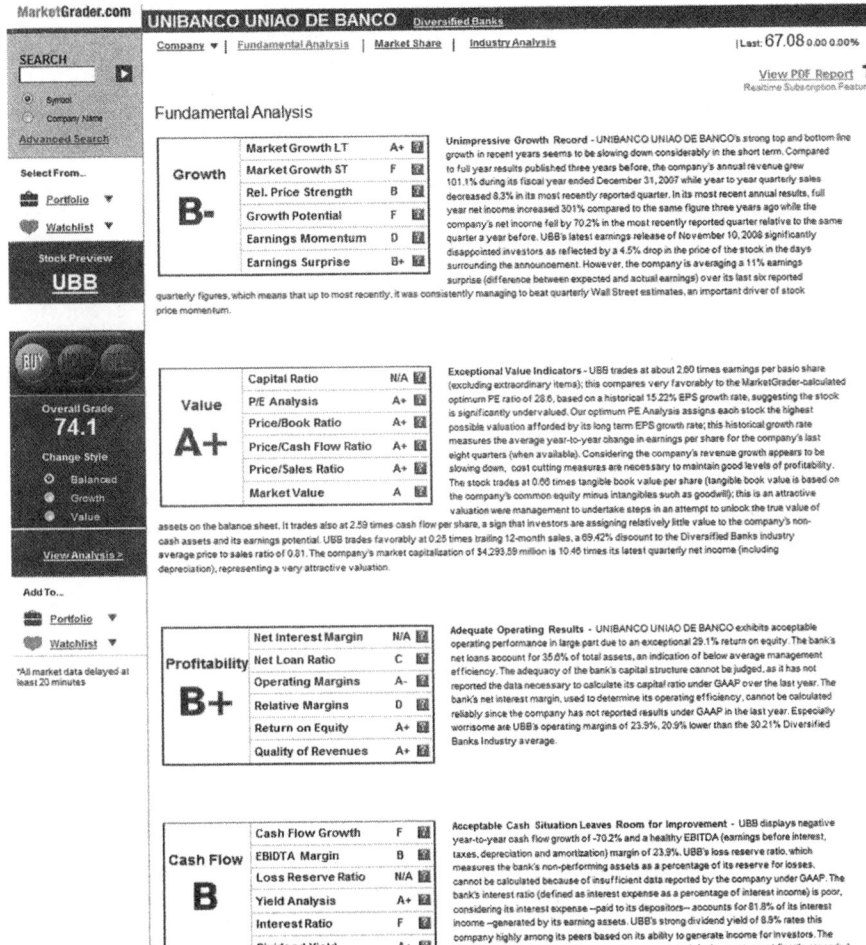

来源：MarketGrader.com。

图 11.58 联合银行

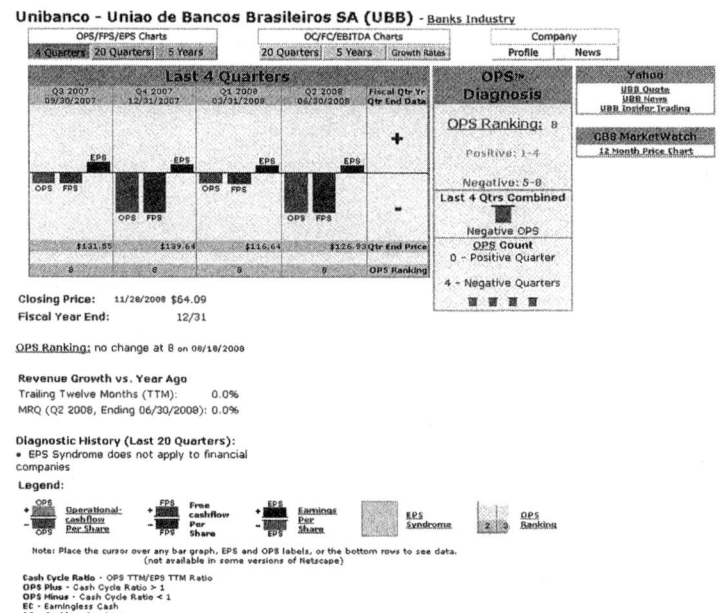

来源：StockDiagnostics.com。

图 11.59 联合银行

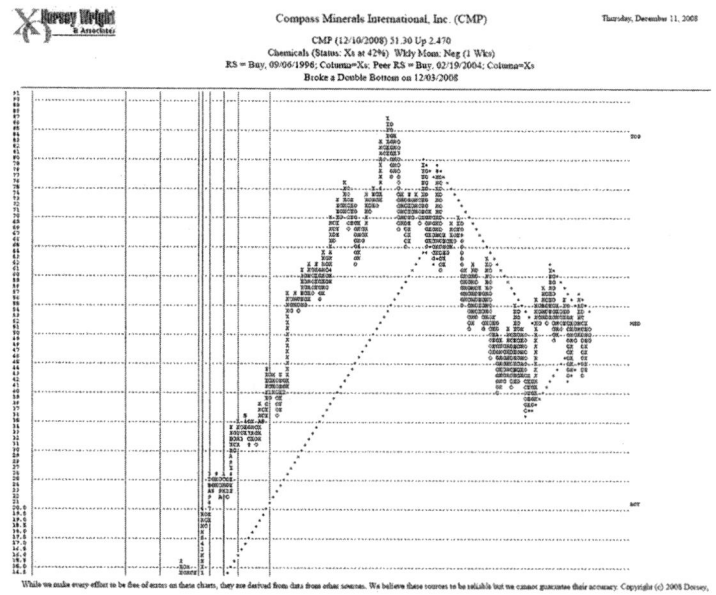

来源：多赛莱特联合公司。

图 11.60 指南针矿业国际公司

第 11 章 磁体系统：统揽一切

来源：MarketGrader.com。

图 11.61 指南针矿业国际公司

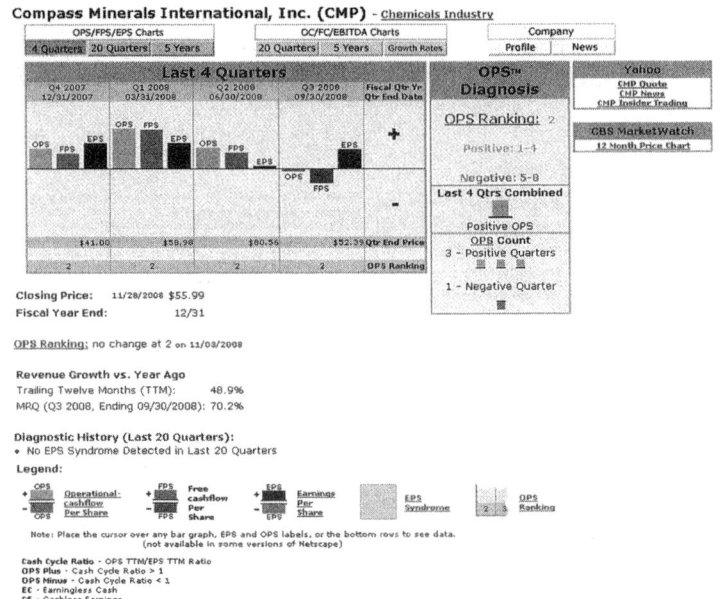

来源：StockDiagnostics.com。

图 11.62　指南针矿业国际公司

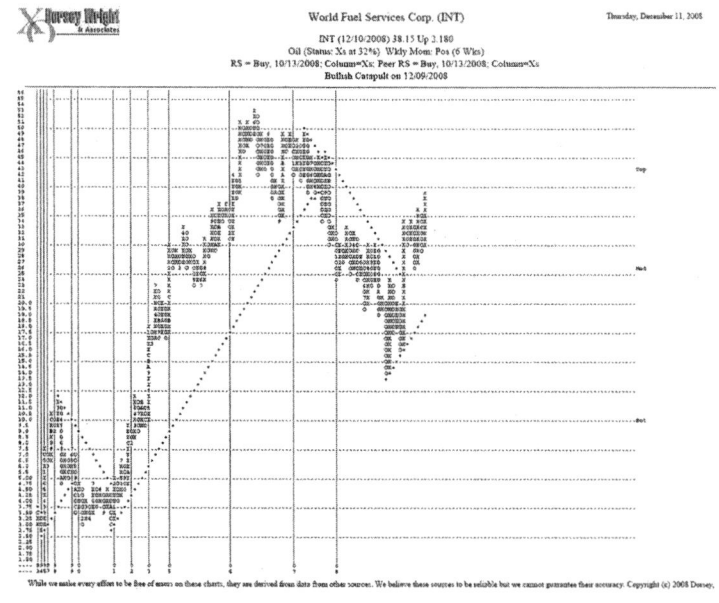

来源：多赛莱特联合公司。

图 11.63　世界燃料服务公司

第 11 章 磁体系统：统揽一切

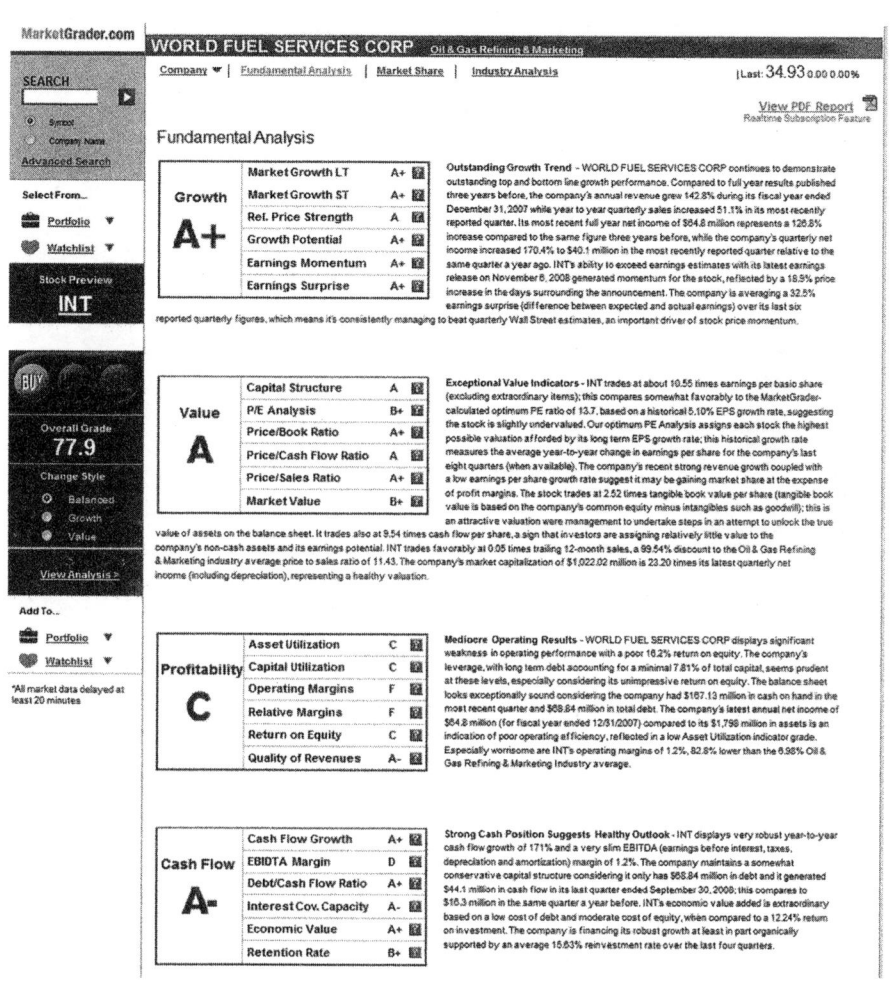

来源：MarketGrader.com。

图 11.64 世界燃料服务公司

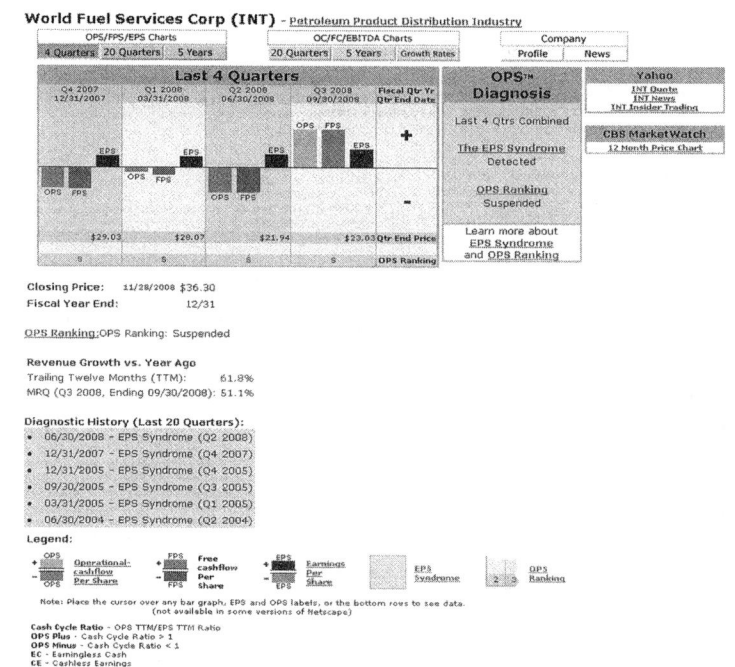

来源：StockDiagnostics.com。

图 11.65　世界燃料服务公司

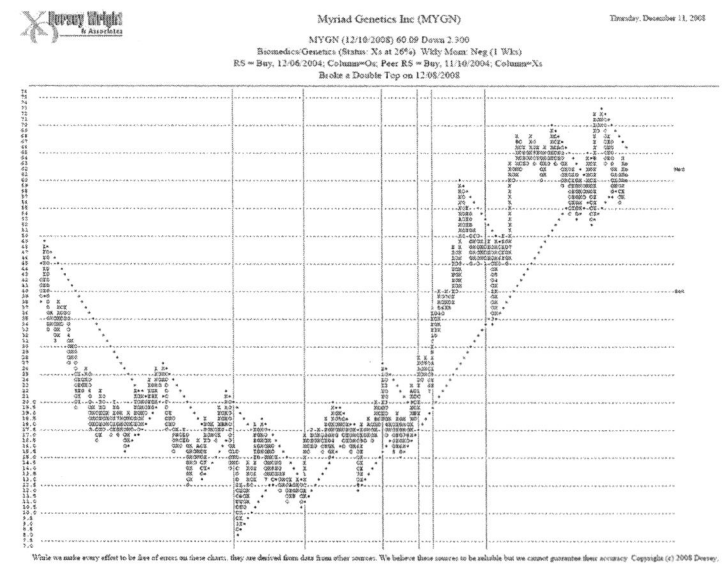

来源：多赛莱特联合公司。

图 11.66　万众基因公司

第 11 章 磁体系统：统揽一切

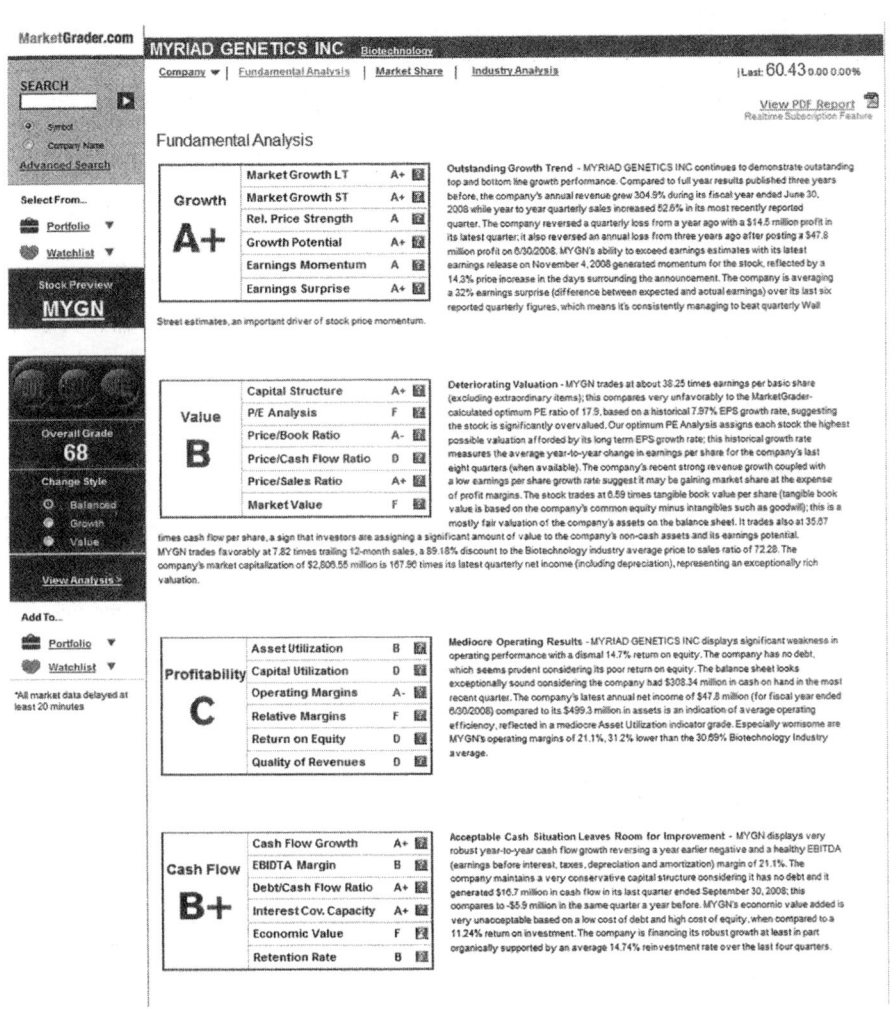

来源：MarketGrader.com。

图 11.67 万众基因公司

投资炼金术

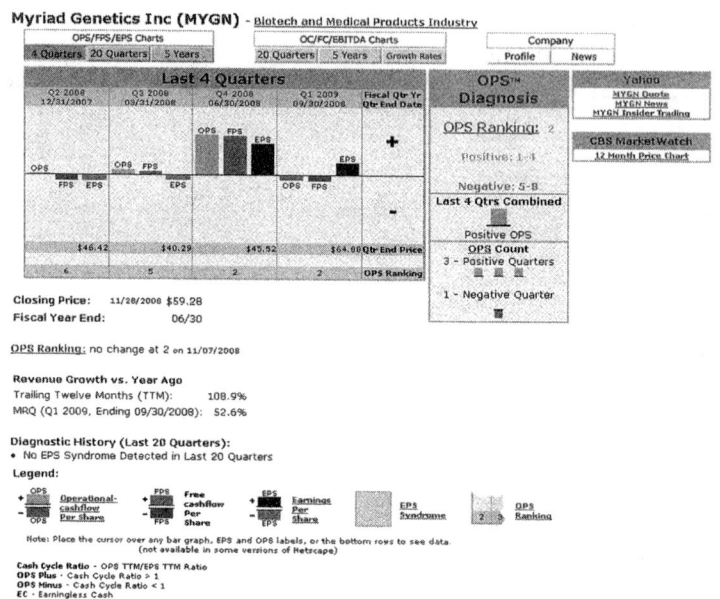

图 11.68　万众基因公司

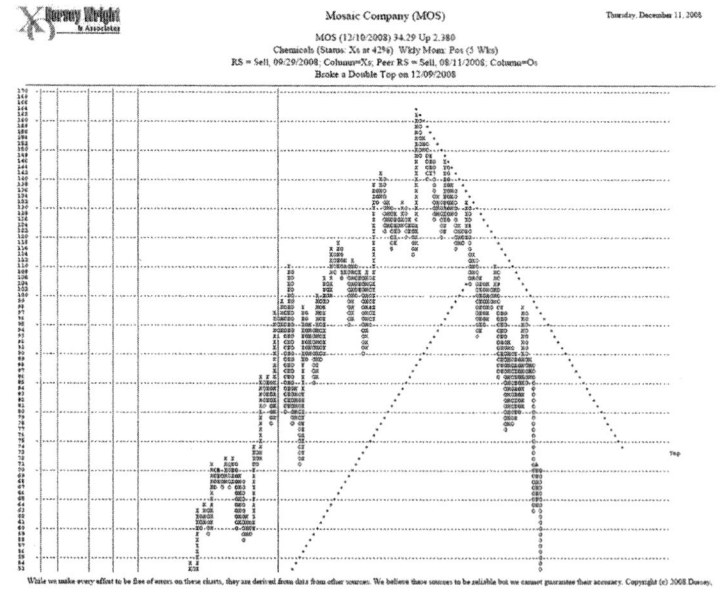

图 11.69　美盛公司

第 11 章 磁体系统：统揽一切

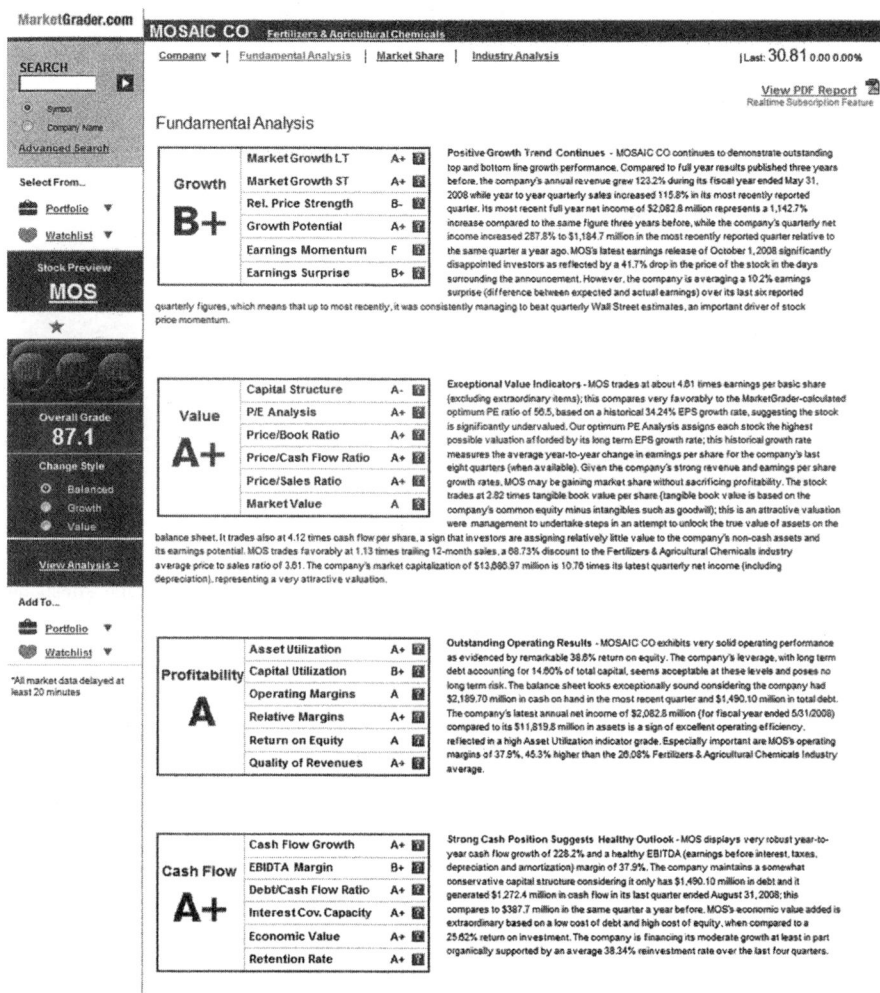

来源：MarketGrader.com。

图 11.70 美盛公司

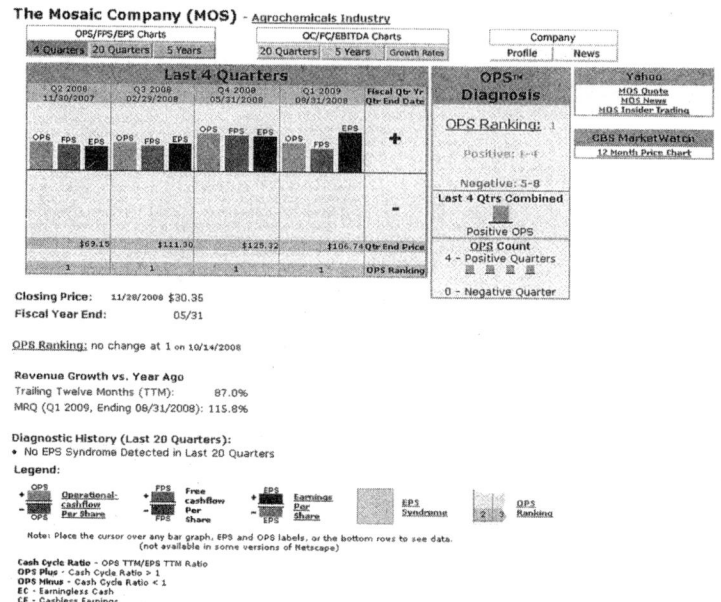

来源：StockDiagnostics.com。

图 11.71　美盛公司

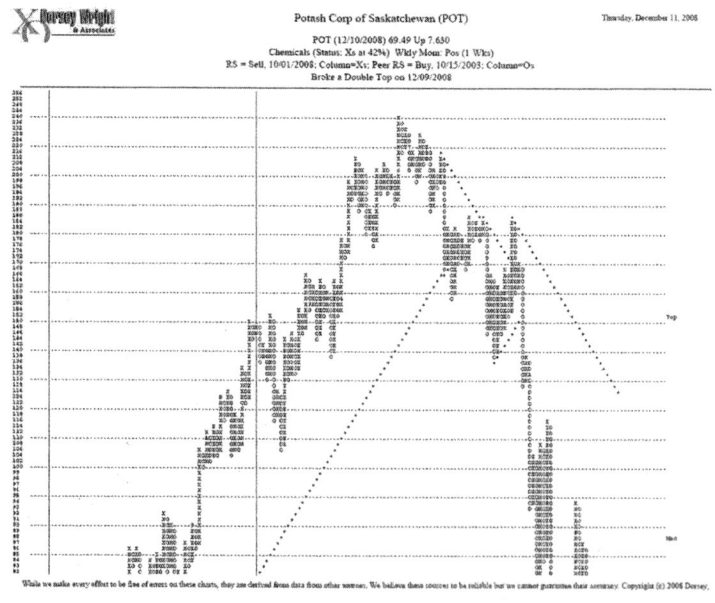

来源：多赛莱特联合公司。

图 11.72　萨斯喀彻温钾肥公司

第 11 章 磁体系统：统揽一切

来源：MarketGrader.com。

图 11.73 萨斯喀彻温钾肥公司

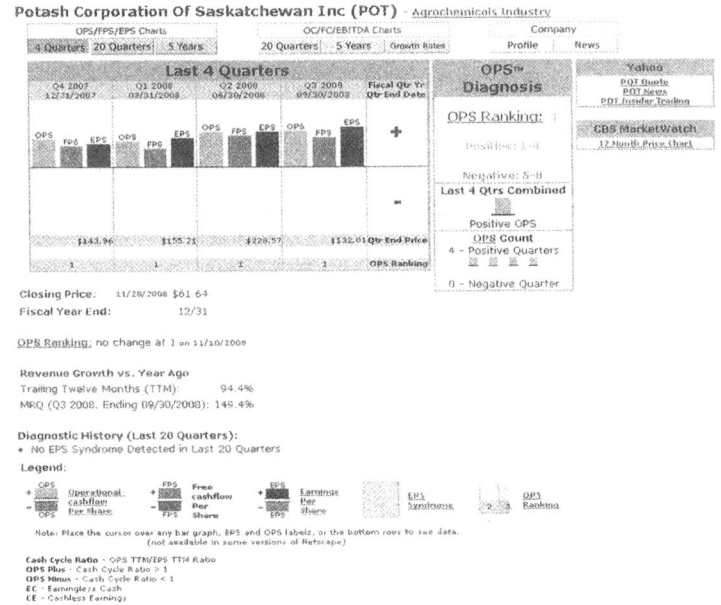

来源：StockDiagnostics.com。

图 11.74　萨斯喀彻温钾肥公司

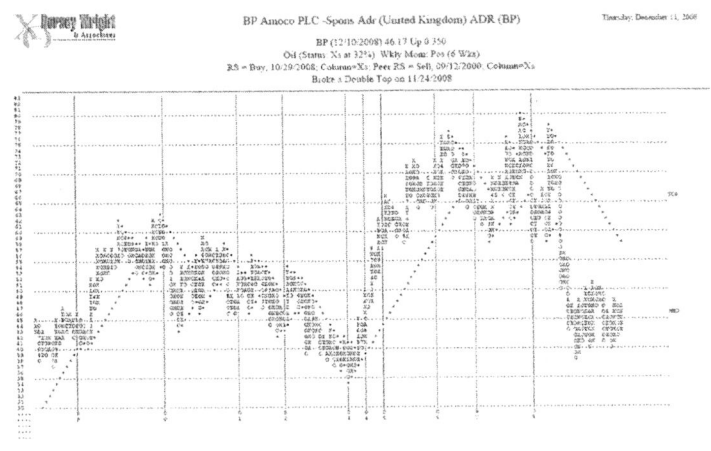

来源：多赛莱特联合公司。

图 11.75　英国石油阿莫科公司

第 11 章 磁体系统：统揽一切

来源：MarketGrader.com。

图 11.76 英国石油阿莫科公司

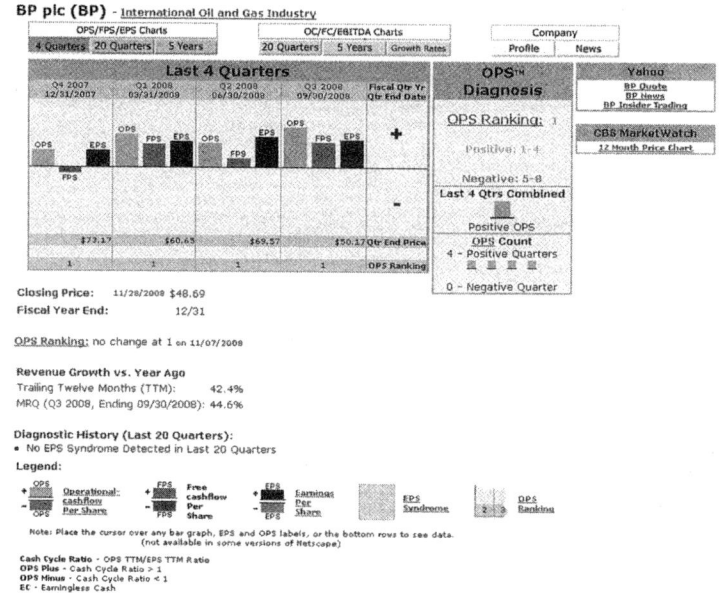

来源：StockDiagnostics.com。

图 11.77 英国石油阿莫科公司

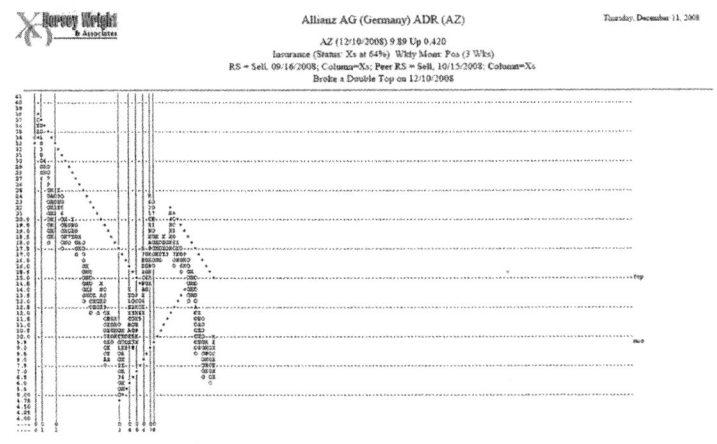

来源：多赛莱特联合公司。

图 11.78 安联集团

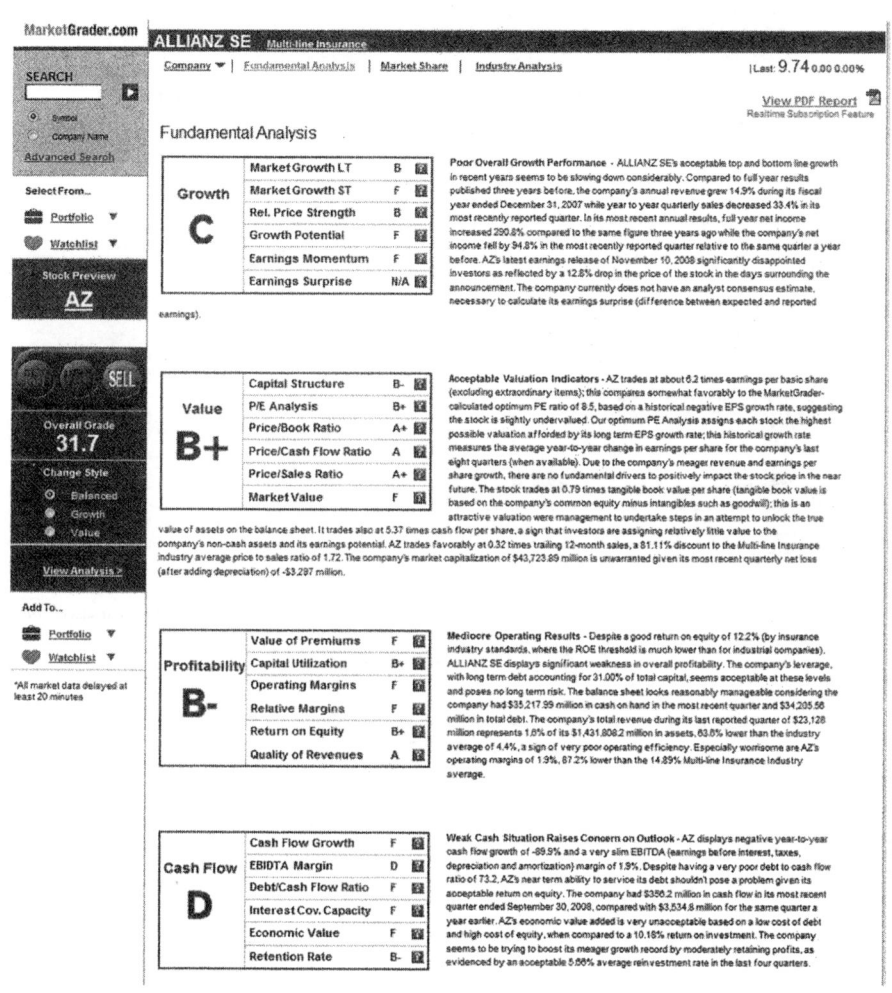

来源:MarketGrader.com。

图 11.79 安联集团

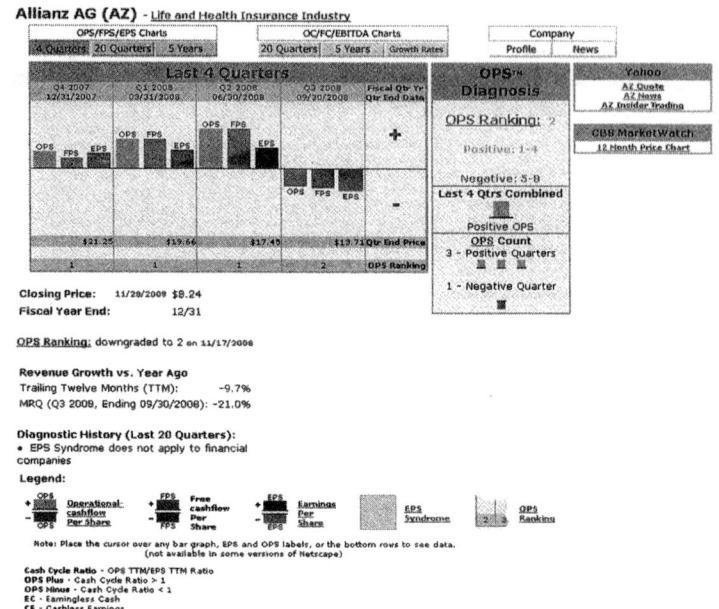

来源：StockDiagnostics.com。

图 11.80　安联集团

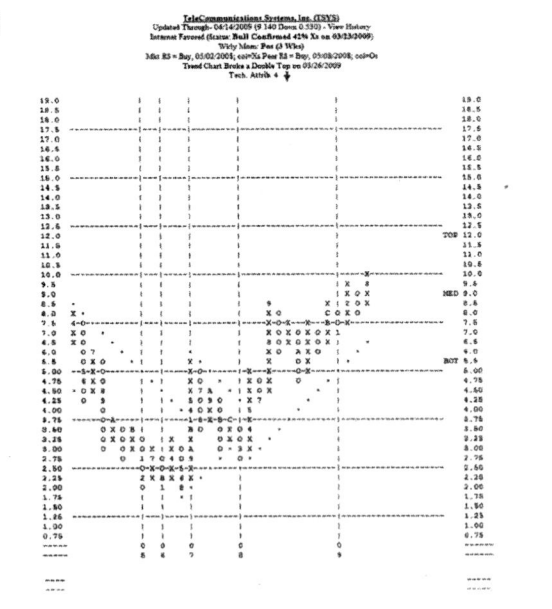

来源：多赛莱特联合公司。

图 11.81　电讯系统公司

第 11 章 磁体系统：统揽一切

来源：MarketGrader.com。

图 11.82 电讯系统公司

来源：StockDiagnostics.com。

图 11.83　电讯系统公司

第 12 章 文章和访谈精选

过去几年里,我在许多杂志和通讯发表了文章。在这里,我收录了几篇文章和一篇访谈,以此增强我的信念,并且彰显我多年来致力于跟投资者分享的一些重要主题。我的焦点始终是破除市场的神秘性,把股票市场看作是通过识别优秀公司而获取财富的一种方式。

在 2000—2002 年的熊市之后,随着一个新牛市的浮现,当各种市场指数依然还在挣扎的时候,我们的许多顶尖的磁体股票却正在向前飞奔。在这篇发表于 2005 年《金融计划》的文章中(基米尔,2005b),我探讨的是,你需要在自己的投资组合中处于主动地位,必要的时候欣然做出改变。我还强调,磁体系统正在识别几家从发生在国际范围内的增长中受益的公司。几年后,我们将会听到金砖四国的兴起和重要性。

股票选择还是指数投资?

在投资界内部,挫折感似乎正在增加,然而,股票市场的作为比媒体描述的要好。虽然主要的指数从年初至今仍沉于水下,但是个体股票的表现要好得多。纽约证券交易所(NYSE)的所有公司将近 70% 都在它们的 200 日移动平均线之上进行交易,显示出一个牛市的倾向。涨落线(或译腾落线,advance/decline line)很强劲,新高清单与新低清单的比较也非常具有积极意义。那么,问题出在哪里呢?很明显,太多的投资者已经受到灌输，拘泥于关注主要的市场指数。他们正在错过经由采取精选的投资组合所呈现的各种机会。或许，我们应该重新探索投资组合管理的艺术！

尽管位于主要指数之下的股票市场行动积极，但是公众仍然心存疑虑。在过去几年里，引人注目的公司和会计丑闻使得投资者像得了弹震症一样躲进了防弹掩体。此外，近年来，由于缺乏国际稳定性，也使得投资者的信心大幅下降。在 2001—2012 年美国的经济衰退之后，如今消费者信心逐渐恢复，尽管如此，人们对华尔街的不信任仍在持续。随着房地产占据中心舞台，人们宁愿给其房屋增加投资，也不愿轻易把钱投向股票市场。鉴于当前对股票市场的反冲，我们需要提醒公众，多年以来，股票方面的投资已经产生了非常高额的回报，比房地产投资更高——尤其是如果你能够识别合适的公司！

目前我们面临的其中一个大问题是互联网泡沫的残余还在持续。商品和基础材料行业的公司已经被规避，即使它们是利润和行动的所在。大市值的技术行业继续得到过多的关注，却正在产生过少的回报。这只能加剧今天的挫折感。现实情况是，技术部门的许多公司一直业绩良好——而不仅仅是最大、最知名的公司。

人们通常倾心于较大的公司，其原因不仅是这些公司更有名气——而且因为它们可以很容易被用来"交易"。在 1990 年代后期，投资者被"教育"进行日交易。其结果是人们从真正的投资转向了技术性的交易。人们的预期和时间视域变成了他们最大的敌人。投资者需要摆脱即刻的满足感——股票市场回报需要假以时日。这并不是说我们提倡买进并持有——我们谈论的是买进并监视你的投资组合。

关键的问题在于，投资者应当明白，通过隔离他们能够信任并感到舒心的公司——隔离一会儿，他们就可以重获信心和拥抱各只股票。最难以理解的概念是，即使大多数的最佳公司也不可能永远保持良好的投资。使用专利量化磁体股票选择程序，我们基于几个标准把所有公司进行排序。根据收入增长、利润边际增长、自由现金流以及我们创造的几个专利比例，由此加以筛选和排序，我们试图识别出某个时刻最强劲的公司。历史以及我们自身的经验告诉我们，"磁体"清单随时间不同而有所变化。我们能够识别在模型上胜出的那些被管理者持有很高股份水平的公司，而相对而言这些公司尚未被华尔街追踪，并且其股票尚未被大型共同基金所持有——此时是我们感到最宽慰的时候。具有这些特征的公司通常会吸引资本，然后引入机构投资者。一旦公司变得足够大，不得不达到人们过分的预期和评价，这通常正是麻烦开始的时候。使自己保持在曲线的前面，这种做法可能很困难，需要大量的工作。

如果你愿意买入各家股票，那么，重要的是你应当继续监视自己持有的股份，并且确保这些股份从一个基本面基础上继续取得进展。重要的是，无论某种股份处于哪个产业，或者你认为你可能对那家公司具有充分的了解，你都不应当爱上任何一种股份。任何公司都有可能剧烈地下降，足以破坏你的总体投资结果，因为没有一家公司能够免于破产。先前的产业和股票市场领导者破产倒闭，这样的例子不胜枚举。尽管今天的钢铁价格暴涨，先前的市场领导者伯利恒钢铁公司却破产了，真是难以想象。另一个引人注目的例子是，假如你坚持自己的信条，固守着先前的航空领导者泛美航空公司，尽管现在的航空旅行非常普遍，那么你还是会失去所有的金钱。

饶有趣味的是，随着时间的推移，各种指数继续走得更高，恰恰是因为他们不断改变指数的各个成分。因此，虽然在各种指数中进行长期投资已被证明有利可图，但是在指数的各种成分中进行投资却没有取得良好的效果。30多年以前位于标准普尔500指数里的500家公司现在还剩下不到50家，而这其中只有几家实际上优胜于指数自身。虽然有部分公司名称被从指数中移除是因为兼并，但是大多数的名称被移除是因为它们表现欠佳。新兴的各种产业相继诞生，新兴的市场领导者悄然涌现。个体投资者应当自己去找出各自的方式来识别这些产业和公司。各种牛市周期已经显示，先前牛市的领导者通常不再是下一个牛市的领导者。

今天的各种条件已经成熟，可以形成一个强劲的牛市——一切都已经就绪，只欠投资者的信心。公司利润作为国民生产总值的一个百分比是最高的，这在38年来是第一次。标准普尔的评价是最好的，这在几年里一直如此。各家公司正在以创纪录的速度买回股票。因为各家公司持有大把现金，所以兼并和收购活动已经增加。虽然较小的投资者们依然对房地产市场而非股票市场具有更多的信心，但是大的投资者们已经在把金钱从房地产中拿出来。目前，债券市场给股票市场造成的竞争很小，因为利率正在上升，而从历史上看利率依然很低，从这些利率中可以产生的利息收入非常少。上一次我们面对着盘旋在股票市场周围的这种很大的不确定性和消极性，你在坐等回报；然而，这一次利率太低，无法吸引大钱。作为股票市场总资本化的一个百分比，有更多的金钱停泊在场外，比历史上任何时候都多。一旦投资者重新获得信心，这就是把市场推进到更高水平的燃料。首要的是，因为许多不景气的大公司继续抑制主要的市场指数，所以媒体还没有了解到所有好的消息以及证券市场的相对吸引力。

我看到那么多家公司在我们的磁体模型上排名很高，而我继续感到惊奇的却是总体的悲观主义围绕着股票市场。尽管存在一些悬而未决的国际新闻头条，然而世界范围的消费者将会大批量地登到这条船上来。数以亿计的人们很快就会购买他们的第一台洗碗机和第一双球鞋。人口统计表明一个世界范围的人口老龄化正在显现，这意味着在卫生保健业充满众多的机会，而健康的婴儿潮那代人正在老龄化，他们活跃的生活方式需求显然会给休闲和旅行产业提供各种机会。我们的挑战是识别从这些人口转换中受益最多的公司，这些公司未必就是它们各自行业中最大的公司。股票选择是关键所在。机会无限，不要让媒体或主要的市场指数使你望而却步。

这篇文章发表于2005年的《迪克·戴维斯文摘》（Dick Davis Digest）（基米尔，2005a）。在本文中，我强调了想要在股票市场取得成功真的有多么困难。在那时，房地产市场依然处于红热状态。我当时强调，人们需要独立思考，无视股票市场周围的消极方面，而聚焦于找出几个值得积累的磁体股票（基米尔，2005，1页）。

没有人说他认为市场交易很容易，但是值得你去尝试！

对几乎每个人而言，今年的股票市场到目前为止都令人沮丧。没有人真正看起来是在赚钱。牛们和熊们都没有赚到钱。各个行业受宠、失宠，来去太过匆匆，无法让真正的收益从中衍生。然而，遗憾的是，我仍然看到同样是这些行业却使得市场交易看起来很容易。那种对短期交易的聚焦，虽然对承诺让你快速、轻松地赚钱的经纪公司和软件公司有好处，但是这种聚焦却继续让交易者形成与日交易相同的心态，这种心态让他们陷入麻烦。只有通过长期时间框架，而且通过相当大的努力，股票市场才能够生成真实的财富。这个简单的事实应当被传达给各位投资者，这样我们才能够重建市场迫切需要的信心。股票市场中成功的投资行为需要相当大的努力——但是，为了应对挑战这种努力是值得的！

我相信，目前的市场处在一个了不起的位置，正在积累各家合适公司的股份。多种情况下的公司评估很优秀，公司收益很健康，公司现金流很高。各家公司正在以创纪录的数量整合和买回它们自己的股份。这些迹象表明，管理层和CEO们看到了机会。但是，消费者信心处于两年来的最低点，分析家们害怕提高他们的估计，因为他们顾忌如果自己说错了监管者就会打他们耳光。普通民众对华尔街的不信任依然是最大的问题。

今天，大多数投资者宁愿把他们辛苦挣得的金钱投入到火热的房地产市场，或者把钱存入银行，这些做法几乎挣不到回报——但就是不把他们的资产放在"华尔街肮脏腐烂的恶棍"手中。周期性地（也即每隔两代人），这种消极的观念才会盛行——正是在这样的时候，机敏的长期投资者察觉到了各种机会。

想要在股票市场赚取真实财富，需要你具备各种条件。诚然，正如杰拉德·勒布在他多年前撰写的一本很棒的书中所说的那样，这是一场"投资生存之战"。你需要广泛阅读。你需要广泛学习。你需要挖掘寻找可以投资的个别最佳公司——而不是进行日交易。你需要每周奉献几个小时用来监视你的持股。我之所以这样说，是因为虽然我相信长期投资，但是我不相信长期的"买进并持有"。对于大多数的公司，我的时间框架更有可能是 2~5 年。只有在偶尔的情况下，在我们的量化模型上一家公司能够连续好几年保持足够高的排名。当一家公司不再排名很高的时候——此时也就是我们卖出的时候。

引人注目的是，在标准普尔 500 中，有超过 425 个新名称在 25 年前不曾出现。虽然有这么多数量可以用于长期投资，但是，如果你查看那些没有被从标准普尔中移除的公司，就会发现只有几家的业绩比该指数更好。随着世界经济持续增长和变化，新的产业被创造出来，新的机会得以衍生。你需要创立一种方法论，以此找出那些新的年纪更轻、增长更快的公司，假以时日，它们有机会被添加到主要的市场指数之中，并为你创造真实的财富。

我们把我们的利器称为磁体股票选择程序，这是一个量化模型，它把价值、增长和动量投资的最佳方面拼合起来。我们还创造了几种拥有专利的比例，用来筛选整个市场，以此识别最佳的机会。我们的程序建立在这样的哲学基础之上：是什么同时造就一个伟大的公司和伟大的投资。是顶线收入增长主导我们的模型，另外加上利润边际加速度。我们需要看到我们的各家公司生成现金流，而又要以可接受的估值进行交易。我们还需要市场大体上承认我们的各家公司正在创造一些积极的价格动量。当我们及早发现"新的磁体"时，这些公司的管理团队往往还在领取一般化的薪水，拥有一定数量的股份。正是在公司成长阶段的这一时刻，管理层真正聚焦于做一些对公司最有益的事情。

使用我们的模型，始终会有新的公司在模型上涌现。使用我们的量化筛选模型，一旦我们的"入围清单"被创造出来，大量的量化分析随即完成。我们需要找出那些实际上驱动利润边际加速度的因素。这是一个新产品？某家公司拓展进入一个新市场？关键是要了解一家公司的生意，而不是首先关注该公司的股票图。如果这种方法听起来像是需要做很多工作——当然如此！

股票市场上的成功确实来之不易，然而，其他选择都是不能接受的。

下面这篇文章是我为《迪克·戴维斯文摘》2007年4月号撰写的（基米尔，2007）。在本文中，我重申了诸如尼克·穆雷（Nick Murray）和约翰·坦普顿（John Templeton）这些大人物的话，借此进一步指出，与大多数投资者所认识到的相比，市场更加全球化和长期化。所以，照此行事！

扩大你的视域：市场已经做到了

令我惊奇的是，无论市场条件多么好，公众仍然非常容易受到媒体和道路上每一个些微颠簸的影响，从而陷入慌乱之中。财富是通过所有权而非借贷（无论是通过不动产还是股票）创造的，这是一个常识，尽管如此，当人们不断地听到另一个泡沫正在破裂时，他们往往很难坚持到底。股票市场的成功取决于几种东西的组合——一项行之有效的策略、良好的时机，还有就是时间。在尼克·穆雷不朽的文字中，"我无法告诉你接下来的10%移动是朝着哪一个方向；但是，我可以有把握地告诉你接下来的100%移动是朝着哪一个方向"。我们正处于一个确信无疑的牛市，但是仍然没有人相信这一点。我们不仅显然处于一个牛市，而且我们所处的这个牛市比大多数人所认识到的更大、更全球化。

扩大你的视域——市场已经做到了!

在1990年代早期,伟大的投资者和人道主义者约翰·坦普顿激情洋溢地谈论柏林墙的倒塌以及这一事件在向东欧开放自由市场方面具有的重大意义。他探讨的是,在一段很短的时间里有3亿消费者加入进来,其寓意重大。回顾当时,他确实是一语中的!但是,那只是开始。现在,你应当着眼于全球的经济加以思考——超越金砖四国(巴西、俄罗斯、印度和中国),这些国家已经引起大家的关注。你可以看到一个更大的市场,远比短期的思考者和交易者看到的市场更大,他们根本无法测量。现在,有很多初级水平的交易和人力才干正在协力工作,同样重要的是他们也单独工作,以此应对这个世界上的机会和难题。

自由贸易增加,收入扩大,运作中的现金流加快,由此引发的结果是各家公司从来没有像今天这样坐拥那么多的现金。不仅上市公司,而且私募股权基金、资产管理公司以及公众人员,他们的口袋都积累了现金。这有助于解释为什么正在发生的兼并和收购的潮流与现金有关(而不是与股份有关——这类兼并将会发生在另一个暂时性的市场顶部)。事实上,相对于市场资本的总体变化,从来没有这么高百分比的现金等待加入。尽管在美国对消费者信心的解读多年来一直很高,但是这些钱继续坐在场外,为什么?缺失的环节依然是投资者信心的匮乏,其原因在于,自从2000年早期宽阔的市场顶部背后发生了完美风暴①,这场风暴包括技术股的转滚(rollover)、经济衰退、"911"和恐怖主义、安然公司/世界通讯(WorldCom)的会计丑闻、国际热点加剧……凡是你能说上名字的。

股票市场里的情绪周期并不是新生事物。在先前的熊市之后,"操作者"总是被认为是恶棍。还有人记得1970年代早期的共同基金丑闻吗?许多人当时说没人会再次投资于基金!我们最近从一个时期过渡到了另一个时期,前者是指1990年代,当时人们早早下班去检查他们的

---

①作者可能暗指同期出品的一部美国同名电影,影片讲述一艘捕鱼船在北太平洋上遭遇百年罕见的风暴,船员们在船长比利的带领下与风暴搏斗的故事。

在线账户（或日交易），后者是指另一个时期，这些人甚至还没有公开他们的月结单（monthly statement）。现在，公众几乎已经准备好返回，但是这需要时间。

尽管充斥着各种负面的头条新闻，我们仍然看到，根据道氏理论（Dow Theory），就在上个月一个牛市得到确认。在道琼斯工业指数、运输业指数和公用事业指数方面，这些指数创造了同步、空前的新高点。这是市场取得的一个不俗的业绩，因为市场总是向前看的。然而，市场所看到的东西并没有被有些人看到，他们只盯着报纸头条或者是后视镜。

尽管我们持有长期牛市的观点，但是很显然并非所有的公司都值得我们投资。通过使用磁体股票选择程序，我们根据各种因素把所有股票加以排名，这些因素诸如顶线收入增长、利润边际加速度、现金流、债务水平，以及一系列其他我们拥有专利的基本面指标。通过把这些因素以一种独特的方法结合起来，我们可以识别出顶尖的公司。如果我们看到在一个特定行业中有一群公司以高分胜出，那么我们知道，我们已经识别出该行业目前正在经历定价权（pricing power）——这是另一个优势。我们已经见证过基础材料、建筑和博彩等行业在某段时间得分很高。这些群体之所以如此，也正是因为它们顺应了这颗星球上各个大洲正在展现的主题，也即全球扩建需要大量的水泥、钢材和几乎所有基础材料。

虽然我们的模型可以帮助我们控制情绪因素，但从长期考虑，同样关键的是，我们也关注市场的短期复杂状况。大多数投资者聚焦于诸如道琼斯30或标准普尔500这样的主要指数。我们知道这些指数是经过价格和资本化加权的，它们通常会产生误导。

对投资者而言，更重要的是关注市场的"内部"。对我们而言，创造新高对新低的各家公司的数量的比例以及总体的涨落线，这些是需要警惕的最重要因素。在一个熊市爆发之前，你可以清楚地看到在这两个指标内发生恶化。查看一下当前的新高对新低的比例和涨落线，我们可以看到一个强劲的市场正在进行喘息,这是非常值得的。

直到几个星期以前,人们关于市场的最大抱怨是市场已经几个月缺乏改正(correction)。我们曾经经历过一段创纪录的时期,在道琼斯30的每日价格中没有一个2%下跌,很长一段时期,在标准普尔500中没有一个10%改正,人们认为这个牛市已经老掉牙了,没人会再信任它(这是对的——即使你的投资组合没有把它反映出来——这个牛市的时间可以回溯至2002年秋季)。次级贷款使我们的经济脱轨,人们对此产生新的恐惧,这让我想起了自己职业生涯的早期岁月,当时国家成立了重组信托公司(Resolution Trust Company①),以此应对正在把国家推向破产边缘的可怕的房地产市场。做你需要做的任何事情,以此帮助你从长计议,而不受困于歇斯底里。现在我们正在经历这个长期盼望的回撤,而空头们和媒体却已经回到他们的"这是结束"的说辞。胡说——这个市场正在走得更高。

子弹上膛——在市场内买进那些顶尖的公司和部门,耐心等待。监视你的持股,对此要明白一点:新闻吓不倒你,因为你知道自己拥有的是什么。只有如此,你才能够扩大你的时间视域,在整个股票市场俘获可以得到的回报和利润。

多年来,《迪克·戴维斯文摘》一直是我最喜爱的通讯之一。早在2005年,我开始每个季度撰写一篇封面"展望"文章。这些文章触及我的主题:要有耐心,做一个守纪律的投资者。我还强调了杜绝负面新闻、识别磁体股票的重要性。

这篇为《迪克·戴维斯文摘》供稿的文章中(基米尔,2008b,1页),我提醒读者杜绝媒体的消极乖离(bias),而聚焦于找出真正的赢家——位于钟形曲线右侧尖端的那些点。我强调了在泛滥的负面新闻中进行投资的难处,并且强调你需要"倾听市场,让它把那些赢家显示

---

① 网上一般写作 Resolution Trust Corporation(RTC)。

给你"，而不是你拥有这样的自我（ego），即相信自己能够预测下一步将会发生什么。

聚焦于少数真正的顶级公司
——无视其余的……

一如既往，媒体上总是不乏坏消息。这些天来，坏消息的清单比往常的更长、更吓人。美元暴跌、能源成本蹿升、食品成本加速、衰退、停滞……我就此打住。然而，尽管存在所有这些可怕的新闻头条，你仍可以尝试租赁起重机或者油轮。你可以尝试锁定钢铁和水泥的价格。现实情形是世界经济表现良好，谢谢你。作为一名投资者，你需要学会过滤报纸和头条——阅读和倾听，但是你始终要留意的是，什么走势良好，谁正在胜出。从本质上来讲，只能有寥寥几个顶级公司——找出恰当的产业，而那些产业中的领导者是你进行成功投资的关键。

沃伦·巴菲特简化了经济预测和分析。他说，假如你每年花一个小时思考经济，那么你可能浪费了59分钟。经历了十多次经济衰退，巴菲特聚焦于为数不多的几个出色机会，这些机会符合他严格的风险/回报计算。通过聚焦于公司水平，巴菲特能够在各种各样的经济条件和国际事件中自由穿行，同时堆积其超额的回报。与大多数其他投资者相比，巴菲特的耐心当然更大，尽管如此，如果你能够同样聚焦于各家公司，那么你可能也会改善自己的投资结果。那些能够识别顶级公司并且集中投资、从中赢利的人创造了大量财富，他们利用这些财富设立了各种基金会。

在最近的一次金融电视网络上，我受到诱惑，差点就同意这个世界完全没有希望了的观点。随着有人提出这样的观点，"即便世界状况不是很可怕，至少你能够同意，美国是一团糟，而我们的经济更糟糕"。我并没有上钩，我实在无法赞同那些观点。相反，我把话题改变为

"现在有五种事情正在变得真正好"！

就在现在，有几个产业处于全面的牛市。在这些产业——基础材料、能源、太阳能和其他替代能源、建筑、钢材、煤炭以及天然气——新的百万富翁和亿万富翁正在被制造出来。在过去几年里，许多人从这些公司中获得了数量惊人的金钱。在正确的公司进行投资的人继续获取巨大的利润。遗憾的是，很多投资者仍然受困于金融业中的各种头条新闻。人们做出各种猜测，试图捞底，或者隔离少数几个没有受到感染的健康的公司，如果你真正有耐心，而且幸运，那么你可以在金融业的低点附近买进，假以时日可以做得很好。全球扩建的所有好处最终将会在金融业被感受到，这个行业只需要加以稳定和恢复——当然这需要时间。通过聚焦于正在发生的事情，以及隔离几个真正的顶级公司，你的情绪就可以得到控制，同时你的利润得以积累。

有那么多聪明的人却成为那么可怜的投资者，为什么？答案通常在于，过度放任的自我（ego）相信他们擅长做任何事情。我们都曾听过这句话"一知半解可能很危险"。在股票市场进行投资的问题之一在于，有那么多错误的消息被置放于公众的手中，使得他们做出错误的事情。关于一家公司的坏消息通常是由这样的人泄露出来，这个人已经做空该股票，想要从股价下跌中赢利。有时候，坏消息甚至是被某人捏造的，他正在伺机以更低的价格买进。另一个大问题是，太多的投资者花费太多的时间来思考和解读经济，而没有认识到市场与宏观经济条件之间存在迟滞。当条件看起来很好并且情绪普遍乐观时，人们进行全副投资，而好的价值很难找到。反过来，当经济消息很糟并且人们普遍悲观时，正如现在，更好的估值可以创造赢利的机会。"你为玫瑰色的愿景付出了昂贵的代价"，"当大街上充满血腥时你需要买进"，这两句古老的格言在我的脑海里闪现。

除了试图弄明白"下一步是什么"之外，关键的还要知道究竟是什么。趋势可能长时期待在一个位置，或者具有快速的陷阱和逆转。这就需要投资者来辨别趋势，而不是忽视或者逆趋势而动。我们不偏不倚、不带情感的磁体股票选择程序，调查和筛选所有寻找自由收益的公司。当公司能够产生超过市场概念的自由现金流时，它们将会继续吸引新的资本。通常，当一个或更多行业的大量公司在我们的模型上排名很高时，某种故事就会在市场中流传，甚至加速这些公司的动量。

置身于市场这么久，看到各种周期循环往复，我强调你需要超然于自己投资的顶部。尽管我相信某些趋势牢牢地处于某种位置，然而通过研究某些资产负债表和金融数据，我对我们的持股做出持续不断的诊断性检查。这是因为，当你明白了全球竞争的性质，你必须认识到没有哪家公司能够永远待在顶部。虽然引领市场的公司受到投资者的关注，但是它们也受到其竞争者的关注和效仿。相信一家公司能够长时间继续获取比其竞争者更高的利润，并且维持市场份额，这是无视历史。有些公司可以存活几代，而有些公司很快就会成为过眼云烟。

对许多投资者而言，艰难的地方在于，在每一个新牛市上行中，市场领导者无一例外地发生变化。如果没有一种方法来识别新的市场领导者，那么一个良好的市场择时者就可能有这种倾向：他精确识别的是一个强劲的市场时期提供的良好机会，结果却是投资于一家参与复涨（rally）的公司。单单决定拥有股票是不够的，你还需要识别正确的股票。到目前为止，大多数投资者都明白，你不可能从固定收入证券（fixed-income securities）中获得长期的金融目标。你也不能通过过度多样化的投资生成高额回报。你应当确保补充自己的阅读，要超出金融期刊的狭小焦点之外。记住：大多数的经济学家都当不了伟大的投资者。通过聚焦于当前的产业领导者，你可以把市场的噪音排除掉，而聚焦于少数几个顶级公司。

我撰写这篇评论的时候，市场正在从顶部离开，公众的信心正在开始下降。这篇文章没有在任何地方发表，我只是通过电子邮件把它发给几个关系人（基米尔，2006b）。我指出的是，我们需要警惕、灵活，我们还需要识别各家公司，而不是只想着市场。

太多的现金……没有足够的信心

对大多数投资者而言，过去几个季度令人沮丧。各种主要的市场指数无所作为，没有激发公众的任何热情。行业轮转（sector rotation）一直是中心主题。虽然我们看到几个行业获得了巨大的收益，但是，那些在某一个行业驻留太久的投资者着实可怜。无论是零售公司、房屋建造业，还是能源股票——它们都在市场上轮流引领风骚——都遭受严重的下挫。

另外还有一个严重的问题，这个问题看似正在迈向前台——房地产看起来正在登顶并转滚下去。所有的路标都正在显现。狡猾的抵押戏剧正在展开，给市场增加了更多的剧目，而市场反而移动得更慢。我们还看到许多房屋建造股票正在转滚的迹象。房产市场上涨的结束可能会对股票市场有好处，谁知道呢？有些人感觉到房地产资金将会回到债券市场之中。更有可能的是，房地产市场的衰退将会代表经济存在更多问题，因为现金支出的重新筹资停顿下来，导致消费者信心进一步下降。

现在，虽然所有这些消极的头条新闻制造了一个完美的烟幕，但是所有的催化剂也都就绪，准备在 2006 年发起一个新的牛市。试想一下，虽然股票市场受到了各种打击，但是这个系统一如既往地具有弹性，真是令人难以置信。事实上，虽然每个人仍然聚焦于标准普尔 500 和道琼斯 30——但是，标准普尔 600 和标准普尔 400，以及纽约证券交易所（NYSE）同样权重的成分，它们都在上个月击中了有史以来的最高点。公司收入非常强劲，而作为公司市场资本化一个百分比的公司现金水平处于 26 年来的高点。这就是为什么兼并和收购现在处于新的创纪录水平。

人们对华尔街产生巨大的不信任，这导致了大量现金堆积在场外。对此密切关注的机构经纪人预测系统（IBES, Institutional Brokers' Estimate System）评估模型显示，股票市场相对于债券市场被低估了39%，这是有记录以来的最高水平！一整年里，国际市场比我们的市场更加强劲。美元已经开始重获力量，使得我们的市场对外国投资者更具吸引力。长期趋势已经形成，这将吸引数以百万计的新用户进入一个新的市场。点燃一个强劲牛市所缺乏的唯一因素仅是投资者的信心。

把投资气候调转过来，把场外资金拿回到股票市场里，将会这样做的是什么？流动性（liquidity）！流动性驱动着股票市场。虽然联邦储备委员会（Federal Reserve Board）已经提高了联邦基金利率并因此而受到了媒体的广泛关注——美联储还增加了货币供应，其利率之高为近几年来之最。新任美联储主席将会在明年（2007）中期之前降低利率。石油和天然气价格将会减轻消费者的供给压力。世界第二大经济体日本的经济继续改善。很显然，从伊拉克或反恐战争传来的任何正面消息都会转化成为巨大、受欢迎的利益。只要这些事件中的有些事件铺展开来，而消费者和投资者的信心重新回归，那么，股票市场就会开始一个新的进展，这个进展将会再次出乎大多数投资者以及"专家"的意料。

尽管我持有积极的预期，但是我并非总是对股票市场抱有牛市的看法，我也并非对所有的股票抱有牛市的看法。我必须并且继续强调细心的市场选择。我们使用拥有专利的磁体股票选择程序来隔离出一些公司，它们正在显现出快速的收入增长率、快速的利润边际加速度以及强劲的现金流。当我们能够找出那些以相对于其增长率而言进行折扣交易并且正在积累中的公司，就很容易把其余的噪音排除掉。好消息是——我们目前看到有各种充足的此类公司！

记住：股票市场是一个拍卖市场。在像现在这样悲观的时期，如果你正处于自己的积累阶段，那么你需要做一个买方。华尔街有句老话"你为玫瑰色的愿景付出了昂贵的代价"。这样的时期只是偶尔才会出现一次。趁机查看一下拐点那里，而傻瓜们却不敢这样做！

这篇文章发表于《迪克·戴维斯文摘》2006年2月号（基米尔，

2006a，1 页）。在本文中，我力劝投资者杜绝负面的媒体和经济学家，而专心聚焦于市场中出现的正面因素。

发射台上的市场
——2006 年将会比预期的更好……

消费者和投资者的信心正在上升。公司利润和资产负债表正处于美国历史上的最佳时期。全球经济扩张正在展开，由过量的流动性和需求添加燃料。股票市场的"内部"看起来很好——一条强劲、积极的涨落线，以及一个非常健康的新高/新低比例。

虽然所有这些因素都已经到位，但是令我吃惊的是，很多投资者的预期非常低。遭遇了一个熊市，随后又经历了这个看似永无休止的横盘市场，此后，大多数投资者无法看到市场中潜在的力量。现实情形是，股票市场正处在发射台上，2006 年将会被证明比大多数人的预期更好。即便如此，关键还是你要处于正确的行业，根本而言是持有正确的股票。尽管人们大声争论的问题是，我们的股票市场究竟是处于牛市还是熊市——重要的是你要记住自下而上进行探求，原因就在于此。

有一群人看起来明白当前的环境，他们是公司内部人士。那些深知其公司资产负债表的人正以创纪录的速度进行股份回购以及兼并和收购。我们看到，一些私募股权玩家正在以前所未有的速度把上市公司私有化。所有这一切正在发生的时候，个体投资者却因这一波熊市而仍然在舔舐伤口。从 2000 年市场的顶部至 2002 年的下跌，这期间发生了众多的事件，这些事件从情感上给很多投资者造成巨大伤害，他们甚至都不愿意去考虑是否在股票市场里投入新的资金。

尽管美国经济和世界经济都很强劲，但是你不要指望从经济学家那里寻求正面的引导。很多经济学家不仅对利率周期的幅度持错误观点，他们对年复一年的利率方向也认识错误。在全球扩张最强劲的时代，经济学家警告存在双底衰退，公众被告诫要保持警惕并持币观望。公众面临的另一个难题是，华尔街的分析家们花费太多时间用来阐发多年的主题——通常是基于错误的经济预期。这种方法被用于股票市场的时候导致一种自上而下的方法，试图识别哪些是最佳的行业，指望金钱可以在这些行业中流动。

我的信念是：为了获得成功，你需要"倾听并观察"市场的行为，而不是预测长期的循环。通过使用我称之为"磁体股票选择程序"的方法，我试图识别某一种类的公司。通过定量分析隔离那些具有最高收入增长率以及最高加速利润边际的公司，我们就能够识别增长真正来自哪里。

然后，研究这一组公司的总体，我们可以看出，这些公司中哪些以相对于其价值的折扣进行交易，哪些公司通过一个明显改善的相对价格趋势正在积累中。这种方法往往可以识别某个特定行业里的一群公司，这些公司正在体验定价权，并且正在生成加速的现金流水平。我把这些公司称为"磁体"，因为其他投资者会情不自禁地受到它们的吸引。我们持续看到有好几组公司和许多股票满足我们的标准——因此，我一直坚信牛市的存在，但是有所选择。

有很多人相信，能源行业和基础材料行业已经走得太远、太快，目前一些反向投资者（contrarian investor）正在快速摆脱这些行业。20年前，约翰·坦普顿爵士声称，柏林墙的倒塌是他生命中最重大的事件之一。坦普顿准确地表明，民主广为传播，将会导致越来越多的人口体验并拥抱资本主义和消费主义。很清楚，金砖四国（巴西、俄罗斯、印度和中国）最近浮现出来，它们正在给全球扩张添加燃料，就在10年前我们对这种可能性想都不敢想。这不是一个简单的或短期的行业轮转的范例，而是一个几乎不可逆转的长期趋势。

在磁体这里，我们继续搜寻延长的增长趋势。然后对那些行业进行更深入地钻研，根据我们训练有素的量化程序找到那些脱颖而出的公司。我们的程序中另一个凸显出来的部门处于博彩业之内。横贯全球，新兴的博彩大型设施正在建设之中,给美国以及世界各国的城市和州府催生旅游业并且抵消税收负担。自然而然,这一行业的各家公司正在繁荣兴盛,诸如赌场经营者和供应商等等。这是一个我们不能预测的趋势,但是我们能够观察这个趋势并从中赢利。

你需要杜绝那些看起来总是负面的媒体。你应当让自己看清在全球经济和世界股票市场中存在的那些非常正面的趋势。燃料已经在场外准备就绪,只待把市场发射升空。现金对美国股票市场总资本化规模的比例自从确立以来,现在被个人持有的现金百分比最高。现金在世界各地都很充裕,正在流入我们的市场。不要等到关于股票市场或经济的各种正面文章纷纷出现,你才去买入那些卓越的公司。始终钻研最好的理念,当你发现那些理念时,满怀信心地去投资。

在2008年3月24日这一期的《迪克·戴维斯文摘》中(基米尔,2008h,1页),我把自己的信念分享于众:此时,即使华尔街发生内爆,缅因街仍会很好。虽然我很早就认出了经济衰退,但还是提请读者需要投资于各家公司,而不应过分考虑经济衰退。

遇到难题的是华尔街
——不是缅因街……而难题是短期的

像现在这样的时期可谓是真正令人恐慌,当短期趋势看起来那么明显是负面的时候,人们都很不情愿买进股票。美国经济正处于衰退期,这一点毫无疑问——问题是这次衰退将会持续多深、多久?任何盲从于技术分析的人都会持熊市的观点,而悲观主义随处弥漫。媒体鼓噪甚嚣尘上——衰退、通胀、滞胀,大多数市场中都存在一个技术熊市,信用和贷款舞台存在真实(但只是暂时的)的短期问题。然而,即便是最具熊市观点的投资者却在问"什么时候介入"而非"什么时候退出"。

遇到难题的是华尔街——不是缅因街。民调显示，84%的美国人说他们对自己的生活很满意，95%的有能力、有意愿工作的人都拥有一份工作。很多地方的很多人都想要来到美国。人口正在增长，并且不断地被引向自由市场，适合于他们的各种机会被创造出来。缅因街将会继续在越来越多的领域做得很好。

今天，与缅因街相比，华尔街上的货币兑换者却在经历另一番情形。正是因为有那么多流动性，各种产品被开发出来，满足那些寻找"一点外快"的人的胃口。因为利率已经下降，各家机构在创造收入时遇到难题。这对于那些严重依赖固定收益投资品种的群体而言，会造成严重的问题，他们在维持运营实业的同时，也要承受不断上涨的成本。这些贷款包（loan package）大多数被进一步重新打包，然后产生条款有悖于它们的各种衍生品。只有当问题开始浮现时，这些产品的工程师才发现他们产品的流动性变得多么糟糕。历史总会重演，大钱（big money）正在以很低的水平涌进来，并把这些"难题"搁捧起来，当行情稳定时他们就会赢利颇丰。从事大多数转移项目的担保生意非常健康。虽然不动产遭受了打击，但是我们必须细心地把所有东西都纳入视野。目前，95%的抵押期限都是30天之内。虽然有报道称止赎权（foreclosure）正在"飙升——高达40%"，但是它们仍然低于3%。对这些投资的大部分抵押过去都很稳固，现在同样稳固。次级贷款的问题不在于其发生的拖欠，而在于这些产品本身的流动性问题。一旦这个难题得以解决——它将会得以解决——增长就会恢复，不仅在美国如此，而且世界各国都是如此。华尔街和银行业遇到的巨大打击无疑将会对经济产生很大的短期效应——但是，几乎每个其他领域的增长都在持续，未见衰退。现在所缺失的是国内的"财富效应"。人们再也不能使用重新筹资的返现贷款（cash back loan）超出其收入地过度享受。确实如此——商业周期还没有消失，经济衰退或熊市也没有消失。

如果我们正在预期（或经历）一个熊市和一次经济衰退——为何我还持有如此牛市的看法？一个原因是，股票价格已经从高点下跌了

15%～30%，这要根据你所查看的是哪个行业或哪家公司而定。我相信，我们将来会把经济衰退开始的日期回溯到2007年的最后一个季度，熊市开始的时间是在2007年10月的高点。我们已经历经了大部分的损失。（事实上，我在几天前开始写作这篇文章。在我坐下来完成这篇文章的时候，美联储已经公布了一些措施，他们需要借此解决市场之上悬而未决的信用问题。）更重要的是，还有另外一个更大的因素进入焦点，这个因素使得我更加坚定自己的长期牛市看法。

关于国际上正在发生的全球扩建问题，人们已经谈论了很多。多年来，我们听到过关于自我放纵的婴儿潮那代人，以及市场商人之类谈论这一群体是多么巨大并且他们如何彻底改变了供求方程式。由于通讯和互联网的进步，自由市场就像野火一样四处蔓延。位于华盛顿的行政当局想要谈论的是民主的传播——而在商业层面归根到底就是自由市场。来自中国的共产主义者接入互联网，其方式与来自瑞典的社会主义者没什么两样。这一结果我称之为"网络潮一代"。来自各处的每个人都渴望一个更高的生活水准，他们看到世界各地都在享受这种高水准的生活。接下来数十年中资本市场规模的增长正在被今天只顾短期利益的投资者视而不见。

我将把戏剧性的"娱乐评论"留给别人。我将让他们浪费其时间来回答这些问题：我们是处于牛市还是熊市？经济衰退？它将会有多深？我甚至自己也向媒体回答这些问题——只是因为他们问起了我。

但是，要点并不在此。我将继续聚焦于那些具有卓越理念和良好管理的公司，它们继续生成我所谓的"自由收益"——生成加速的现金流，而以折扣进行交易。我们的磁体系统一如既往正在发现大量这样的公司，在良好的时期和糟糕的时期都是如此。与此同时，自由市场将会继续蔓延，华尔街将会找到治愈当前流动性危机的良方，假以时日，数量更多的投资者将会把市场的价格竞投得非常高昂。

这篇访谈刊载于《华尔街手稿》（*Wall Street Transcript*）2008 年 7

月号。该访谈触及众多话题,其中包括:为什么我与大多数其他货币经理的思考方法迥异?我的焦点集中于:关注磁体系统,需要看穿报道的收益并且观察现金流,以及我认为多样化毫无意义的原因所在(《华尔街手稿》,2008)。

投资于顶级公司

《华尔街手稿》:去年我们采访过你,当时就在整个次贷危机和信用垮塌之前,我认为,对你而言,这难以置信的12个月肯定跌宕起伏。你在开始时是想谈论过去发生的事情,还是谈论这些事情对你的选择程序造成了什么样的影响?

基米尔先生:对华尔街的几乎每一个人,只要他持有诸如"什么便宜、什么昂贵"这样的先入之见,过去的12个月对他都是一个教训。还有同样重要的是,这段时间也显示出,如果你坚持把金钱投入到照搬标准普尔的广泛、多样化的投资组合,这样做害处很大。具体谈到去年年内,金融面承载标准普尔中的最高权重,而任何人如果他感觉到自己被迫待在金融面、捍卫金融面或者事实上认为金融面很便宜,那么他在市场心理和市场运作两方面都学到了一个惨痛的教训。而我们恰恰在这一行业感到非常幸运。我们想继续保持低调,但是对于过去的12个月,我们一直在谈论的是,我们正在暴露于更多的自由市场,这导致我们进入基础材料、能源、国际市场,不仅帮助我们基本上避免了金融面,而且我们与金融相涉的大多数活动一整年都处于卖空一侧。

《华尔街手稿》:目前多头们都在市场之外吗,或者,你看到这种环境的终结点了吗?

基米尔先生:我在这里最重要的评论是:你得到的教训是恶化中的资产负债表绝非廉价。我在这里的最佳猜想是:如果你回顾历史、回顾先前的市场周期,就会发现金融面可能已经接近于踏上了下行的轨道。

但是，因为我们是磁体股票选择程序的严格使用者，所以我们只对那些具有加速现金流的公司感兴趣，因而，在我们的模型上并没有什么金融面真正显示出来。金融面转向而且变得健康的时候将会到来，我们看到全球宏观增长目前正在帮助其他行业，我坚信这些金融面最终同样也会从中受益。但是，试图现在就猜测金融面的底部，根据它们令人不安的资产负债表猜猜看，谁也说不准。这实际上已经被证明是有害无益，因此，我们不玩这样的游戏。

《华尔街手稿》：跟我们谈谈磁体股票选择程序，因为与货币经理传统的选择程序相比，你的系统在很多方面差别巨大。

基米尔先生：在很多方面，它与传统的货币管理系统完全不同。首先，我们相信，大多数投资者都太过懒惰，在评估各家公司的时候不愿意查看完整的资产负债表，由于某种难以置信的原因，他们仍然聚焦于底线报告收益（bottom-line-reported earnings），但是多年来人们发现这些报告收益实际上是经过最精心乔装打扮的，通常是对一家公司的健康起到误导作用的指标。在磁体，我们把顶线收入增长当作我们起始的第一个内容，然后一路向下查看资产负债表，直至现金流。正如很多其他人一样，我们还对估值非常感兴趣，但是我们坚持强劲的资产负债表，并且坚持一系列金融度规中的当前改善状况以及实际的价格动量。

在我们分析的最后，我们得出很小一部分可以投资的合格的公司，而不是执着于依然主导华尔街的广泛多样化策略。

《华尔街手稿》：有哪些行业你发现存在较好的资产负债表金融面？

基米尔先生：很明显是有的。但是，在我强调它们之前，我想要说的是，我们仍然是诊断性多于预测性。基于你认为正在发生的事情或者你认为将会发生的事情去构建一个故事，这种做法很容易，但是我发现，更重要的是审视一下你的自我（ego），自问的问题是"是什么"而非"你认为应当是什么"。

我们目睹这场国际范围的全球扩建正在大规模地进行当中，从事强化并创造这种扩建的各家公司一直是大型的、主要的受益者。无论这些行业是建造房屋用的钢材，或者建造高速公路用的混凝土，还是满足全球人口不断提高的口味和生活标准所使用的农业产品和化肥。随着这个趋势继续发展，人们不断透过肩部寻找市场顶部，并且寻找轮转进入其他行业。在过去几年里，正在推进的最佳解决方案（我认为的最佳解决方案）是，你只需遵循一个自由市场的方法，让你的投资组合的权重重点放在那些正在以合适价值进行交易、经历最快现金流的公司。今天、一年以及六个月以前，我们目睹了基础材料、能源以及拔尖的科技公司引领潮流。虽然我坚定地相信，它们将会继续在未来的数季度或数年中继续引领潮流，但是我们将会继续严守纪律，遵循我们的模型，让我们训练有素的系统把我们引入正确的行业。

《华尔街手稿》：国际股票怎么样？相对于国内公司，你投资于进行国际性运作的国际股票吗？

基米尔先生：我认为，在这个案例中，极为重要的是追随货币并追随收益，追随现金流，而对我们而言——追随我们的模型。很显然，这几年来，最强劲的增长都是来自美国以外的地方。还有大量的国内公司实际上在美国以外比其在国内生成更多的生意。当我听别人说，"哎呀，你所挣的金钱当中应当至少 10% 来自国际"——我被逗乐了。我们已经采取了一种不同的方法。我们采取的这种方法是，我们不关心一家公司来自哪里，我们更感兴趣的是它们的生意做得如何。这种方法把我们引入 "一个位置"，在这个位置目前我们投资组合的几乎 45% 来自国际性的公司，即使美国经济明显调整至下降趋势，这些国际公司仍继续显示出可观的增长。我们将继续从国内和国际寻找机会追随现金流。幸运的是，我们的模型把我们引入了发生在国际范围最伟大的成长故事中。

《华尔街手稿》：当然，你的程序的危害之一是，当你正在做空钟形曲线负面一侧的公司时，你把钱用来买进钟形曲线正面一侧的公司，也即顶级的公司。当顶级的公司此时也正在买进时，将会发生什么情形？你有没有过缺钱无法买进那些顶级公司的情形？

基米尔先生：实际上，通过我们的报价文档（offering document），我们以全副投资来处理生意。只有我们的基金之一才允许我们做空。我们更喜欢市场的多头一侧。显然，在市场过程中有一种长期的上行乖离（bias），但是非常有趣的是，在任何一种市场环境，你总会发现有一些公司正在交付并履行合约。无论它是过去的行业——你在那些行业中看到技术引领潮流——还是现在你正在目睹一场硕大规模的全球扩建，而人们却依然对此估计过低。虽然很多人都会谈论市场多么艰难，在这一点上市场确实艰难，但是，当你涉足那些正在经历现金流不断增加的公司时，再对照大多数公司平庸的回报和业绩，对我而言，它们实际上几乎像3D一样栩栩如生地凸显出来。

我们明白，就你的问题所指，根据常理，所有公司中90%都只能说是一般化。有一些业绩糟糕的公司，另外还有一些（仅有寥寥几个）"顶级"的公司，这些"顶级公司"几乎在任何市场环境都会陆续显现出来。过去100年来一直如此。

《华尔街手稿》：你有没有通过研究资产负债表来找出那些顶级公司？

基米尔先生：这一切都要回到我读研究生的时候，那时我第一次看到了这种钟形曲线。那时的问题是，如果"市场上只有几个顶级公司"这个问题是正确的，那么问题实质上是在自我追问"为什么还有人买进整个清单"。这个问题引发了我几乎25年的研究，分析多年前所有的顶级货币经理、所有的伟大作者，以期弄清楚是什么造就一项伟大的投资。一项伟大的投资是一家伟大的公司以及你在正确的时间找出这家公司这两者的结合。我们所做的最重要的事情是，拥有一套我们开发并拥有专利的比率，这套比率带领我们径直跨过资产负债表，然后确定那些最健康、最快速成长中的金融面。不仅是收入、现金流，而且是利润边际加速度——这些都是一个磁体股票的标志。它们具有的特征被我称为"自由收益"。

那么，当这些东西都一起显现的时候，市场上可能会出现某家公司销售进入一个新的地理区域，该区域通常是某家公司开发的一种全新的产品，竞争对手有限。另一件你需要记住的事情是，这些公司的名字将会有所变化。你爱上了一家公司，哪怕因为竞争的缘故某些基本面已经开始恶化，你还是跟定这家公司，这是大多数投资者所犯的最大错误。你需要瞪大眼睛，克制自己的情感，排除市场上的所有噪音，从而聚焦于那些在当前市场环境中表现优秀的少数几家顶级公司。

《华尔街手稿》：那些较小的公司怎么样？它们也有可能是顶级公司吗，或者它们通常都是大市值公司？

基米尔先生：毫无疑问，大市值公司自有来处，我的职业也是如此。能够从较小的公司中把那些最佳的公司尽早识别出来，这一点使我欣喜若狂。与其他的经理人相比，我们的模型往往可以远早于他们找出这些公司，这一意义重大。然后，你只需要关注市场是怎样回应和对待这些公司的。

6年中，我们看到，在业绩方面小市值市场实际上在引领大市值市场。大约一年前，大市值市场开始支配并胜过小市值市场。我们现在所看到的（这也是第一次看到），在过去一个月左右，小市值公司开始在市场中表现得更好。有趣的是，领先者出自中间——目前是中市值公司引领这个市场。

随着我们的生意不断发展以及外界对我们程序的关注不断增加，我们自己就可以移动小型股票，但是我们不想那样做。我们正在管理的很多新资产都位于较大的名号下。在国际方面，我们的投资组合往往被吸引至那些较大的名号。但是，在过去25年时间里，当我看到一个实在很小的公司在磁体上排名很高时，我总会兴奋不已，现在同样如此。我们确保尽量、尽快跟该公司管理层商谈，以此找出他们运行得如此良好的原因究竟何在。

《华尔街手稿》：在什么类型的市场环境中，磁体选择程序发挥作用、表现更佳？

基米尔先生：在过去25年时间里，我们看到的最佳的一次表现是在一次经济衰退的末尾，这使我现在还有些兴奋。通常，在衰退期间你将会看到一些周期性的公司，也即一些更具防御性的名字占据市场。当我们回到一个牵涉卫生保健以及科技和创新的增长环境中，有些公司通常拥有令人兴奋的新型产品，那些产品令华尔街着实感到振奋。在一次衰退之后，对我们而言，那些排名很高的公司通常做得格外优秀。现在，我们显然处在一次衰退型的时期。

对我们而言，幸运的一面是，在过去的一年里我们一直把权重放在正确的行业，以至于我们没有经历到大多数货币经理经历的那种痛苦。当你处在一个高度情绪化的市场环境，各种行业受宠失宠、来去匆匆——市场进行交易时非常情绪化而非趋势化——磁体系统相对难以找出真正的市场领导者。不过，一旦市场开始产生趋势，我们就会及早发现这些趋势，由于我们不是冒进的交易者，而且我们确信能够识别出那些顶级公司，因此，当我们识别出那些顶级公司，就会坚守它们，一旦一个趋势实际上正在衍生并且就位，我们通常会在两年内把投资扩大三四倍。

《华尔街手稿》：约略而言，这一次在投资组合中的顶级公司与其他公司相比占有的比例是多少？

基米尔先生：如果你想一想我们是如何工作的，那么你就会知道我们的模型仅考虑比方说1%顶尖公司的1%。我们的资料中有大约14 000家符合条件的公司。当你把这个数字加以分解，然后进行仔细观察，我们将会把这个数字缩小至我们私立基金的30只顶尖股票和我们共同基金的40只顶尖股票。现在，你正在处理钟形曲线的极顶点，也即那些真正格外优秀的公司，对我们而言，它们在价值、增长和动量方面得分很高。这也是为什么我们实际上将其命名为"特优"（Exceptionator）基金的原因。《福布斯》有过一篇旧文剖析了我的方法论，并把我描述为"无畏者基米尔"（Kimmel the Unterrible）。实际上大多数公司在我们的模型上得分不高。我们只关注在整个模型中得分很高的真正稀有品种。就其本质而言，这就像网球运动员、高尔夫球选手、建筑师或小提琴家,顶级公司只可能有那么多。

我相信,华尔街一直在犯的错误在于,他们试图每隔几周或几个月就找出一个新的投资方向,而不是坚守某个继续发挥作用的行业。当然,另一个错误是,你坚守某家公司,只是因为你对它比较熟悉或者你先前对其有过愉快的经历。有利可图的投资行为是,保持完全不受情绪左右并且清醒地记住对股票不要情绪化,而应当严守纪律、客观诊断。

《华尔街手稿》:你聚焦于特优的基金,这种方法与95%的货币经理的投资组合都迥然不同,他们过于多样化,产生的回报低于正常标准。

基米尔先生:让我来告诉你,这正是我做生意最有趣的部分。我现在正处于撰写一本新书的后期阶段。我的上一本书已经有10年之久了。新书将于明年年初出版。这本书实际上将要揭露并戳穿那个可恶的多样化和资产配置的程序,这个程序在过去25年里一直主导着华尔街的话语权。现在饶有趣味的是,在我的研究过程中,当我分析和会见各个时期的顶尖投资者,他们没有一个人欢迎多样化。很多资产公司害怕看起来与市场格格不入,害怕承担风险,在我看来,只是因为他们没能正确定义风险实际意味着什么。华尔街继续聚焦于标准偏差以及日复一日和周复一周的波动性。他们应当做的是自问这个长期的问题:最终结果是什么样子,他们的客户实际上想要实现什么样的长期目标?假如先前他们提出过这个问题,那么我们现在就不会看到在养老金计划、政府和个人账户中的资金严重匮乏。

我这本新书的目标是,促使人们内省并重新评估原先在30年前做过的多样化研究背后的数学运算,并改变投资者的行为——结果是使得这个国家最终变得更加强大。

《华尔街手稿》:风险管理技巧怎么样?在你的磁体程序和你的选择中,你如何试图控制风险?

基米尔先生:要想长时间获得高额回报,最重要的是你必须避免自己的账户出现剧烈的跌幅和亏损。经过这些年对其他货币经理的研究和评估以及在此过程中自己所犯的错误,我学到的是,在个体股票中进行投资根本就不存在所谓的圣杯。这意味着,尽管我对磁体识别顶级公司的能力抱有极大的信心,但是,当一个得分发生变化以及某家公司在得分方面下降,发生这种情况可能是由于金融恶化或仅仅是价格恶化,那么,我们就不固守自己的观点。我们不是听任其跌至平均水平以下,而是非常相信止损的作用。如果你愿意拥有一个关于顶级公司的集中化投资组合,那么你需要记住的是:市场发生变化,投资者的观念发生变化,而你必须勤勤恳恳,只坚守那些最强劲、最健康的公司。我们使用自己的模型,一旦有一些在我们看来将会成为市场领导者的公司开始恶化,模型就可以帮助我们摆脱这些公司。记住著名演员同时也是伟大投资者威尔·罗杰斯(Will Rogers)的老话,"所有股票都是糟糕的,只买进那些上升的股票,如果它们停止上升,记得要把它们卖出"。我们采取一种更加广泛的方法。如果我们处于一家正在做多的公司,那家公司必须继续显示出积极的价格动量,而继续相对于其收益和现金流以折扣进行交易,并且在我们所有的其他度规中排名脱颖而出。你瞧,这就是为什么在任何时候仅有那么寥寥几家公司在我们的模型上能够脱颖而出。我们再把它变得更容易理解:最好的进攻包含最好的防御加上不让你的个人情绪支配你的投资组合管理。

《华尔街手稿》:许多金钱管理公司现在都拥有非情绪化的量化投资程序。是不是你采用的排名方法才使得你的公司与众不同?

基米尔先生:是的。很清楚,量化排名的方法越来越多并被人们接受,其原因显然在于,我们都感受到一个现实:这种方法行之有效。我们的模型与其他模型的最重要区别可以通过一个消除过程的思考方式加以描述。与其他人相比,在消除过程中我们把栅栏标准设置得更高,数量设置得更多,以此检验一家公司能否最终通过检验。因此,如果你正在评估各家公司,而不像我们那样拥有严格的消除程序,那么,你依然可以战胜市场,却可能不会把你的清单减少至最终的顶级公司。把顶部选择程序与非常严格的投资组合管理结合起来,我相信你就拥有一个可以战胜市场的处方,做到常胜不败,实际上能够历经任何市场周期。因此,在我看来,量化基金的增加实际上是一个绝对确证,证明这种程序是合理有效的。此外,它还消除了"情绪影响你的决策"这个非常关键的问题。

《华尔街手稿》:这些年来,磁体理论和该程序先是演变为高净值(high-net-worth)个体服务,然后演变进入各家机构,上次你说你正在把它们进一步推进。你想谈谈这一点吗?

基米尔先生:当然。让我向大家提及……一个"好消息、坏消息"的故事。大约一年前,有一个集团出价要收购磁体,该集团专注于非营利事业,想要遏制我们在多年中可能会遇到的任何潜在的局限限制,把磁体专门用于他们那个集团的精英客户群体。后来的结果是,买方此前一直在购买方面进行融资,而全部买下的行为从来没有完成。因此,时至今日磁体依然是独立的。所以,我们依然可以不把自己的工作局限于非营利机构,相反,我们正在继续帮助那些高净值的个体。我们正在帮助非营利机构,我们也在帮助出现在我们模型上的新机构。因此,我绝没有意图要停止工作,我热爱我所做的事情。在这里,好消息是我们的磁体运用将不会有所限制,我们将继续帮助我们遇到的所有善良的人们。

《华尔街手稿》:有没有我们没有触及,而你想要加以补充的内容?

基米尔先生:我认为,我想就这个新度规提醒各位的是,我正在谈论的是我所谓的"自由收益"。正是这个把加速的现金流与良好的评估有机地结合起来。多年以来,由于实际上人们为了良好理念而超额支付,大量的金钱都被损失在了市场之中。市面上有些收益模型没有把足够的注意力集中于估值方面、资产负债表方面以及债务方面。我想鼓励投资者去做的是,多花一些时间了解是什么在驱动一家公司并且确保你不会超额支付。如果你能够做到这些事情,那么你实际上就能够找到那些顶级公司并且一季度一季度地坚守它们,寻找到高得多的回报,而不会被那种可恶的媒体套住,那种媒体想要你相信:这个世界实际上是平的，而我们正处在悬崖边上。

《华尔街手稿》：谢谢你。

当本书拿去付印的时候，我们正处于一个可怖的熊市。这是一篇最近交付给我在媒体关系户的笔记（2006年3月14日），它触及了华尔街和媒体意欲重获公众信任的需求。我还谈及一个事实：因为投资者正在被短期交易系统出卖，公众已经失去了耐心，好像忘记了投资回报有时候需要花费时间方能物质化。

一个多头的担忧：我担忧的三件事情

请让我开始就直言相告——我从不担忧的事情之一是股票市场。我们目前正处于一个熊市并处于一次衰退。这两个事实我一点也不担心。所有的牛市后面跟随的都是熊市，所有的扩张期后面跟随的都是衰退期。好消息是：我们可能处在这个熊市过程中的近乎三分之二或更多的位置，股票市场的更好时间就在前头。然而，有三件事情我非常担忧，每件事情都需要尽快处理，以便未来对我们而言确实是一个更好的地方。

我担忧的第一件事情是，华尔街将无法重获尊重。除非顶尖的华尔街公司的管理层对各个投资者及其持股人显示出更多的尊重，否则他们不能够指望公众进入全体市场。最近，美国证券交易委员会隔离出16只不能够再非法做空的金融股票，他们这是在发出错误的信息。如果裸做空是非法的，那么，为什么只把规则强加于那16家公司身上——而不是强加于整个市场？标准其实很容易——清晰、透明、诚实。目前，十多个说不同语言的国家正在国际空间站卓有成效地进行工作。国际空间站的标准非常清晰，其问责制度也是如此。华尔街需要行动，就像生命受到威胁一样，他们应当像国际空间站那样工作——假如这样，他们肯定能够得到充足的回报！

我担忧的第二件事情是，媒体最终将会使得公众相信，无论发生什么，其中90%都非常糟糕。我们都知道坏消息卖得快——但是，假如媒体用尽招数让公众相信天就要塌下来了，难道会有谁对此感到震惊吗？如果你读到的坏消息太多，那么你就很难看到我们周围发生的美好事情。在世界各地，人们的寿命更长，大多数人的生活水平继续在改善。我明白，这个世界有一些实实在在的问题，远非完美。我只是希望看到一个不那么丑陋的媒体——我希望的仅此而已。

我担忧的第三件事情是，各个投资者将会继续荒谬地追逐更为简短的持股时期。伟大的投资结果不可能在一夜之间发生。如果你发现一个真正的估值过低的投资机会，那么，一夜之间它就会被发现并增加至适当的价值水平，有这样的道理吗？沃伦·巴菲特喜欢提醒人们，妇女怀孕生孩子还得要花上9个月时间。投资者的投资视域各不相同，有的是3年，也有3个月，或者3天——现在甚或3小时，他们创造出了几乎不可能被接受的波动性。我个人无法改变人们的这种狂躁症——但是，我希望能够指出这种愚蠢行为，并帮助他人避免这种行为。

的确——我这头牛非常担忧——不仅仅是担忧市场。大量的赢利公司继续给那些能够看穿今日新闻头条的人们提供卓越的机会。

随着全球信贷市场冻结在2008年逐渐扩展，下面与读者分享的这篇文章发表于《股权杂志》（Equities Magazine）（基米尔，2008年10月a，32页）。该文强调全球自由市场扩展的重要性。本文发表的时候，严峻的全球衰退正在对市场造成沉重的压力，人们对此的担忧与日俱增，而我想向读者提供一个更为长期的视角。

全体上船！这条利润之船现在起航！

那些谈论经济正在下跌的人们没有走下船去到船厂看一看，在那里，全球船运产业的方方面面都处于火热状态。随着各家公司把创纪录的货物在全球范围进行运输，船运业的前景看起来一片光明。虽然这条利润之船已经起航，我们仍有充足的时间跳上船去。

随着一个更加庞大的消费基生活得更好、消费得更多，你可能已经意识到世界各地生活水平的增长所造成的影响。这方面已经造成了世界范围运输的吨位大幅度增加，促进了整个船运业的繁荣。

在过去 5 年里，船运的总吨位在干散货运输方面增长了大约 30%，在化学和液化气运输方面增长了超过 50%。对于最大的运输者而言，尽管运费相对稳定，这种情形依然导致其在营业利润方面大幅度增加。这正是磁体系统寻求的事情之一。

对于近年来的中国，其商业增长看起来似乎正在固化。还有，你可以目睹到印度、巴西和俄罗斯也存在同样的增长，仅举几例。在几乎每个大洲，容量和吨位都处于历史新高，而没有减少的迹象。

对于运输和船舶产业，我怀有强烈的长期信心，尽管如此，我依然相信商业周期。虽然美国仍然是世界上第一号的消费者，但是你却不应当低估自由市场扩展的态势及其对全球消费主义意味着什么。

事实上，正是这件事情才使得我在目前国内的悲观主义时期一直持有牛市的观点。当然，攀升的石油成本可能会侵占利润，新兴市场放缓可能会引起人们卖出船运业股票。但是，当硝烟散尽，你将会看到很多更大的船只运载着更多的吨位。

虽然涨起的潮水可以抬高所有的船只，但是我的方法始终是寻找某个特定行业中最佳的公司。使用我们拥有专利的磁体增长率和自由收益标准，我们能够识别出那些赢利最多、价值最好的公司。通常，我们的模型可以找出某个行业中较小却发展较快的公司。但是，在船运业，我们的模型一直在挑选较大、较为稳定的名号。这个行业有一些庞大、稳定的现金流奶牛，我们在其中几家公司拥有股份。

排名很高的是 DryShips 公司（纳斯达克：DRYS），这是一家基地在希腊的散装货物船运公司。因为该公司对其舰队不断进行升级改造，而且能够运送更多的货物,在仅仅5年中,公司的收益增长了20倍。收益和营业利润快速攀升,使得该公司几个季度以前在我们的计分模型上处于顶部。

虽然该公司的股票价格具有波动性,但关键的是要把波动与风险区分开来。该公司的强项在于运输诸如铁矿石和煤产品等原材料,这些材料对于大规模的全球扩建非常关键,而全球扩建需要数十年才能完成。由于股票具有超乎寻常的高额回报,我预期DryShips将会在我们的清单上驻留一段时间。

进入壁垒是船运业另一个有趣的方面。船运业是一个典型的资本密集型产业,成功的玩家能够通过现金流来更新舰队、提高利润。在这个行业,新入行者即便拥有更好的技术,也不可能突然就令其他竞争者落伍。在投资中,保护好你的下侧风险跟识别出你的上侧潜能同样重要。识别出船运业的领导者,给他们时间去发挥效用,这样做可以帮助你形成一种对待风险的不同视角。

人们太容易陷入股票市场的短期性质之中。尽管在表现欠佳的行业中抓住底部可能很诱人,然而这是一件棘手的任务。若某家公司运行不善,大量流出现金,要对该公司的转向进行下注更加困难。太多的公司根本不会发生转向。我宁愿识别某个行业中的佼佼者,他们的船帆风势强劲。

下面这篇文章发表于2008年的《股权杂志》(基米尔,2008年9月g,15页)。我在本文中试图与读者分享的是:一家公司需要创造出积极的现金流借此保持健康发展,这一点很重要。整整一代人落入了评价互联网公司的陷阱,这些公司基于各种各样的因素导致灾难性的投资后果。我试图指出的是问题不在这个行业,需要解决的是评价方法。

从在线商业中赢利

互联网无疑改变了商业运营的方式。当然,有些互联网公司缺乏健康的商业模型,金钱也在这些公司身上亏空了,有相当数量的人们怀疑交易是在"稀薄的空气"中进行,但是,这些年来,对许多产业而言在线商业已经成为一个重要资产。

一家公司是否需要拥有一个在线平台,这已经不是问题,问题只在于如何把它整合起来。有些商业公司很早就明白在线销售的全球界限,他们已经迈出了巨大的步伐,随着在线商业和销售应用继续扩张,未来的回报将会扩展。

我清楚地记得那些大型经纪公司对在线交易的最初反应:这种交易可能适合于小家伙,而大客户对此不感兴趣。然而,消费者需求和担心失去生意这两者很快就使得金融公司插手其中。问题演变成了这样:为客户找出一种方式,让他们选择一个代表作为代言人,或者让他们自己进行在线交易。

对于零售商而言,也出现了同样的情形:邀请他们进入你的店铺,但是确保如果愿意他们就能够"点击并装运"。通过提供在线购物,很多商业看到了它们的利润暴涨,而它们的消费基差距很大。气泵的高价格只会给这个趋势添加燃料。

另外,作为在线能力的一个结果,诸如 UPS 快递[①]和联邦快递(FedEx[②])的投递服务突然变得全球化。这一点对许多产业产生了深远的影响,并且帮助自由市场在世界各地继续扩展。大幅度的成本节约正在帮助各家公司填充产品订单,而先前他们只能在本地购买这些产品。

通过对国际范围寻求建议的回应,商业对商业的交易正在取代展厅销售人员,而且已经打破了地理界限。购买者节约成本,销售者扩大交

[①] 全称 United Parcel Service, Inc., 联合包裹服务公司。
[②] 由 Federal Express 两个词拼合而成。

易量，这种情形对许多公司而言都已经以亿万美元计算。

其中一个已经发生、更为有趣的进展存在于旅游产业过剩库存（excess inventory）领域。先前我们遭遇的情形是，根据一个航班提前预订时间的早晚，飞机票的价格发生大幅度摆动。一旦飞机起飞，那又是另外一番情景：飞机上每一个未卖出的座位都能把航空公司逼疯。

价格在线网络公司（Priceline.com Inc.）（纳斯达克：PCLN）理解乘客与航空公司之间的这种爱/憎关系，该公司创造了一个伟大的商业模型。尽管价格在线的初始广告收到的评论欠佳，然而该公司秉持一个坚定的信念，现在已经成长为一头赢利的现金奶牛。价格在线想出了一种方法，使得买方和卖方在交易中都能受益。与其他不那么成功的互联网商业相比，价格在线能够取得如此的成就即清楚地表明，重要的是在基于互联网的公司中你想要寻找什么。

几年前，投资者和分析师开发了一些新型度规用来评估在线商业——我们开始听到"点击"和"击中"作为商业成功的一种测量方法。现在我们知道，这些方法使得投资者失去了金钱，而聚焦于加速的利润和现金流这种方法依然行之有效。现金流能够帮助你做出收购决定，买回股份，扩张外围。无论对于什么商业类型，这个事实恒久有效。然而，人们在投资在线公司的时候却忘记了这一点，而他们的代价是高昂的。

互联网依然处于商业化的婴儿期。假以时日，速度和连通性将会比现在提高数倍。更多的应用将成为可能，而Web2.0将会让位于更新颖的观念。无论新名称或新观念是什么，你应当记住归根结底是要赚钱。

当你投资一只股票的时候，请思考这个最重要的问题："我想要拥有整个商业吗？"不是通过数眼球或者数页面点击量，而是通过观察现金流你通常才能找到答案。不要在"新时代的"话语中迷失自己。的确，在线利润是可行的，但是不要忘记：它还是做生意。

在2008年早期，金融行业正在拆解。虽然银行系统不再受宠，我试图以一个长远的视角强调一个现实：金融行业不会完全垮塌，金融市场的未来在本质上确实将会全球化。这里是我撰写的文章《成长中的银行业》，发表于《股权杂志》2008年夏季号第32页（基米尔，2008c）。

成长中的银行业

今天，房价下跌、众多证券化产品的流动性紧缩，这两者结合起来给银行、抵押公司、房屋建造商以及经纪公司带来巨大的灾难，他们发行并交易这些与抵押相关的产品。一个新的熊市已经形成，吞噬了金融行业的每一个部门，而大多数银行股票下跌了60%~80%。

当然，现在的问题是：我们是利用已经下跌的价格，还是躲在旁边静待另一只鞋子也落下来？

最大的问题是要搞清楚这些问题实际上究竟有多大？初始的估算是，在经纪公司和银行方面，划减（writedown）和亏损为1 000亿美元。但是，这一估算额很快就被增加至2 500亿美元，而有些人说，现在的总亏损范围高达1万亿美元。我们现在看到一些杞人忧天的人正在臆想市场会出现衰退、通货紧缩以及连年的萧条。

虽然房地产业遭受了重创，但是我们必须把所有东西都纳入正确的视野。目前，95%的抵押业，其期限都是30日之内。虽然有报道称止赎权正在飙升至40%的比率，但是事实上仍然低于5%。大部分对这些投资的抵押过去都很稳固，现在同样稳固。次级贷款的问题不在于其发生的拖欠，而在于这些产品本身的流动性。一旦这个难题得以解决——它将会得以解决——增长就会恢复，不仅在美国如此，而且世界各国都是如此。

重要的是，你要注意到：世界范围内股权市场的市场资本化超过60万亿美元，而全球债券市场比股权市场要大得多。为了搞清楚世界经济的总体规模，你还需要涵盖现金市场、不动产市场以及商品市场。信用危机产生熊市反应，这种反应已经导致全球股权市场亏损了6万亿美元。我们听到的是，就单个公司水平而言其亏损甚巨，而华尔街将会继续挣扎一段时间。但是，这些亏损是可持续的，资本市场足够巨大，可以应付这些亏损。记住：资产负债表应当从负债和信用两方面来衡量，而就在去年，美国的总净值超过50万亿美元。

为了在今天的金融行业自由穿行、有利可图，你必须向前看而不是向后视镜看。同样重要的是，你需要着眼全球而不是只考虑国内。目前的全球扩建比大多数人意识到的要大得多、复杂得多。美国的第一号出口是自由市场。作为互联网和大众传媒影响的结果，经济版图正在迅速改变，而世界人口发展成为消费群体这一现象正在全球范围内上演。

虽然政客们谈论民主，但是其实质问题是自由市场的开放。全球人口正在越来越多地加入更高生活水平的行列，他们看到世界各地的人们都在享有这种高水平的生活。那些聚焦于短期的投资者忽视了接下来几十年里资本市场的规模必然会继续增长的态势。

就在40年前①，纽约证券交易所关起门来庆贺其在一天之内交易的股份超过100万股。现在，我们通常会看到在纽约证券交易所和纳斯达克两处每天交易的股份可达25亿股，而每天交易可达100亿股的日子很快就会到来——你可以想象金融服务公司的利润有多大。

另外，在接下来几十年中，创新型的新兴产业将会浮现。金融公司将会承揽这些新问题并收取费用。从这些新兴的公司获取收益——现在甚至还不存在的公司——将会帮助驱动整个经济。

虽然肯定还会有更多糟糕的消息，即便是美国银行业和金融业最艰难的时刻还没过去，但底部已经近在眼前。作为负面情绪的结果，在金融产业任何东西都已经被拿来出售，如果你能够买进并持有几年时间，那么你可能大获其利。

---

① 100页第二段开始说是50年前。

我的方法是使用磁体系统，这就意味着，一俟这些银行度过底部转而进入一个充满活力的时期，我就会静待底部过去而再一次买进国内银行的股票，我将继续聚焦于拥有良好理念和管理的公司，他们继续生成自由收益、加速的现金流并以折扣进行交易。

我们发现，国际银行业中有大量银行在我们的模型上得分很高，它们包括巴西伊塔乌控股银行（纽约证交所：ITU）、秘鲁信用银行（纽约证交所：BAP）以及东方金融集团（纽约证交所：OFG）。

如果你想要在股票市场赚钱，那么请从长远考虑，而不要太在意后视镜。杜绝那些世界末日之类的浑话。追寻自由市场继续向外扩展。华尔街将会找到治愈当前流动性危机的良方，而假以时日，为数更多的投资者将会把市场推向更高的地方。你可以指望这一点。

这篇文章发表于 2008 年早期的《股权杂志》（基米尔，2008e，27 页）。在本文中，我聚焦于两大主题：(1) 尽管短期条件正在衰弱，然而全球市场却正在趋于平稳；(2) 我还想与读者分享的是这样一个概念：投资于某个全行业的设备供应商，而不是试图找出某个特定行业中处于最佳位置的公司。

镐头和铲子

有一些清晰的迹象表明美国经济正处于衰退期。媒体关注的是即将来临的衰退将会持续多久、多深，但是，尽管我们已经看到美国的消费主义确实在减缓，然而国际图景却截然不同。全球扩建实际上规模更大、更加可持续，超出大多数人的想象。虽然大家都会继续关注大宗商品行业将会回暖的迹象，但是这种迹象并不存在。事实上，如果你在股票市场中寻找崛起的力量，就会看到采矿业和基础材料业一直最为强劲。我们很难说哪一种矿物或金属在价格升值或者移动的持续时间方面比其他更为闪亮，尽管如此，我们有一些很容易的方法可以从这个行业中赢利。一个建议是你可以投资于镐头和铲子。

过去几个季度中，尽管在大多数商品价格方面出现看似不停地移动，然而我们目睹的却是几次剧烈的震荡。事实上，在写作本文的时候，我们正在经历另一次震荡。但是，尽管国内消费者的活动放缓，自由市场的扩展正在生成人们对你能想到的几乎每一种商品不知餍足的需求。回到1990年代早期，约翰·坦普顿爵士向人们做了一个精彩的演讲，他在其中探讨了柏林墙倒塌产生的影响。他说，在他生命里发生的重大事件中，柏林墙的倒塌是对投资产生最重大影响的一次事件。他说得太对了。但是，与现在发生在世界各地的爆炸式增长相比，那次事件就相形见绌了。虽然人们都聚焦于中国——在全球对铜、铝、锌、铅和钢的需求中，中国目前占据50%或更多——但是，每一个大陆都在增长。

我投资的焦点是避免"太过预测性"，而是倾听市场。虽然我拥有经济学的学位，但是我尽量把它抛之脑后。经验和历史将会显示：太过聚焦于经济会导致错误的分析。对初入行者而言，还没有哪一次衰退被政府或华尔街的经济学家正确预测过。通常，有人认为他们能够预测复杂的"原因—事件"情形，认为这种情形将会在几年内发生，然而他们的金钱都被亏掉了。投资的一个更为有利可图的方法是，把你的自我认识抛在一边，而让市场讲述自己的故事。间或，某个行业的一组股票将会簇拥在某人的量化最佳观念清单的顶部。理想的情形是，你将会发现你所中意的某个行业的一家公司占据着它的利基。

你可以看到这种情形的一个显见例子是比塞洛斯国际公司（Bucyrus International）（纳斯达克：BUCY）。快速瞥一眼该公司的一张3年期的图表，你可以看出其股票出现大幅度上升。虽然股价增加了4倍，但是其中有几次剧烈、突然的下跌，可能会把大多数投资者淘汰出局。尽管该公司在其利基商业内具有大量的基本面竞争优势，任何相信紧密止损的人都不可能待在这只股票上。人们从其中一些这类较小却具有活力的公司可以看出剧烈的波动性，这就使得人们很难保持自己的长期观点。

在 2008 年 1 月的急剧抛售期间，我在比塞洛斯国际公司与管理层交谈。当时，该公司股票从刚刚一个月前的价格下跌超过 30%。交谈中惹人注目的是管理层的评论，他们说世界上只有两家公司——比塞洛斯是其中之一——制造所有采矿作业中需要的特定类型的铲子。利润仍然在加速，而目前的未结订单（backlog）堆积为历史最高。在这种情况下，问题不是管理层解释清楚生意中的一个糟糕季度或速度放缓的原因，而是市场短期波动带来机会的一个清晰范例。

当然，谈到镐头和铲子，我们还要谈及正在扩张的农业市场中使用的设备。如今我们看到人们把很多注意力投放到这一领域，自然有其原因。随着发展在全球范围持续扩大，一群更多数量的人们正处于改善其饮食结构的位置。在美国，过去农业生产中出现了各种提高产量的方法，现在这些方法也正在海外出现。随着世界人口继续增长以及总体生活水平不断提高，你什么时候看到大型机械失宠呢？

附录 测试磁体方法：
顶级公司的投资业绩

作为我持续努力改进和优化磁体©股票选择程序的一部分，2006年我采用了对冲度规（HedgeMetrics）的回测分析性能，以此帮助证实或否定其功效和高超业绩能力。在第一次回测完成之后，关于该系统的一些更为细微之处出现了几个其他问题。因此，我们又对这些问题进行了回测。这里呈现的是两次回测的完整结果，并附有两位作者的评论，他们是来自新千年顾问的C. 迈克尔·卡提（C. Michael Carty），以及来自对冲度规的哲学博士爱德华·马特勒克（Edward Matluck）。

磁体投资策略的回测（对冲度规）：
C. 迈克尔·卡提，哲学博士爱德华·马特勒克，
2006年10月19日

一、介绍和总结

本研究的首要目的是对基于科学、拥有专利的磁体投资策略进行回测。这种策略在一个合理的理论框架和一套清晰的启发式规则之内使用传统的技术因素和基本面因素，选择有限的几只股票，预期这些股票可以优胜罗素2000和标准普尔500。

磁体投资策略的理论基础是，根据某些度规诸如价格对收益倍数和收益增长、具有高出平均的相对力量，有些股票定价合理，具有很大、快速增长的销售量，但这些股票被低估，因此，有可能优胜罗素2000和标准普尔500。本研究衍生出的经验证据基于广泛的回测，该证据表明，在1987年2月至2006年4月之间，为期231个月，相当于19年零3个月，相对于罗素2000和标准普尔500，这种策略有可能产生卓越的收益。

本研究讨论了选择股票所使用的主要标准以及排除某些股票不予考虑所使用的启发式规则，然后使用这些标准和规则来选择投资组合，并把它们的业绩与两种指数加以比较。本研究回测磁体策略所使用的投资组合规模大小不等，也即20、25和30只股票。

我们发现，与罗素2000和标准普尔500相比，磁体投资组合的每一种都产生更多的收益，利润巨大。此外，虽然与罗素2000和标准普尔500相比，磁体投资组合具有更高的标准偏差，但是它们的风险调整收益和夏普率（Sharpe ratio）优于两种指数的相应内容。再者，所有的磁体投资组合都具有更低的极大跌幅以及更短的跌幅期限。

基于这个证据，我们得出的结论是，磁体策略在理论上是正确的，使用其选择标准和规则构建的投资组合能够提供更为光明的前景，优胜于罗素2000和标准普尔500。多年来我们一直进行各种策略的回测工作。在我们迄今测试的所有模型中，磁体策略的回测产生了一些最高的非杠杆性收益。这些结果与其他研究者获得的结果相一致，反映出美国大型机构中一些最优品种的货币经理使用的方法论。

二、磁体投资策略

磁体投资策略是一套严谨的选择股票的系统，该系统对于月度资本升值具有最大的潜能。该系统的实施分为两个步骤：第一步，是基于基本面、估值和技术标准（研究已经表明，这些方面被历史上表现良好的股票所共享），把具有收益估计的扎克斯总体（Zacks universe，扎克斯总体由在纽约证券交易所、美国证券交易所和纳斯达克进行交易的所有美国股票组成，它们的收益估计可以查到，目前为 4 700 只股票）中的所有股票进行排名；第二步，是基于一套限制行业暴露、促进多样化的规则，排除某些不予考虑的股票。

对磁体策略回测的第一步是，把扎克斯总体中满足其标准的所有股票从 1 至 4 700 进行排名，对三组投资组合的每一组选出顶部 20、25 或 30 只最佳的股票。在我们考虑的基本面标准中涉及销售和收益，侧重那些具有卓越增长的公司，而非其他具有平均或低于平均增长的公司。估值标准考虑的是一家公司相对于其销售和收益的市场价值，侧重那些看起来其目前价格被低估的公司。技术标准考虑的是一家公司相对于其他方面该公司的股票价格动量，侧重那些具有最大动量的公司。对于具体的测量和排名算法，我们拥有专利。

对磁体策略回测的第二步是，把第一步中选择出的股票与磁体规则进行比较。在这些规则之中，有一条规则把行业暴露限制为投资组合的 25%，目的是确保足够的多样性，从而避免在任何一个行业中出现灾难性亏损的潜在可能。另一条规则使用持股的止损限价把下侧亏损限定在 20%，而且部分地减持那些已经升值 40% 的股票上的头寸，以此锁定一部分收益。还有，每只股票必须具有流动性，并且其最低日交易量为 35 000 股。

三、回测中使用的方法论

本研究使用独有的数据，这些数据只有在股票被选择的时候我们才会知晓。一些基本面需经过一个季度的延迟才能适用，例如相对于日历年度，每股的销售和收益在财政年度的 3 月底被报道出来。价格数据每天都可获得，因此，一个每股价格对收益的倍数如果基于 3 月的非调整、拖尾的 12 个月收益，这个倍数就使用 6 月的月底股票价格。股票如果具有负面的或未明的收益，则被排除不予考虑。

我们使用磁体股票选择标准和规则对每只股票进行排名，从数字 1

开始直到扎克斯总体中股票的全部数量。对于某组投资组合,在排名中最高的股票被选出来,进行降序排列。一旦某个特定行业的一只股票被选出,另一只处于同一行业排名较低的股票则被排除不予考虑。同样的选择程序被运用于20、25和30只股票投资组合。

三组磁体投资组合被选择出来并接受规则的制约,这些规则使用各种限制来停止亏损、获得收益。止损规则规定:如果一只股票从其购买价格下跌20%,就卖出该只股票。当这只股票被卖出后,它会被接下来一只在最近排名中排名最高的股票取代。股票在每个月都会被排名,而新的投资组合得以形成。

四、磁体策略业绩的分析

表 A.1①包含20、25和30只股票投资组合中使用止损限价的磁体策略业绩的总结统计。在全部情况下,这些投资组合都以极大的利润优胜于罗素2000和标准普尔500。30股投资组合达到38.6%,25股投资组合达到37.4%,而20股投资组合为36.1%。

表 A.1 回测结果总结

业绩	20 股	25 股	30 股	罗素 2000	标准普尔 500
复合年收益(%)	36.07	37.35	38.64	8.86	8.47
年标准偏差(%)	30.61	29.76	28.95	19.19	14.82
夏普率	1.02	1.09	1.17	0.21	0.24
极大跌幅(%)	-35.18	-33.03	-33.53	-37.68	46.28
极大跌幅/平均收益(年)	0.98	0.88	0.87	4.25	5.46
平均月周转率(%)	14.9	17.96	20.94	未知	未知

来源:对冲度规公司。

---

① A 指 appendix,也即附录。

重要的是，磁体投资组合是一贯的，并且一贯比两种指数具有更高的收益（表 A.2）。30 股投资组合比罗素 2000 具有更多的收益是每年，而比标准普尔 500 具有更多的收益是 16 年。25 股投资组合比罗素 2000 具有更多的收益是 17 年，比标准普尔 500 具有更多的收益是 16 年。20 股投资组合比这两种指数具有更多的收益都是 16 年。

表 A.2　在 1、3、5 和 10 年期内磁体策略对两种指数的年收益比较

使用止损	20 股	25 股	30 股	罗素 2000	标准普尔 500
1 年	93.4%	95.5%	90.4%	24.0%	10.0%
3 年	52.7%	50.8%	45.8%	20.0%	10.8%
5 年	32.2%	31.6%	30.9%	9.0%	0.9%
10 年	36.0%	36.8%	37.3%	7.7%	7.0%

来源：对冲度规公司。

磁体策略的一贯性反映在其业绩上，期限分别为结束于 2006 年 4 月的 1 年、3 年、5 年和 10 年期。如表 A.2 显示，在每个时期，由于多重因素，它的复合年收益显著高于罗素 2000 和标准普尔 500。

磁体投资组合比罗素 2000 和标准普尔 500 更具波动性，但是与它们的超额收益并不处于同等程度。30 股投资组合具有的年标准偏差为 29.0%，25 股投资组合为 29.8%，而 20 股投资组合为 30.6%。

然而，磁体投资组合的收益对风险的权衡比两种指数具有更好的夏普率。30 股投资组合具有的比率为 1.17，25 股投资组合为 1.09，20 股投资组合为 1.02。罗素 2000 和标准普尔 500 的夏普率要小得多，分别为 0.21 和 0.24。

月度往返周转率对 30 股而言是 20.9%，25 股是 18.0%，而 20 股是 14.9%。假设 1987 年 2 月 28 日在三种磁体策略和两种指数中做出 1.00 美元的初始投资，2006 年 4 月 30 日这些投资的终值出现在表 A.3。

表 A.3　初始 1.00 美元投资的价值 *

	终值
30 股	544.21 美元
25 股	445.21 美元
20 股	371.98 美元
罗素 2000	5.12 美元
标准普尔 500	4.78 美元

* 1987 年 2 月至 2006 年 4 月。

来源：对冲度规公司。

图 A.1 比较的是 30 股、25 股和 20 股策略相对于罗素 2000 和标准普尔 500 中 1.00 美元的价值的增长。30 股策略具有最大的终值为 544.21 美元，随后是 25 股策略为 445.21 美元，20 股策略为 371.98 美元。图例中显示的罗素 2000 和标准普尔 500 事实上位于水平刻度，因为它们的升值太小，无法显示在磁体策略使用的同样刻度，分别为 5.12 美元和 4.78 美元。

人们也许会认为，一组使用排名前 20 股的磁体策略应当优于另一组使用排名前 30 股的磁体策略，因为 30 股的策略包含 10 只排名更低的股票。然而，证据表明，磁体排名系统并没有严格区分前 20 只与前 30 只股票下个月的业绩，而一个 30 只的策略提供了 10 次更多的机会，可以让人们挑选下一个月将会胜出的股票。由于更加多样化，它还限定了某些确实下跌的股票因亏损而造成的影响。还有一种可能，某些股票实现了最高的排名，是借助其卓越的价格动量，这种价格动量可能会消退，与之相比，那些占据排名第 21 至 30 的股票可能会继续获取动量。

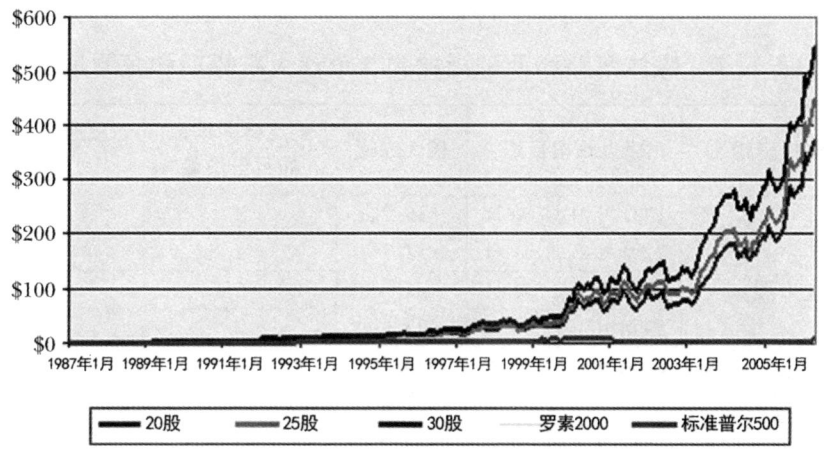

来源：对冲度规公司。

图 A.1　1987 年 2 月至 2006 年 4 月，30、25、20 股策略和罗素 2000 以及标准普尔 500 中 1.00 美元的价值增长

磁体投资组合优于罗素 2000 和标准普尔 500 的地方还在于可能是对风险最为恰当的测量，也即极大跌幅。30 股投资组合的极大跌幅是 -33.5%，25 股投资组合为 -33.0%，而 20 股投资组合为 -35.2%。罗素 2000 的极大跌幅稍微深一些，为 -37.7%，但是标准普尔 500 的跌幅要深得多，为 -46.3%

表 A.4 包含三组磁体投资组合、罗素 2000 和标准普尔 500 的 5 种极大跌幅，时间从 1987 年 2 月至 2006 年 4 月。磁体投资组合复原的平均时间从 5~8 个月不等，比两种指数的时间更短，罗素 2000 的复原期平均为 12 个月，而标准普尔 500 为 16 个月。罗素 2000 和标准普尔 500 的平均跌幅没有磁体投资组合那么深，但是它们的复原时间却更长。

表 A.4　磁体策略和两种指数的 5 个最大跌幅期和复原期 *

磁体投资组合	极大跌幅日期	极大跌幅	到达极大跌幅的月份数量	复原需要的月份数量
20 股	1987 年 9 月 30 日	−35.2%	2	7
	2001 年 5 月 31 日	−34.7%	4	20
	1990 年 5 月 31 日	−31.2%	5	4
	1998 年 6 月 30 日	−29.9%	2	5
	2000 年 8 月 31 日	−25.8%	3	5
平均		−31.4%	3	8
25 股	1987 年 9 月 30 日	−33.0%	2	7
	2001 年 5 月 31 日	−32.1%	4	20
	1990 年 5 月 31 日	−31.8%	5	4
	1998 年 6 月 30 日	−28.4%	2	4
	1992 年 2 月 29 日	−26.3%	4	5
平均		−30.3%	3	8
30 股	2001 年 5 月 31 日	−33.5%	4	6
	1987 年 9 月 30 日	−32.2%	2	5
	1990 年 6 月 30 日	−31.9%	4	4
	1998 年 6 月 30 日	−30.2%	2	4
	2000 年 8 月 31 日	−24.6%	3	5
平均		−30.5%	3	5
罗素 2000	2000 年 2 月 29 日	−37.7%	36	11
	1987 年 8 月 31 日	−35.8%	3	21
	1989 年 9 月 30 日	−33.1%	13	7
	1998 年 4 月 30 日	−30.1%	4	16
	1996 年 5 月 31 日	−12.7%	2	5
平均		−29.9%	12	12
标准普尔 500	2000 年 8 月 31 日	−46.3%	25	44
	1987 年 8 月 31 日	−30.2%	3	20
	1990 年 5 月 31 日	−15.8%	5	4
	1998 年 6 月 30 日	−15.6%	2	3
	1994 年 1 月 31 日	−7.8%	5	8
平均	−23.1%	8	16	

* 从 1987 年 2 月至 2006 年 4 月。

来源：对冲度规公司。

五、总结和结论

磁体策略看起来具有正确的理论、基本面和技术的基础。从 1987 年 2 月至 2006 年 4 月为期 231 个月汇编的经验证据表明,使用磁体选择标准和规则构建的投资组合提供了光明的前景,优胜于罗素 2000 和标准普尔 500。那些股票根据其价格对收益倍数和收益增长被合理定价,具有很大的、快速增长的销售量,它们具有高出平均的相对力量,其价值有可能被低估,并且有可能在下一个月内优胜于两种指数。磁体策略的年收益被包含在表 A.5 中。

表 A.5 磁体策略年收益

	20股	25股	30股	罗素2000	标准普尔500
1987*	−4.7%	−2.0%	3.4%	−19.5%	−9.9%
1988	38.2%	35.1%	33.3%	22.4%	12.4%
1989	63.3%	62.1%	69.5%	14.2%	27.3%
1990	−5.6%	−5.6%	−0.7%	−21.3%	−6.6%
1991	103.2%	110.1%	99.1%	43.4%	26.3%
1992	63.5%	50.5%	52.4%	16.5%	4.5%
1993	12.5%	21.9%	22.4%	17.3%	7.1%
1994	13.7%	16.2%	21.3%	−3.3%	−1.5%
1995	48.8%	52.9%	57.5%	26.5%	34.1%
1996	44.9%	51.7%	58.8%	14.8%	20.3%
1997	33.7%	33.0%	31.1%	20.7%	31.0%
1998	19.0%	19.3%	22.6%	−3.8%	26.7%
1999	100.1%	100.8%	96.2%	19.6%	19.5%
2000	9.7%	14.7%	20.4%	−4.3%	−10.1%
2001	34.7%	34.4%	32.5%	1.0%	−13.0%
2002	−10.8%	−5.1%	−0.8%	−21.6%	−23.4%
2003	123.3%	108.1%	109.2%	45.4%	26.4%
2004	11.0%	8.2%	5.5%	17.0%	9.0%
2005	47.1%	51.3%	42.8%	3.3%	3.0%
2006†	30.9%	33.2%	32.4%	13.6%	5.0%

* 从1987年2月开始11个月内的平均收益。
† 至2006年4月结束4个月内的平均收益。

来源:对冲度规公司。

磁体投资策略的回测（对冲度规）：
C. 迈克尔·卡提，哲学博士爱德华·马特勒克，
2007年4月6日

一、介绍和总结

本研究旨在确定：

- 通过给磁体投资策略的选择标准增加一个变量，该变量测量的是涵盖某家公司的分析因子的数量，那么，磁体策略的业绩是否会有所增强；
- 与其他因素相比，销售增长加速度和利润加速度相关的因素是否应当被继续赋予更大的权重；
- 磁体从标准普尔500总体中选取的股票是否可以被用来与指数自身比较优劣；
- 磁体策略是否应当使用持股的止损限价把下侧亏损限定在20%，而且部分地减持那些已经升值40%的股票上的头寸，以此锁定一部分收益。

磁体投资策略的理论基础是，根据某些基本面因素（例如利润边际、价格对收益倍数和收益增长等等）具有高出平均的相对力量，有些股票定价合理，具有很大的、快速增长的销售量，这些股票被低估，因此，有可能优胜罗素2000和标准普尔500。我们较早的一次研究产生的经验证据基于广泛的回测，该证据表明，在1987年2月至2006年4月之间，为期231个月，相当于19年零3个月，相对于罗素2000和标准普尔500，这种策略有可能产生卓越的收益。

本研究回顾了选择股票所使用的主要标准以及排除某些股票不予

考虑所使用的启发式规则。然后我们使用这些标准和规则，从扎克斯总体的4 700只股票中进行选择，创造出20、25和30股投资组合，目的是把它们的业绩用作基础案例，据此来判断，通过增加新的因素，或者改变现有因素的权重安排，从而改变磁体策略，这样做是否有可能提高其业绩。最后，我们从标准普尔500总体中选择20、30和40股投资组合，以此测试磁体策略的功效，确定它们是否能够优胜于标准普尔500。

在较早的那次研究中我们发现，与罗素2000和标准普尔500相比，磁体策略能够产生更大的收益，利润甚丰。此外，虽然与罗素2000和标准普尔500相比，磁体投资组合具有更高的标准偏差，但是它们的风险调整收益和夏普率显著地优于两种指数的相应内容。

本研究建立在较早的那次研究之上，具有一些额外发现：

- 增添涵盖某家公司的分析因子的数量，这种做法可以提高20、25和30股投资组合的年收益，其增量部分从0.9%至4.7%不等；而把这种因素的权重增添至3倍，这种做法可以提高增量年收益，少至3.3%，多至5.2%。
- 把权重增加至某些与销售相关的因素上，这种做法并不能增强，相反却会减少年收益，少至0.5%或多至6.6%，这要视每组投资组合中包含的股票数量不同而定。
- 与标准普尔500相比，从标准普尔500中选择的20、30和40股投资组合拥有好得多的业绩，其增量年收益更大，为6.3%至8.3%，而其标准偏差只是稍高一些。
- 通过消除一些策略，诸如止损限价和部分地减持那些已经升值股票上的头寸，磁体策略的业绩有可能得到提高。这个结果出乎意料。结果是，那些上升40%的股票在下一个月里继续上升，最终被排名系统丢弃。与此相似，那些被止损出局的股票其结果是在下一个月一定会被排名系统丢弃。某些情况下，在未来几个月里均值逆转可以帮助限定初始亏损。

在这个证据的基础上,我们继续得出的结论是:磁体策略在理论上是正确的,它的选择标准和规则可以提供更为光明的前景,优胜于基准指标如罗素2000和标准普尔500。多年来我们一直进行各种策略的回测工作。在我们迄今测试的所有模型中,磁体策略的回测产生了一些最高的非杠杆性收益。这些结果与其他研究者获得的结果相一致,反映出美国大型机构中一些最优品种的货币经理使用的方法论。

二、磁体投资策略

磁体投资策略是一套严谨的选择股票的系统,该系统对于月度资本升值具有最大的潜能。该系统的实施分为两个步骤:第一步,是基于基本面、估值和技术标准(研究已经表明,这些方面被历史上表现良好的股票所共享),将具有收益估计的扎克斯总体(扎克斯总体由在纽约证券交易所、美国证券交易所和纳斯达克进行交易的所有美国股票组成,它们的收益估计可以查到,目前为4 700只股票)中的所有股票进行排名;第二步,是基于一套限制行业暴露、促进多样化的规则,排除某些不予考虑的股票。

对磁体策略回测的第一步是,把扎克斯总体中满足其标准的所有股票从1至4 700进行排名,对三组投资组合的每一组选出顶部20、25或30只最佳的股票。在我们考虑的基本面标准中涉及销售和收益,侧重那些具有卓越增长的公司,而非其他具有平均或低于平均增长的公司。估值标准考虑的是一家公司相对于其销售和收益的市场价值,侧重那些看起来其目前价格被低估的公司。技术标准考虑的是一家公司相对于其他方面该公司的股票价格动量,侧重那些具有最大动量的公司。对于具体的测量和排名算法,我们拥有专利。

对磁体策略回测的第二步是,把第一步中选择出的股票与磁体规则进行比较。在这些规则之中,有一条规则把行业暴露限制为投资组合的25%,目的是确保足够的多样性,从而避免在任何一个行业中出现灾难性亏损的潜在可能。还有，每只股票必须具有流动性，并且其最低日交易量为35 000股。

三、确定分析因子范围价值使用的方法

有效市场理论的赞同者广泛相信，带有为数众多分析因子的股票与带有较少或没有分析因子的股票相比，前者会被更有效地定价。他们还相信，无效市场中信息缺乏，反而给一个严格的投资程序发出额外信息，使其能够提供相当大的价值。因此，如果市场有效性与某个特定股票带有的分析因子数量呈现颠倒的关系，那么磁体策略可能会通过侧重那些具有较少分析因子范围的股票，以此提高其收益。

为了检验这个假设，我们使用磁体策略选择了一个包含20、25和30股投资组合的基础案例。然后，20、25和30股投资组合被选择出来，把分析因子范围增添至评价标准，在随后的测试中将其进行加权，在这些测试中，分析因子的权重分别是其他相应因素的1、2和3倍。结果显示在表A.6中。

如表A.6所示，以及早期那次研究所得，使用磁体策略选择的投资组合产生巨大的收益，高于罗素2000和标准普尔500。尽管这些投资组合的波动性更大，然而他们具有的夏普率是两种指数的大约4倍。

如表A.6所示，添加分析因子范围这种做法使得25股投资组合的年收益为42.1%，而基础案例的年收益为37.4%，差额为4.7%，其标准偏差略有减少。在20和30股投资组合的收益中，其增量改进没有这么大，分别高出基础案例2.7%和0.8%。还有值得关注的是，由于分析因子的范围因素被增加，所有三种投资组合的收益和夏普率都有显著增加。

表 A.6 不含有和含有分析因子的磁体策略业绩

回测描述	业绩度规	30股	25股	20股	罗素2000	标准普尔500
基础案例	年收益（%）	38.6	37.4	36.1	9.5	9.1
	标准偏差（%）	29.0	29.8	30.6	19.3	15.1
	夏普率	1.17	1.09	1.02	0.23	0.28
	极大跌幅（%）	−33.5	−33.0	−35.2	−37.7	−46.3
	极大跌幅期限（年）	0.87	0.88	0.98	3.96	5.07
分析因子权重=1	周转率（%）	20.9	17.9	14.8	N/A	N/A
	年收益（%）	39.5	42.1	38.8	9.5	9.1
	标准偏差（%）	27.6	29.2	31.1	19.3	15.1
	夏普率	1.25	1.28	1.09	0.24	0.28
	极大跌幅（%）	−36.4	−34.3	−33.1	−37.7	−46.3
	极大跌幅期限（年）	0.92	0.82	0.85	3.96	5.07
分析因子权重=2	周转率（%）	27.0	21.0	14.9	N/A	N/A
	年收益（%）	41.4	42.6	39.3	9.5	9.1
	标准偏差（%）	27.7	28.7	31.5	19.3	15.1
	夏普率	1.32	1.31	1.09	0.24	0.28
	极大跌幅（%）	−36.5	−32.6	−36.5	−37.7	−46.3
	极大跌幅期限（年）	0.88	0.76	0.93	3.96	5.07
分析因子权重=3	周转率（%）	27.1	21.1	15.0	N/A	N/A
	年收益（%）	41.9	42.2	41.3	9.5	9.1
	标准偏差（%）	27.5	28.8	31.5	19.3	15.1
	夏普率	1.35	1.30	1.15	0.24	0.28
	极大跌幅（%）	−36.5	−34.2	−34.6	−37.7	−46.3
	极大跌幅期限（年）	0.87	0.81	0.84	3.96	5.07
	周转率（%）	27.3	21.2	15.0	N/A	N/A

来源：对冲度规公司。

增添分析因子范围因素，这种做法对极大跌幅仅增加了很小的数量，但却广泛地减少了所有三种投资组合的跌幅期限（其定义为被平均年收益分开的极大跌幅），而无关乎这种因素的权重是 1、2 或 3 倍。

然而，分析因子的范围显著地影响了 25 股投资组合和 30 股投资组合的月度周转率。在 25 股投资组合中，权重为 2 倍和 3 倍的情况下，25 股投资组合的周转率从基础案例的 17.9% 上升到 21.1% 和 21.2%。在权重增加了 3 倍的情况下，30 股投资组合的周转率从基础案例的 20.9% 上升到 27.3%。

四、考虑到销售相关因素用来检验权重的方法论

在选择程序中，几个与销售相关的因素（销售增长、销售加速度和营业利润）在当前被赋予了额外的权重。为了确定增加这些因素的权重这种做法是否得当，我们把基础案例 20、25 和 30 股投资组合的业绩与那些把从所有因素同等权重的选择程序中获得的结果做了比较。

如表 A.7 所示，与基础案例相比，使用同等因素权重的所有三种投资组合都具有更高的收益。同等因素权重的 20 股投资组合具有的年收益率为 42.7%，而基础案例 20 股投资组合为 36.1%，两者差额为 6.7%，但波动性没有变化。同等因素权重的 25 股投资组合收益是 40.4%，而基础案例 25 股投资组合是 37.4%，差额是 3.1%，标准偏差比其少 1.2%。30 股投资组合两者之间仅有微小的 0.5% 差额，但是同等因素权重的投资组合具有的标准偏差比基础案例的低 1.5%（参见表 A.7）。

表 A.7　基础案例磁体策略对同等因素权重策略的业绩比较

回测描述	业绩度规	30股	25股	20股	罗素2000	标准普尔500
同等因素权重	年收益（%）	39.1	40.4	42.7	9.5	9.1
	标准偏差（%）	27.5	28.6	30.6	19.3	15.1
	夏普率	1.25	1.24	1.24	0.23	0.28
	极大跌幅（%）	−31.1	−33.1	−32.4	−37.7	−46.3
	极大跌幅期限（年）	0.80	0.82	0.76	3.96	5.07
	周转率（%）	27.2	21.1	14.9	N/A	N/A
基础案例	年收益（%）	38.6	37.4	36.1	9.5	9.1
	标准偏差（%）	29.0	29.8	30.6	19.3	15.1
	夏普率	1.17	1.09	1.02	0.23	0.28
	极大跌幅（%）	−33.5	−33.0	−35.2	−37.7	−46.3
	极大跌幅期限（年）	0.87	0.88	0.98	3.96	5.07
	周转率（%）	20.9	17.9	14.8	N/A	N/A

来源：对冲度规公司。

在同等因素权重的投资组合和基础案例的投资组合之间，两者的极大跌幅差距很小，尽管如此，由于它们的年收益率不同，它们的跌幅期限具有显著的差异。例如，基础案例的20股投资组合极大跌幅期限为0.98年，而同等因素权重的20股投资组合极大跌幅期限为0.76年，两者相比，跌幅期限减少将近3个月。

五、从标准普尔500中选择股票磁体策略的分析

磁体策略在从一个大型群体如扎克斯总体中选择股票时，要比标准普尔500产生更为巨大的收益（参见表A.8）。如果磁体策略使用大市值股票能够可靠地优胜于标准普尔500，那么它就可以被用作一个基础，促进标准普尔500指数编制的产品。我们所调查的问题是，"当磁体策略在标准普尔500总体中大市值股票的群体中选取股票时，它能否优胜于标准普尔500本身"。

表 A.8 从标准普尔 500 总体选取的基础案例磁体策略与该指数的业绩比较

回测描述	业绩度规	40股	30股	20股	标准普尔500
基础案例500	年收益（%）	17.0	17.5	15.4	9.1
	标准偏差（%）	18.3	18.7	19.7	15.1
	夏普率	0.67	0.67	0.53	0.28
	极大跌幅（%）	−29.1	−28.9	−31.9	−46.3
	极大跌幅期限（年）	1.71	1.65	2.07	5.07
	周转率（%）	13.82	11.10	7.48	N/A

来源：对冲度规公司。

表 A.8 包含的信息部分地回答了这个问题。表中包含从标准普尔 500 中选取的 20、30 和 40 股投资组合的磁体策略基础案例业绩。在三种情况下，它们的平均年收益都比标准普尔 500 的更大。40 股投资组合实现了 17.0% 的年收益，30 股投资组合为 17.5%，20 股投资组合为 15.4%，而标准普尔 500 为 9.1%。再者，在大多数年份，基础案例 500 投资组合的单个年收益比标准普尔 500 的相应部分更大（支撑的证据被包含在附录中）。在 20 年中的 18 年里，30 股投资组合都优胜于标准普尔指数，40 股投资组合是 16 年，20 股投资组合是 15 年。

然而，与标准普尔 500 的波动性 15.1% 相比，基础案例 500 投资组合的波动性更大，但是，随着投资组合中包含股票数量的增加，它们的标准偏差逐渐减小。20 股投资组合的标准偏差为 19.9%，是三种投资组合中最高的；30 股投资组合其次为 18.7%；而 40 股投资组合为 18.3%，与标准普尔相比仅多出 3.2%。尽管基础案例 500 投资组合的波动性更高，但是它们的收益却更大，由此产生的夏普率优胜于标准普尔，是后者的 1.9 和 2.4 倍（参见表 A.9）。

在 2005 年 12 月结束的为期 1、3、5 和 10 年的时间内，磁体策略在其业绩方面的一贯性得到了进一步体现。如表 A.9 所示,在每个时期,它的平均年收益都比标准普尔 500 明显更多。

表 A.9　在 1、3、5 和 10 年期内基础案例 500 投资组合对标准普尔 500 的年收益比较 *

时间期限	20 股	30 股	40 股	标准普尔 500
1 年	19.3%	20.7%	24.5%	3.0%
3 年	26.0%	27.2%	29.4%	12.4%
5 年	10.4%	10.8%	12.3%	-1.1%
10 年	14.4%	14.6%	12.7%	7.3%

*时间结束于 2005 年 12 月 31 日。

来源:对冲度规公司。

图 A.2 比较的是在基础案例 500 投资组合和标准普尔 500 中投资 1.00 美元其价值的增长,从 1987 年 2 月早期开始,持有至 2006 年 4 月。30 股投资组合具有最大的终值为 22.03 美元,其次是 40 股投资组合为 20.59 美元,而 20 股投资组合为 15.90 美元。与此相比,标准普尔 500 的终值是 5.35 美元,不到 30 股投资组合终值的四分之一。

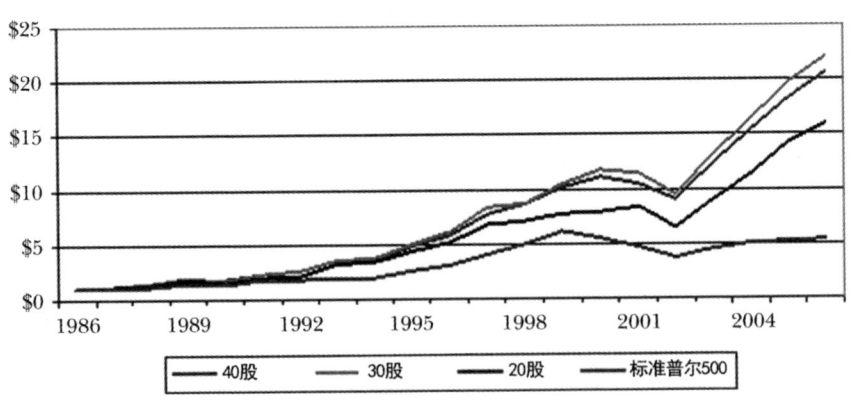

来源:对冲度规公司。

图 A.2　磁体投资组合和标准普尔 500 中 1.00 美元的价值增长
S&P500 标准普尔 500

如表 A.3 和 A.6 所示，基础案例 500 投资组合优于标准普尔 500 的地方可能在于对风险最为恰当的测量，也即极大跌幅。40 股投资组合的极大跌幅是-28.2%，30 股投资组合是-28.8%，而 20 股投资组合是-37.4%。标准普尔 500 的极大跌幅要深得多，为-46.3%

表 A.6 包含基础案例 500 投资组合和标准普尔 500 的 5 种极大跌幅。然而，它们的平均跌幅比标准普尔 500 的 23.1%更大。但是，因为它们的平均收益比标准普尔 500 更大，所以它们的平均跌幅复原期从 8.8~10.8 个月不等，而标准普尔 500 则是 15.6 个月。

六、使用止损限价和减少赢利头寸策略的分析

寻求利润的投资者要尽量避免亏损。一个常见的策略是使用止损限价，另一个策略是通过卖出已经形成巨大升值的头寸从而获得利润。为了确定磁体策略是否能够从这些策略中赢利，我们做了一个测试，称为"止损策略"，该策略在持股方面把止损限价定为 20%，并且减持那些已经升值 40%的股票上的头寸。然后我们把这个策略与另一个"非止损策略"加以比较，非止损策略不使用止损，也不减持收益。这个对 20、30 和 40 股投资组合的测试结果显示在表 A.10 和图 A.2 中。

表 A.10　基础案例 500 和标准普尔 500 的 5 个最大跌幅期和复原期*

磁体投资组合	日期	极大跌幅（%）	到达极大跌幅的月份数量	复原需要的月份数量
40 股	1987 年 9 月 30 日	-29.13	2	14
	2000 年 8 月 31 日	-26.96	30	9
	1998 年 4 月 30 日	-22.28	4	5
	1989 年 8 月 31 日	-21.92	14	7
	1994 年 1 月 31 日	-10.52	5	10
平均		-22.2	11.0	9.0
30 股	2001 年 5 月 31 日	-28.86	21	10
	1987 年 9 月 30 日	-27.73	2	7

	1989年9月30日	−24.44	13	14
	1998年4月30日	−23.63	4	8
	2000年8月31日	−14.63	3	5
平均		−23.9	8.6	8.8
20股	2001年4月30日	−31.91	22	10
	1989年9月30日	−28.81	13	24
	1987年9月30日	−28.02	2	7
	1998年3月31日	−21.71	5	8
	2000年4月30日	−20.61	7	5
平均		−26.2	9.8	10.8
标准普尔500	2000年8月31日	−46.28	25	43
	1987年8月31日	−30.17	3	20
	1990年5月31日	−15.84	5	4
	1998年6月30日	−15.57	2	3
	1994年1月31日	−7.75	5	8
平均		−23.1	8.0	15.6

* 从1987年2月至2006年4月。

来源：对冲度规公司。

    显而易见的是，通过消除使用止损限价和减持已经升值的头寸，磁体策略的业绩可以得到改进。与使用止损相比，不使用止损的3种投资组合获得的利润更高，而风险相等。非止损20股投资组合具有的年收益为46.1%，而止损20股投资组合则为41.2%，提高了4.9%。表A.11比较的是使用止损策略与使用非止损策略的收益。非止损30和40股投资组合也具有更高的收益，分别是4.4%和3.2%。显而易见，改进的收益还体现在它们具有显著优越的夏普率。还有，非止损30和40股投资组合具有更低的极大跌幅，而所有的投资组合都具有更低的极大跌幅期限和周转率。

表 A.11　止损策略和非止损策略比较

回测描述	业绩度规	40股	30股	20股	罗素2000	标准普尔500
止损策略	年收益（%）	41.9	42.2	41.2	9.5	9.1
	标准偏差（%）	27.5	28.8	31.5	19.3	15.1
	夏普率	1.35	1.30	1.15	0.23	0.28
	极大跌幅（%）	−36.5	−34.2	−34.6	−37.7	−46.3
	极大跌幅期限（年）	0.87	0.81	0.84	3.96	5.07
	周转率（%）	27.3	21.2	15.0	N/A	N/A
非止损策略	年收益（%）	45.1	46.6	46.1	9.5	9.1
	标准偏差（%）	27.6	28.6	31.3	19.3	15.1
	夏普率	1.46	1.46	1.32	0.24	0.28
	极大跌幅（%）	−32.6	−33.9	−34.5	−37.7	−46.3
	极大跌幅期限（年）	0.72	0.73	0.75	3.96	5.07
	周转率（%）	19.2	15.1	10.7	N/A	N/A

七、总结和结论

本研究旨在确定：（1）通过给磁体投资策略的选择标准增加一些涵盖某家公司的分析因子的数量，那么，磁体投资策略的业绩是否会有所增强；（2）与其他因素相比，销售相关的因素是否应当被继续赋予更大的权重；（3）磁体从标准普尔500总体中选取的股票是否可以被用来与指数自身比较优劣；（4）通过使用一些策略诸如止损限价以及部分地减持那些已经升值股票的头寸，磁体策略的业绩能否得到改进。

我们回顾了磁体策略选择股票所使用的主要标准以及消除某些股票不予考虑所使用的启发式规则。我们还使用这些标准和规则从扎克斯总体的4 700只股票进行选择和甄别，创造出20、25和30股基础案例投资组合，据此来判断，通过增加新的因素，或者改变现有因素的权重安排，这样做是否有可能提高其业绩。另外，我们还从标准普尔500总体中选择一个20、30和40股投资组合的基础案例，把它们的业绩与标准普尔指数加以比较，以此测试磁体策略的功效（如表 A.12 所示）。最后，我们比较使用与不使用止损限价和俘获利润时磁体策略的业绩。

表 A.12 从标准普尔 500 总体选取的磁体策略年收益

年份	40股	30股	20股	标准普尔500
1987*	17.20	17.09	12.15	2.03
1988	18.38	21.21	16.81	12.40
1989	33.22	33.92	32.72	27.25
1990	−8.26	−11.26	−15.70	−6.56
1991	35.65	33.61	27.71	26.31
1992	15.58	17.38	16.24	4.46
1993	32.81	34.18	47.98	7.05
1994	−2.12	3.53	6.90	−1.54
1995	37.74	37.20	24.81	34.11
1996	22.38	22.69	18.89	20.26
1997	32.92	34.96	33.28	31.01
1998	13.42	4.61	4.31	26.67
1999	16.02	19.73	10.04	19.53
2000	8.99	12.74	1.52	−10.14
2001	−5.02	−2.28	5.40	−13.04
2002	−13.71	−16.93	−21.92	−23.37
2003	35.92	38.26	37.61	26.38
2004	23.49	23.34	26.57	8.99
2005	19.31	20.65	24.47	3.00
2006†	12.96	11.88	12.38	3.73

* 月份为2月至12月。

† 月份为1月至4月。

来源：对冲度规公司。

基于我们的研究，下面的结论看起来合理有效：

- 给磁体策略增添涵盖某家公司的分析因子的数量，这种做法有可能提高磁体选择的投资组合的年收益，而不论它是与其他因素同等权重，或是给予额外权重。

- 给某些与销售相关的因素赋予额外的权重，这种做法并不能增强，相反却会减少年收益，收益的多少取决于每组投资组合中包含的股票数量。
- 与标准普尔 500 相比，从标准普尔 500 中选择的基础案例 20、30 和 40 股投资组合具有更大的收益，而仅具有稍高的风险、更好的夏普率、更低的极大跌幅和更短的跌幅期限。
- 通过消除一些策略，诸如止损限价和部分地减持那些已经升值股票上的头寸，磁体策略的收益、夏普率、跌幅、跌幅期限和周转率有可能得到提高。

参考文献

[1] Altman, Stan. "The Dilemma of Data Rich, Information Poor Service Organizations," *Journal of Urban Analysis and Public Management* Vol.3(December 1975):61-75.

[2] Aronson, David. *Evidence Based Technical Analysis: Applying the Scientific Method and Statistical Inference to Trading Singnals*. Hoboken, NJ: John Wiley &Sons, 2006.

[3] Bass, Thomas. *The Predictors: How a Band of Maverick Physicists Used Chaos Theory to Trade their Way to a Fortune on Wall Street*. New York: Henry Holt, 2000.

[4] Boik, John. *Lessons from the Greatest Stock Traders of All Time: Proven Strategies Active Traders Can Use Today to Beat the Markets*. New York: McGraw-Hill, 2004.

[5] Boik, John. *How Legendary Traders Made Millions: Profiting from the Investment Strategies of the Greatest Traders of All Time*. New York: McGraw-Hill, 2006.

[6] Boik, John. *Monster Stocks: How They Set Up, Run Up, Top, and Make Yor Money*. New York: McGraw-Hill, 2007.

[7] Brown, David, and Kassandra Bentley. *Cyber Investing: Cracking Wall Street with Your Personal Gomputer*. Hoboken, NJ: John Wiley&Sons, 1997.

[8] Buffett Partnership Ltd. "Our Performance in 1965," http://www.ticonline.com/buffett.partner.letters/1966.01.20.pdf(accessed January 19, 2009).

[9] Buffett, Warren. "Chairman's Letter—1993," Berkshire Hathaway Inc., http://www.bcrkshirchathaway.com/letters/1993.html(accessed March 20, 2008).

[10] Buffett, Warren. "Chairman's Letter—1966," Berkshire Hathaway Inc., http://www.bcrkshirchathaway.com/letters/1966.html(accessed March 20, 2008).

[11] Burton, Jonathan. "Revisiting the Capital Asset Pricing Model," Dow Jones Asset Manager(May/June 1998):20-28.

[12] Dent, Harry S. *The Next Great Bubble Boom: How to Profit from the Greatest Boom in History*. New York: Simon&Schuster, 2004.

[13] Ellis, Charles. *Investment Policy: How to Win the Loser's Game*, 2nd ed. Chicago:

Irwin, 1993.

[14] Ellis, Charles, and James Vertin. *Classics: An Investor's Anthology.* Homewood, IL: Dow Jones, 1989.

[15] Fabrikant, Geraldine. "Humbler, After a Streak of Magic," *New York Times*, Finance Section(May 11, 2008).

[16] Gleick, James. *Chaos: Making a New Science.* New York: Penguin, 1987.

[17] Greenblatt, Joel. *Yor Can Be a Stock Market Genius: Uncover the Secret Hiding Places of Stock Market Profits.* New York: Fireside/Simon&Schuster, 1997.

[18] Graham, Benjamin. *The Intelligent Investor.* New York: Harper&ROW, 1972.

[19] Greenwatd, Bruce. *Value Investing: From Graham to Buffett and Beyond.* Hoboken, NJ: John Wiley & Sons, 2001.

[20] Hagstrom, Robert G. *The Warren Buffett Way: Investment Strategies of the World's Greatest Investor;* Hoboken, NJ: John Wiley & Sons, 1997.

[21] Hsu, H. Christine, and H. Jeffrey Wei. "Stock Diversification in the U.S. Equity Market," *Busitzess Quest: A Web Journal of Applied Topics in Business and Ecozzomics* (2003), http://www.westga.edu/~bquest/2003//diversify.htm (accessed March 31, 2008).

[22] Hulbert, Mark. "Diversify! Well, Not So Fast," *New York Times*, Money &Business/Financial section(April 14, 2004).

[23] Investopedia, "Growth at a Reasonable Price—GARP," http://www.investopedia.com/terms/g/garp.asp(accessed May 11, 2009).

[24] Kimmel, Jordan. "Nobody Said the Market Is Supposed to Be Easy, but It Is Worth the Challenge!" *Dick Davis Digest* 555(2005a): 1-2.

[25] Kimmel, Jordan. "Stock Selection or Indexing?" *Financial Planning Magazine* (July 2005b): 15.

[26] Kimmel, Jordan. "Market on Launch Pad—2006 Will Be Better Than Expected..." *Dick Davis Digest* 569(2006a): 1-2.

[27] Kimmel, Jordan. "Too Much Cash...Not Enough Confidence," emailed to contacts, march 14, 2006b.

[28] Kimmel, Jordan. "Expand Your Horizons: The Market Already Did," *Dick Davis Digest* Vol.596(2007): 1-2.

[29] Kimmel, Jordan. "All Aboard! This Profit Ship Is Sailing!" *Equities Magazine* (October 2008a): 32.

[30] Kimmel, Jordan. "Focus on the Few True Superlatives—And Just Tune Out the Rest..." *Dick Davis Digest* Vol.626(2008b): 1-2.

[31] Kimmel, Jordan. "Banking on Growth," *Equities Magazine*(Summer 2008c): 32. Kimmel, Jordan. "Eat Well and Prosper," Forbes.com, http://www.forbes.com/

personalfinance/2008/06/16/agrium – fertilizer – lindsay – pf – ii – in _ jk _ 0616soapbox_inl.html(accessed June 16,2008d).

[32] Kimmel,Jordan."Picks and Shovels,"*Equities Magazine*(May 2008e):27.

[33] Kimmel, Jordan. "Profitable Investing with Jordan Kimmel," VoiceAmerica Business Network, http://www. modavox. com/VoiceAmericaCMS/Webmodules/NowPlaying.aspx? BroadcastId = 29727&ShowId = 50&ScheduleTime = 8&ScheduleDate = 4/3/08 (accessed April 2008f).

[34] Kimmel, Jordan. "Proiting from Online Business," *Equities Magazine* (September 2008g):15.

[35] Kimmel, Jordan. "Wall Street Has the Problems—Not Main Street," *Dick Davis Digest* Vol. 619 (2008h):1–2.

[36] Kitchens, Susan. "Passport to Profits," Forbes.com (May 5, 2008), http:f/www.forbes.com/business/global/2008/0505/054.htm (accessed March 31,2009).

[37] Krass, Peter. *The Book of Investing Wisdom*. Hoboken, NJ: John Wiley & Sons, 1999.

[38] Loeb, Gerald, and Ken Fisher. *The Battle for Investment Survival*. Hoboken, NJ: John Wiley & Sons, 2007.

[39] Lowenstein, Louis. *The Investor's Dilemma*. Hoboken, NJ: John Wiley &Sons, 2008.

[40] Lynch, Peter. *One Up on Wall Street: How to Use What You Already Know to Make Money in the Market*. Philadelphia: Running Press, 1989.

[41] Markowitz, Harry. "Portfolio Selection," *The Journral of Finance* Vol. 7 (1952):77–91.

[42] Moody, Michael. "From the Money Managers: Earnings Are Meaningless," Dorsey Wright & Associates (www. Dorseywright. com).

[43] Munger, Charlie, with Peter D. Kaufman *Poor Charlie's Almanach: The Wit and Wisdom of Charles T. Munger*, Expanded 2nd ed. Belmont, CA: Wadsworth Publishing, 2008.

[44] Munger, Charlie, and Warren Buffett. "Berkshire Hathaway's Warren Buffett & Charlie Munger,"*Outstanding Investor, Digest* Vol.21 (2008):20.

[45] National Organization for Research at the University of Chicago. "2004 Survey of Consumer Finances," Federal Reserve Board, http://www. federalreserve.gov/PUBS/oss/oss2/2004/scf2004.zip (accessed June 20, 2008).

[46] Navellier, Louis. *Emerging* Growth Newsletter, https://iplacereports.com/index.asp? sid = QP1213.

[47] Niederman, Derrick. *The Inner Game of Investing*. Hoboken, NJ: John Wiley & Sons,1999.

[48] O'Neil, William. 24 *Essential Lessons for Investment Success, Learn the Most Important Investment Techniques from the Founder of* Investor's Business Daily. New York: McGraw-Hill, 1999.

[49] O'Neil, William. *The Successful Investor: What 80 Million People Need to Know to Invest Profitably and Avoid Big Losses.* New York: McGraw-Hill, 2003.

[50] Poterba, James M. "The Impact of Population Aging on Financial Markets," Working Paper 1085. Cambridge, MA: National Bureau of Economic Research, 2004.

[51] Schwager, Jack. *The New Market Wizards.* New York: HarperCollins, 1994.

[52] Schwartz, Peter J. "Wall Street's Top Earners: Your Pain, Their Gain," Forbes.com, http://www.forbes.com/2008/04/15/paulson-fatcone-earners-biz-wall-cz_js04tSwallstreet.hrml (accessed March 31, 2009).

[53] Schwartz, PeterJ. "Wall Street's Tap Earners: Your Pain, Their Gain," *Forbes* (April 15, 2008) http://wvw.forbes.com/2008/04/15/paulson-falcone-earners-biz-wall-czjs_0415wallstreet.html (accessed March 31, 2009).

[54] Sperandeo, Victor. *Trader Vic: Methods of a Wall Stree Master.* Hoboken, NJ: John Wiley&Sons, 1993.

[55] Tateb, Nassim Nicholas. *Fooled by Randomness: The Hidden Role of Chance in Life and in the Markets.* New York: Thomson/Texere, 2004.

[56] Taleb, Nassim Nicholas. *The Black Swan: The Impact of the Highly Improbable.* New York: Random House, 2007.

[57] Tortoriello, Richard. "A Quantitative View of the Stock Market," *Equities Magazine* (October 2008a): 14-15.

[58] Tortoriello, Richard. *Quantitative Strategies for Achieving Alpha.* New York: McGrawHill, 2008b.

[59] Sapp, Travis, and Xuemin (Sterling) Yan. "Security Concentration and Active Fund Management: Do Focused Funds Offer Superior Performance?" *The Financial Review* Vol. 43 (2008): 27-49.

[60] U.S. Government Accountability Office. "Baby Boom Generation: Retirement of Baby Boomers Is Unlikely to Precipitate Dramatlc Decline in Market Returns, which depend on the number of stocks contained in the portfolio.

[61] The Base Case 500 20-, 30-, and 40-stock portfolils chosen from the S&p 500 universe have greater returns with only slightly higher risk, better Sharpe ratios, lower maximum drawdowns and shorter drawdown durations durations than the S&P 500.

[62] The Strategy's returns, Sharpe ratios, drawdowns, drawdown durations and turnover rates are likily to improve by eliminating tacics such as stop-loss limits and partially paring back positions on stocks that have appreciated.

作者的话

投资的关键问题之一是识别你要购买什么,然后是何时购买。创造一些你感兴趣的公司的观察清单,另外,跟踪几个不同行业或产业群体,这种做法可以使你条理清晰,并且察觉各种市场条件。使用技术指标通常可以帮助你更好地确定买入和卖出的时机,使你能够达到利润最大化。

在我的职业生涯中,我曾经使用过十多种不同的程序去观察股票的图表和技术指标。过去,这些图表使我们获得了各种最为有利可图的交易,我在本书中把其中的一些图表与你分享——我希望向你展示我究竟在寻求什么。

非常感谢我在 TCNet 的朋友,在本书中,他们提供了他们产品的一个免费试用版。详细内容请参见 www.Worden.com 网站试用 TeleChart2007,使用期限 30 天。我们的服务包括:

- 在你的硬盘上本地维护一个编制索引的股票市场数据库,每天超过 250 个观察清单;
- 带有内置技术和根本标准的可分类排名(或者,基于自定义公式或你正在查看的图表上的一个指标,找出数据);
- 每日图表课程,包含一个笔记窗口、一个制图课程的存档并附有插图,由沃顿每日进行更新,包含堂·沃顿的后市场报告;
- 产业和交易所交易基金(ETF, exchange-traded fund)分析,包

含进入观察清单的路径和比较图表，以此获得对股票和产业趋势的体验，以及进入专利指标的路径。

如果你选择在30天以后继续订阅，可以得到这里描述的各种服务，每月29.99美元（或者使用年度预付款特价，可以节约更多）。访问www.Worden.com以获取更多信息。当你订购时请使用代码AF153。

译者后记

本书作者乔丹·基米尔先生是华尔街新一代价值投资大师，在他的著作中给我们提供了一个独特的替代多样化的方法。乔丹·基米尔先生还分析了股市上历年来最佳投资者的各种方法，并详细介绍了他的完整的股票选择程序，他为投资者提出了一个珍贵的视角，对我们完善自己的投资体系有莫大的帮助。

本书的完成得到以下同人的大力帮助，他们是张苹、苏远秀、陈鼎、朱杰、吴文莉、范纯海、张毅、吴春梅、李超杰、常红婧、郑星、田军、彭家伟、余锋、肖艳梅、张毅。其中第一章至第四章由陈鼎、余锋、苏远秀、陈鼎、余锋翻译，第五章至第八章由彭家伟、张苹、肖艳梅、朱杰、吴文莉、张毅翻译，第九章至第十一章由范纯海、张毅、吴春梅、李超杰翻译，其余部分由常红婧、康民翻译，全书由康民负责统校。由于译者水平有限，错误和疏漏之处在所难免，敬请读者批评指正。